Managementwissen für Studium und Praxis

Herausgegeben von
Professor Dr. Dietmar Dorn und
Professor Dr. Rainer Fischbach

Lieferbare Titel:

Anderegg, Grundzüge der Geldtheorie und Geldpolitik

Arrenberg · Kiy · Knobloch · Lange, Vorkurs in Mathematik, 3. Auflage

Barth · Barth, Controlling, 2. Auflage

Behrens · Kirspel, Grundlagen der Volkswirtschaftslehre, 3. Auflage

Behrens · Hilligweg · Kirspel, Übungsbuch zur Volkswirtschaftslehre

Behrens, Makroökonomie – Wirtschaftspolitik, 2. Auflage

Bontrup, Volkswirtschaftslehre, 2. Auflage

Bontrup, Lohn und Gewinn, 2. Auflage

Bradtke, Mathematische Grundlagen für Ökonomen, 2. Auflage

Bradtke, Statistische Grundlagen für Ökonomen, 2. Auflage

Busse, Betriebliche Finanzwirtschaft, 5. Auflage

Camphausen, Strategisches Management, 2. Auflage

Dinauer, Grundzüge des Finanzdienstleistungsmarkts, 2. Auflage

Dom · Fischbach · Letzner, Volkswirtschaftslehre 2, 5. Auflage

Dorsch, Abenteuer Wirtschaft ·40 Fallstudien mit Lösungen, 2. Auflage

Drees-Behrens · Kirspel · Schmidt · Schwanke, Aufgaben und Fälle zur Finanzmathematik, Investition und Finanzierung, 2. Auflage

Drees-Behrens · Schmidt, Aufgaben und Fälle zur Kostenrechnung, 2. Auflage

Fischbach · Wollenberg, Volkswirtschaftslehre 1, 13. Auflage

Götze · Deutschmann · Link, Statistik

Gohout, Operations Research, 4. Auflage

Haas, Excel im Betrieb, Gesamtplan

Hans, Grundlagen der Kostenrechnung

Heine · Herr, Volkswirtschaftslehre, 3. Auflage

Koch, Marktforschung, 5. Auflage

Koch, Betriebswirtschaftliches Kosten- und Leistungscontrolling in Krankenhaus und Pflege, 2. Auflage

Laser, Basiswissen Volkswirtschaftslehre

Martens, Statistische Datenanalyse mit SPSS für Windows, 2. Auflage

Mensch, Finanz-Controlling. 2. Auflage

Peto, Grundlagen der Makroökonomik, 13. Auflage

Piontek, Controlling, 3. Auflage

Piontek, Beschaffungscontrolling, 3. Aufl.

Plümer, Logistik und Produktion

Posluschny, Basiswissen Mittelstandscontrolling, 2. Auflage

Posluschny, Kostenrechnung für die Gastronomie, 3. Auflage

Rau, Planung, Statistik und Entscheidung – Betriebswirtschaftliche Instrumente für die Kommunalverwaltung

Rothlauf, Total Quality Management in Theorie und Praxis, 2. Auflage

Rudolph, Tourismus-Betriebswirtschaftslehre, 2. Auflage

Rüth, Kostenrechnung, Band I, 2. Auflage

Rüth, Kostenrechnung, Band II

Scharnbacher · Kiefer, Kundenzufriedenheit, 3. Auflage

Schuster, Kommunale Kosten- und Leistungsrechnung, 2. Auflage

Schuster, Doppelte Buchführung für Städte, Kreise und Gemeinden, 2. Auflage

Specht · Schweer · Ceyp, Markt- und ergebnisorientierte Unternehmensführung, 6. Auflage

Stender-Monhemius, Marketing – Grundlagen mit Fallstudien

Stibbe, Kostenmanagement, 3. Auflage

Strunz · Dorsch, Management, 2. Auflage

Strunz · Dorsch, Internationale Märkte

Weeber, Internationale Wirtschaft

Wilde, Plan- und Prozesskostenrechnung

Wilhelm, Prozessorganisation, 2. Auflage

Wörner, Handels- und Steuerbilanz nach neuem Recht, 8. Auflage

Zwerenz, Statistik, 4. Auflage

Zwerenz, Statistik verstehen mit Excel – Buch mit Excel-Downloads, 2. Auflage

Basiswissen Mittelstands-controlling

von
Peter Posluschny

2., vollständig überarbeitete und wesentlich erweiterte Auflage

Oldenbourg Verlag München

Die Vorauflage erschien unter dem Titel Controlling für das Handwerk.

Bibliografische Information der Deutschen Nationalbibliothek

Die Deutsche Nationalbibliothek verzeichnet diese Publikation in der Deutschen
Nationalbibliografie; detaillierte bibliografische Daten sind im Internet über
<http://dnb.d-nb.de> abrufbar.

© 2010 Oldenbourg Wissenschaftsverlag GmbH
Rosenheimer Straße 145, D-81671 München
Telefon: (089) 45051-0
oldenbourg.de

Lektorat: Wirtschafts- und Sozialwissenschaften, wiso@oldenbourg.de
Herstellung: Anna Grosser
Coverentwurf: Kochan & Partner, München
Cover-Bild: iStockphoto.com
Gedruckt auf säure- und chlorfreiem Papier
Gesamtherstellung: Grafik + Druck GmbH, München

ISBN 978-3-486-59102-6

Inhalt

Vorwort zur zweiten Auflage

In zahlreichen Büchern zum Controlling gewinnt man als Leser den Eindruck, eher abfragbares statt anwendbares Wissen zu erwerben, weil die einzelnen Controllingfälle für bestimmte Probleme als **isolierte Entscheidungsfälle** behandelt werden und die **konkreten Berechnungen** der Auswirkungen von bestimmten Entscheidungen auf andere Bereiche fehlen. Des Weiteren sind häufig keine konkreten Fallstudien vorhanden, die es ermöglichen, auch schwierig lösbare Controllingprobleme so aufzubereiten, dass sie auf Grundlage entscheidungsrelevanter Daten eindeutig lösbar sind.

Das Ziel für dieses Buch ist daher ‚Lernen und Anwenden mit Praxisorientierung'. Dies ist ein hoher Anspruch. Er wird durch unmittelbare Lösungen für das Controlling in mittelständischen Unternehmen sowie leicht verständliche Umsetzungsmöglichkeiten eingelöst.

Praxisorientierung heißt dabei zweierlei: Zum einen werden mittelständische Unternehmen vorgestellt, deren Daten[1] als Grundlage für ‚begleitende Fallstudien' dienen, die sich durch das gesamte Buch ziehen. Die begleitenden Fallstudien verbinden theoretisches Wissen mit praktischer Anwendung. Zum anderen bietet die Kombination eines Controllingbuches mit Fallstudien konkrete Lösungsvorschläge für den Aufbau, die Einführung und die Weiterentwicklung eines betriebsindividuellen Controlling-Systems in einem mittelständischen Unternehmen.

Für die Neuauflage des Buches wurde am bewährten Konzept festgehalten. Um das Buch noch anschaulicher zu gestalten, wurden viele neue Fallbeispiele aufgenommen und ausführlich beschrieben.

Berlin   Peter Posluschny

---

[1] Die Praxisfälle wurden bezüglich der Zahlenwerte so verändert und anonymisiert, dass eine konkrete Zurechnung zu einem bestehenden Unternehmen nicht mehr möglich oder rein zufällig ist.

1   Einleitung

1.1   Das didaktische Konzept

Dieses Buch beschreitet einen anderen Weg. Ausgangspunkt des Buches ist die Darstellung des Jahresabschlusses. Es werden die Daten zur Auswertung des Jahresabschlusses dargestellt und erläutert. Danach wird Schritt für Schritt das **Kennzahlensystem der Bilanzanalyse** entwickelt und mit Zahlen verdeutlicht. Der Leser kann quasi nebenbei seine eigene Bilanzanalyse entwickeln bzw. weiterentwickeln. Nach und nach werden die für den Mittelstand bedeutsamen **Controlling-Instrumente** eingeführt und mit Hilfe von kleinen Fallstudien veranschaulicht. Der Leser kann sich solide Kenntnisse des Controllings in mittelständischen Unternehmen aneignen und diese erworbenen Kenntnisse zugleich in die betriebliche Praxis umsetzen. Damit dieser hohe Anspruch beim Leser auch einlösbar wird, werden Umsetzungshilfen angeboten. *Aufbau des Buches*

Das Buch verfolgt das didaktische Konzept der synthetischen Konkretisierung mittels Fallstudien. Es werden in einem ersten Schritt die Controlling-Instrumente dargestellt und erläutert, wobei dem Prinzip „vom Einfachen zum Komplexen" gefolgt wird. In einem weiteren Schritt wird die praktische Anwendbarkeit mittels Fallstudien dargestellt. Zugleich werden Anregungen zur Umsetzung in die eigene betriebliche Praxis gegeben. *didaktisches Konzept*

Ziel des Buches ist, mittelständischen Unternehmen Hilfestellungen bei der Einführung bzw. Weiterentwicklung eines entscheidungsrelevanten Controllings zu geben. Das Controlling sollte in jedem mittelständischen Unternehmen hohe Priorität haben, um nicht durch betriebliche Fehlentwicklungen aus dem Markt katapultiert zu werden. *Ziel des Buches*

1.2   Basel II – Chance oder Nachteil?

Basel I

Es zeigte sich in der Praxis, dass die Beurteilung des Kreditrisikos nach dem Kreditvolumen das Kreditrisiko nicht adäquat abbilden kann. Für die Sicherheit eines Kredites sind Markt-, Betriebs-, Produkt/Entwicklungs-, Rechts- und Liquiditätsprobleme ebenso wichtig. Aus dieser Erkenntnis heraus wurde 1999 beschlossen, eine risikogerechtere Regelung zu finden. Die in den letzten Jahren für den Mittelstand wichtigsten Ergänzungen sind:

Basel II

- Banken dürfen für gewährte Kredite keine einheitlichen Rückstellungen mit Eigenkapital bilden.

- Banken dürfen eigene Ratings von Unternehmen durchführen (interne Ratings).

Die Regelungen von Basel II gelten zukünftig nicht nur für internationale Banken, sondern für alle „bedeutenden" Kreditinstitute, womit praktisch alle für den Mittelstand relevanten Banken erfasst sind.

Ziele von Basel II

Drei Ziele werden mit diesem Vorgehen erreicht:

- Kreditrisiken werden durch die Banken individueller beurteilt.

- Banken werden ihr Kreditrisiko einschränken.

- Banken werden den Zinssatz dem Kreditrisiko anpassen. Daraus folgt, je höher das Kreditrisiko der Bank ist, desto höher der Zinssatz und desto geringer die Kreditbereitschaft der Bank.

Verhalten von Banken

Die Europäische Union hat die neuen Regelungen von Basel II im Jahre 2002 verabschiedet. Als ursprünglicher Einführungstermin war 2004 vorgesehen. Dieser Termin wurde zunächst auf 2005 und dann auf 2007 verschoben. Nach einer einjährigen „Übergangsphase (Beginn 01.01.2006) traten die Regelungen von Basel II am 01.01.2007 in Kraft. Seitdem legen die Banken die Kriterien von Basel II der Prüfung der Kreditanträge von gewerblichen Kunden zugrunde. Das heißt, dass die Banken kritischer und zugleich auch sachlicher bei der Vergabe von Krediten sind. Es genügt nicht mehr, einen guten Draht zu seiner Bank zu haben. Für die mittelständischen Unternehmen bedeutet dies, dass sie ihre „Hausaufgaben" machen müssen. Ansonsten müssen sie die Konsequenzen tragen, d.h. der Kreditantrag wird abgelehnt oder das Unternehmen erhält schlechte Konditionen.

Zwang zur Einführung eines Controllings

Da die mittelständischen Unternehmen das Controlling überwiegend stiefmütterlich behandeln, kann ganz allgemein festgestellt werden, dass auf die Unternehmen, die nicht mit einem dem Unternehmen angepassten Controlling arbeiten, zusätzliche Arbeit und Kosten bei einer Kreditbeantragung zukommen. Aber einen entscheidenden Vorteil hat der Zwang, der von Basel II auf die Unternehmen ausgeht, er verstärkt den Druck auf die betroffenen Unternehmen, sich mit dem eigenem Unternehmen und der Bewältigung der Zukunft auseinanderzusetzen. Einschränkend sei jedoch angemerkt, dass viele Inhaber oder Geschäftsführer von mittelständischen Unternehmen aufgrund der zeitlichen Beanspruchung durch das operative Geschäft nicht ausreichend Gelegenheit finden, sich mit den Fragen des Controllings hinreichend zu beschäftigen. Hier sind externe Hilfestellungen dringend erforderlich.

Alle mittelständischen Unternehmen, die sich der Einführung eines dem Unternehmen angemessenen Controllings verschließen, sind doppelt benachteiligt. Zum einen führen sie ihr Unternehmen weniger professionell und zum anderen erhalten sie keine Kredite oder nur zu schlechten Konditionen.

Nachteile beim Fehlen eines Controllings

Da sich die Märkte mit einer hohen Schnelligkeit verändern, ist es für alle mittelständischen Unternehmen ein **MUSS**, sich mit der Zukunft des Unternehmens und damit mit Fragen des Controllings zu beschäftigen. Die konkrete Auseinandersetzung mit diesen Fragen ist eine Voraussetzung, um in diesen Veränderungsprozessen bestehen zu können. Aber erst die Umsetzung der in der Auseinandersetzung mit den Fragen des Controllings gewonnenen Erkenntnisse in konkrete Maßnahmen ermöglicht das erfolgreiche Führen eines mittelständischen Unternehmens.

Vorteile eines Controllings

1.3 Beurteilungskriterien nach Basel II

Zu den Kriterien, die der Prüfung eines Kreditantrages nach Basel II zugrunde gelegt werden, zählen:

- Wie gut ist das Unternehmen in der Lage, Erträge zu erwirtschaften?

Prüfkriterien nach Basel II

- Von welcher Qualität sind die Einkünfte, die erwirtschaftet werden sollen?

- Kapitalstruktur, Anteil der Fremdfinanzierung.

- Qualität der Wettbewerbspositionierung, vorhandenes Differenzierungspotenzial.

- Qualität und Leistungsvermögen des Managements.

- Entwicklungspotenzial, Aussichten für die Zukunft.

Kriterien der Risiken und Wettbewerbsfähigkeit

Die Risiken und die Wettbewerbsfähigkeit eines Unternehmens werden anhand dieser Kriterien beurteilt. Dazu zählen:

- das Marktrisiko,
- das Kreditrisiko,
- das Liquiditätsrisiko,
- das Betriebsrisiko,
- das Rechtsrisiko
- und weitere Risiken, die sich aus den Beschaffungsmärkten, dem Arbeitsmarkt, dem Standort, der Produkthaftung usw. ergeben.

bankinternes Rating

Die Bewertung eines Unternehmens erfolgt in Form eines Ratings, d.h. anhand von vielen Teilaussagen wird ein Gesamtbild entwickelt, das die Kreditwürdigkeit bzw. Zahlungsfähigkeit des Unternehmens objektiv abbildet. Dabei spielt die Vergangenheit eine untergeordnete Rolle, vielmehr wird die Zukunftsfähigkeit des Unternehmens beurteilt und in vergleichbaren Werten dargestellt.

Bewertungsskala von Ratings

Die Bewertung der Zukunftsfähigkeit von Unternehmen ist 10stufig; sie reicht von AAA über AA und A bis D. Die bestmögliche Bewertung ist AAA; sie besagt, dass das Unternehmen in der Lage ist, seinen Zins- und Tilgungsverpflichtungen uneingeschränkt nachzukommen. Wenn ein Unternehmen mit BBB bewertet wird, so sagt dies aus, dass das Unternehmen im Rahmen der Möglichkeiten angemessene Maßnahmen zum Schutz der Gläubiger getroffen hat. Jedoch kann durch Veränderung der wirtschaftlichen Bedingungen mit einer Beeinträchtigung der Zins- und Tilgungsfähigkeit des Unternehmens gerechnet werden. Wird ein Unternehmen mit CCC eingestuft, so sagt das aus, dass das Unternehmen sich am Rande der Zahlungsunfähigkeit befindet. Nur bei einer günstigen Geschäftsentwicklung ist die Erfüllung der finanziellen Verpflichtungen gesichert. Eine Bewertung mit CC sagt aus, dass von einer hohen Wahrscheinlichkeit der Zahlungsunfähigkeit auszugehen ist. Wird ein D als Bewertung ausgewiesen, dann wurden Zins- und Tilgungszahlungen am Fälligkeitstag nicht mehr erbracht.

Anforderungen an interne Ratings

Bei dem internen Rating können die Banken verschiedene Verfahren anwenden. Unabhängig vom angewandten Verfahren soll durch die jeweilige Bank sichergestellt werden, dass

- die Bewertung der Daten einheitlich und vergleichbar erfolgt,
- alle relevanten Markt-, Wettbewerbs- und Unternehmensdaten genutzt und verarbeitet werden,
- die Beurteilung für alle Beteiligten transparent und nachvollziehbar ist.

Dabei sind die folgenden Felder umfassend zu untersuchen und zu bewerten:

Analysebereiche des Ratings

- Management,

- Markt/Branche,

- Kundenbeziehung,

- wirtschaftliche Verhältnisse,

- weitere Unternehmensentwicklung,

- Bonitätseinstufung des Unternehmens,

- Sicherheiten und das

- Risiko der Bank für das Kreditengagement.

Ähnlich wie beim Schulnotensystem sind die zu untersuchenden Felder in sechs Beurteilungsstufen unterteilt, wobei 1 die beste und 6 die schlechteste Beurteilung bedeutet.

Zur Signalisierung von Bonität sollten die mittelständischen Unternehmen ihre wirtschaftliche Lage ausführlich dokumentiert darlegen sowie den Banken Planungskonzepte und Planbilanzen vorlegen. Des Weiteren sind regelmäßige Gespräche zur Bonitätslage des Unternehmens mit den Banken zu führen, wobei die Informationsversorgung der Banken als Bringschuld der Unternehmen zu verstehen ist. Diese Informationsversorgung der Banken macht eine Beschäftigung mit der zukünftigen Entwicklung des Unternehmens und damit auch zugleich mit Fragen des Controllings erforderlich. In diesem Sinne ist Basel II als eine Chance für mittelständische Unternehmen, die noch kein funktionierendes Controlling implementiert haben, zu verstehen, ihre Unternehmensprozesse zukunftssicherer zu modellieren.

Informationsversorgung der Banken

1.4 Begriff des Controllings

Das Wort „Controlling" wird in der Umgangssprache häufig mit dem Begriff „Kontrolle" gleichgesetzt. Zwar ist der Klang der beiden Begriffe recht ähnlich, in ihrer Bedeutung sind sie jedoch verschieden. Unter „Kontrolle" wird allgemein Aufsicht, Prüfung oder Überwachung verstanden.

Begriff Kontrolle

Controlling allgemein ist hingegen eine Komponente der Unternehmensführung. Es unterstützt das Management bei seiner Führungsaufgabe. Die Funktion des Controllings besteht in der **Koordination** des gesamten Führungssystems zur Sicherung einer **zielorientierten** Lenkung. Daraus ergibt sich, dass Controlling den Gesamtprozess von Zielsetzung, Planung, Koordination und

Begriff Controlling

Steuerung bis zur Kontrolle, Abrechnung und Analyse der abgelaufenen Prozesse beinhaltet. Dieser Gesamtprozess umfasst Aspekte der Planung, Kontrolle, Informationsversorgung, Organisation und Personalführung als Einheit. Während das Management (die Unternehmensführung) die Ergebnisverantwortung trägt, ist der Controller dafür verantwortlich, alle ergebnisbeeinflussenden Faktoren transparent zu machen und Beeinflussungsmöglichkeiten aufzuzeigen.[2]

Controllingkonzeption   Neben die allgemeine Controllingdefinition tritt der Begriff der Controllingkonzeption bzw. des Controllingsystems. Bestandteile einer Controllingkonzeption sind: **Controllingziele, Controllingaufgaben, Controllinginstru-**

Controlling-Zielsetzung	Koordination von Managementaufgaben Schwerpunkt: Effizienzsicherung von Planung, Kontrolle und Informationsversorgung	
Controlling-Aufgaben	systemorientierte Aufgaben Gestaltung von Systemen Planungs- Kontroll-	prozessorientierte Aufgaben Abstimmung von Prozessen Informationsmanagement
Controlling-Instrumente	Planungs- Kontroll- Informationsversorgungsinstrumente Berichtsmethoden	
Controlling-Träger	unternehmensinterne Träger Manager Controller	unternehmensexterne Träger Unternehmensberater, Verbände

mente und **Controllingträger.**[3]

Die folgende Abbildung veranschaulicht den Inhalt der einzelnen Bestandteile in Anlehnung an Burg[4].

Abbildung 1: Bestandteile und Inhalt der Controllingkonzeption

Ziele einer Controllingkonzeption   Ziel einer Controllingkonzeption in einem mittelständischen Unternehmen ist insbesondere, frühzeitig Informationen über Veränderungen einzelner Teilbereiche, deren Auswirkungen auf andere Teilbereiche sowie auf den Gesamtbetrieb zu erhalten. Des Weiteren sollte die Unternehmensführung mit Unterstützung der Controllingkonzeption in der Lage sein, Verschlechterungen rechtzei-

---

[2]   Vgl. Horváth, P.: Controlling, 6. vollständig überarbeitete Auflage, München 1996, S. 109 ff.

[3]   Vgl. Burg, M.: Der Einfluß des Dezentralisationsgrades auf die Ausgestaltung des Controlling: Dargestellt am Beispiel des filialisierten Bekleidungseinzelhandels unter besonderer Berücksichtigung der Sortimentssteuerung, in: Ahlert, D. (Hrsg.): Schriften zu Distribution und Handel, Band 17, Frankfurt am Main u.a. 1995, S. 10 f.

[4]   Vgl. Burg, M., a.a.O., S. 46.

tig durch regelnde Eingriffe zu begrenzen und die Existenz des Betriebes langfristig zu sichern.

Zur langfristigen Existenzsicherung eines mittelständischen Unternehmens ist sowohl ein **strategisches** als auch **operatives** Controlling notwendig. Das strategische Controlling beschäftigt sich besonders mit der Markt- und Wettbewerbspositionierung des eigenen Betriebes und zeigt Möglichkeiten der Verbesserung auf. Hingegen setzt das operative Controlling bei den operativen Zielgrößen Liquidität, Rentabilität und Wirtschaftlichkeit sowie deren Bestimmungsfaktoren an. Beides zusammen – strategisches und operatives Controlling – machen eine erfolgreiche Führung eines mittelständischen Unternehmens möglich.

strategisches und operatives Controlling

1.5 Warum ist ein Controlling für mittelständische Unternehmen notwendig?

Unabhängig von Basel II ergibt sich die Notwendigkeit für ein Controlling in mittelständischen Unternehmen aus der sich in rascher Folge verändernden Unternehmensumwelt. Die zunehmende Globalisierung führt zu einem deutlich verschärften Verdrängungswettbewerb, so dass die mittelständischen Unternehmen häufig gezwungen sind, ihre Leistungspotenziale und -prozesse zu überdenken. Der verschärfte Verdrängungswettbewerb hat in den letzten Jahren dazu geführt, dass neben dem in mittelständischen Unternehmen verbreiteten Umsatzdenken verstärkt auch wieder andere Größen in den Mittelpunkt der Betrachtung rücken. Es besteht heute eine zentrale Herausforderung in der Optimierung der Leistungsprozesse.

Notwendigkeit eines Controllings

Als Ausgangspunkt betriebswirtschaftlicher Entscheidungen von mittelständischen Unternehmen werden in der Regel Finanzberichte genommen. Diese werden mit retrospektiven und prospektiven Informationen angereichert. Für eine optimale betriebswirtschaftliche Entscheidung wird dies als nicht hinreichend angesehen. Deshalb ist es für mittelständische Unternehmen von Interesse, ein Controlling-System zu entwickeln, welches einerseits einen Zusammenhang zwischen strategischer und operativer Unternehmenspolitik und andererseits zwischen finanziellen und nicht-finanziellen Informationen herstellt.

Finanzberichte

Mittelständische Unternehmen bieten sehr heterogene Leistungen an. Die Heterogenität der Leistungen von mittelständischen Unternehmen kann anhand der möglichen **Produktionstypen** verdeutlicht werden. Mittelständische Unternehmen können Leistungen in der Funktion als Kapazitätsbereitsteller für den anonymen Markt anbieten. Sie können sowohl „Sorten- und Serienferti-

Controllingsysteme für mittelständische Unternehmen

gung" als auch „Massenfertigung" durchführen. Des Weiteren können sie lang- und kurzfristige Aufträge bearbeiten. Diese Heterogenität der Leistungserstellung verlangt von industriellen Controllingkonzepten abweichende Lösungen. Mittelständische Unternehmen benötigen Controllingsysteme, welche auf die flexiblen Unternehmensstrukturen dieser Unternehmen reagieren können.

Probleme der
Entscheidungsfindung

Momentan werden die folgenden Probleme in der betriebswirtschaftlichen Entscheidungsfindung von mittelständischen Unternehmen erfahren:

1. Das verfügbare Datenmaterial ist in der Regel veraltet, d.h. es ist minimal einige Monate alt.

2. Das verfügbare Datenmaterial ist selten normiert, wodurch Vergleichsanalysen nicht oder nur mit hohem Zeitaufwand durchführbar sind.

3. Das verfügbare Datenmaterial enthält selten nicht-finanzielle Informationen. Darüber hinaus sind die Informationen selten in Beziehung zu den Betriebsprozessen gesetzt.

Ziele des Buches

Ziel des vorliegenden Buches ist es, einen Beitrag zur Entwicklung eines Controlling-Systems zu leisten, das die betriebswirtschaftlichen Entscheidungen von mittelständischen Unternehmen verbessern kann. Die Fokussierung auf den Mittelstand führt zu Restriktionen hinsichtlich des Umfanges des Systems: Es muss in einem relativ kurzen Zeitraum an die jeweiligen Bedürfnisse der Unternehmen angepasst werden können. Daneben ist der Umfang der Arbeiten, die die Anpassung des Systems erforderlich macht, gering zu halten.

Mit der Entwicklung eines derartigen Controlling-Systems wird beabsichtigt, einen Beitrag zur Realisierung folgender Zielsetzung zu leisten:

Unterstützung von mittelständischen Unternehmern bei der Entscheidungsbildung auf Basis von finanziellen und nicht-finanziellen Informationen, wobei die Informationen eine Integration der Entscheidungen auf strategischem und operativem Niveau ermöglichen sollen.

2 Wie Sie mit Kennzahlen Ihren Jahresabschluss beurteilen können

Gemäß § 242 Abs. 3 HGB besteht der Jahresabschluss aller Kaufleute aus

- **Bilanz und**

- **Gewinn- und Verlustrechnung (GuV-Rechnung).**

Bestandteile des Jahresabschlusses

Dieser Jahresabschluss ist von Kapitalgesellschaften entsprechend § 264 Abs. 1 HGB um einen Anhang zu erweitern. Der Jahresabschluss setzt sich für Kapitalgesellschaften zusammen aus

Bestandteile des Jahresabschlusses von Kapitalgesellschaften

- **Bilanz,**

- **GuV-Rechnung und**

- **Anhang**.

Der Jahresabschluss aller Kaufleute hat formell und materiell den Grundsätzen ordnungsgemäßer Buchführung (GoB) zu entsprechen. Dies ist in § 243 HGB festgelegt.

Grundsätze ordnungsgemäßer Buchführung

Sparen Sie nicht an den Kosten für die Erstellung Ihres Jahresabschlusses! Dies kann sehr teuer für Sie werden. Die zeitnahe und ordnungsgemäße Erstellung Ihres Jahresabschlusses ist für die Bewertung Ihres Unternehmens durch die Banken von großer Bedeutung. Denn damit zeigen Sie, dass Sie Ihren Verpflichtungen nachkommen. Reichen Sie Ihren Jahresabschluss unaufgefordert bei Ihren Banken ein. Sie haben aus der Sicht der Banken eine Bringschuld. Des Weiteren dient Ihnen Ihr Jahresabschluss als Grundlage für Ihr Controlling.

Für alle Buchführungspflichtige gilt der allgemeine Grundsatz, dass der Jahresabschluss nach den Grundsätzen ordnungsgemäßer Buchführung aufzustellen ist. Die Grundsätze ordnungsgemäßer Buchführung lassen sich als

- **Grundsatz der Klarheit und**

- **Grundsatz der Vollständigkeit**

zusammenfassen.

Grundsatz der Klarheit

Der Klarheitsgrundsatz besagt, dass Ihr Jahresabschluss verständlich und übersichtlich sein muss, d.h. die einzelnen Posten müssen ihrer Art nach eindeutig bezeichnet und geordnet werden. Die Bilanz müssen Sie so tief gliedern, dass unterschiedliche Bilanzgegenstände nach Art und Herkunft getrennt ausgewiesen werden. In der Gewinn- und Verlustrechnung müssen Sie die Posten nach Aufwands- und Ertragsarten sachgerecht gliedern. Sie müssen insbesondere die periodenfremden, außerordentlichen und die Erfolgsbestandteile, die aus der Geschäftstätigkeit entsprechend dem Unternehmenszweck resultieren, trennen.

Grundsatz der
Vollständigkeit

Entsprechend dem Vollständigkeitsgrundsatz müssen Sie alle Aktiven (Vermögen) und Passiven (Schulden), alle Aufwendungen und Erträge im Jahresabschluss mengenmäßig erfassen. Daraus ergibt sich für Sie die Pflicht, voll abgeschriebene, aber noch vorhandene Anlagegegenstände mindestens mit einem Erinnerungswert auszuweisen. Im Jahresabschluss müssen Sie alle Konten der Buchführung, die einen Saldo aufweisen, übernehmen. Soweit die Zusammenfassung von Soll- und Habenseiten der einzelnen Konten für einen klaren Ausweis nicht notwendig ist, müssen Sie die sich so ergebenden Posten unverkürzt darzustellen, d.h. die Soll- und Habenseiten der einzelnen Konten dürfen nur dann saldiert werden, wenn dies zum klaren Ausweis erforderlich ist.

Für die Gliederung des Jahresabschlusses ergeben sich aus den Grundsätzen der Klarheit und Vollständigkeit für Ihr Unternehmen folgende Mindestanforderungen:

Grundsatz der Klarheit	Grundsatz der Vollständigkeit
Nur ihrer Art nach zusammengehörige Vermögensgegenstände, Schulden, Aufwendungen und Erträge dürfen in einem Posten der Bilanz oder der Gewinn- und Verlustrechnung zusammengefasst ausgewiesen werden. Es ist also immer getrennt auszuweisen, wenn wesentliche Unterscheidungsmerkmale zwischen den Posten bestehen.	Es sind alle Vermögensgegenstände, Schulden und Rechnungsabgrenzungsposten, die im Betriebsvermögen am Bilanzstichtag vorhanden sind und alle Aufwendungen und Erträge, die als Geschäftsfälle im Wirtschaftsjahr vorgefallen sind, unsaldiert in Posten der Bilanz und der Gewinn- und Verlustrechnung zu erfassen.

Abbildung 2: Grundsätze der Klarheit und Vollständigkeit

Wie tief Sie die Bilanz und die Gewinn- und Verlustrechnung gliedern müssen, ergibt sich aus den Unterschieden der einzelnen Posten.

Achten Sie auf die Übersichtlichkeit Ihres Jahresabschlusses! Sie darf nicht verloren gehen. Denn dadurch zeigen Sie, dass Sie nichts zu verheimlichen haben. So bauen Sie Vertrauen auf.

Vertrauensaufbau

2.1   Wie ist der Jahresabschluss gegliedert?

Es ist für Einzelunternehmen und Personengesellschaften zweckmäßig, die Gliederungsschemata für Kapitalgesellschaften den Jahresabschlüssen zugrunde zu legen, da die Gliederungsschemata für die Kapitalgesellschaften den Grundsätzen ordnungsmäßiger Buchführung entsprechen.

2.1.1   Wie ist die Aktivseite der Bilanz gegliedert?

Die Aktivseite einer Bilanz ist wie folgt gegliedert:

Gliederung der Aktivseite

Aktivseite
A.   Anlagevermögen
    I.   Immaterielle Vermögensgegenstände
       1.   Konzessionen, gewerbliche Schutzrechte und ähnliche Rechte und Werte sowie Lizenzen an solchen Rechten und Werten
       2.   Geschäfts- oder Firmenwert
       3.   geleistete Anzahlungen
    II.   Sachanlagen
       1.   Grundstücke, grundstücksgleiche Rechte und Bauten einschließlich der Bauten auf fremden Grundstücken
       2.   technische Anlagen und Maschinen
       3.   andere Anlagen, Betriebs- und Geschäftsausstattung
       4.   geleistete Anzahlungen und Anlagen im Bau
    III.   Finanzanlagen
       1.   Anteile an verbundenen Unternehmen
       2.   Ausleihungen an verbundene Unternehmen
       3.   Beteiligungen
       4.   Ausleihungen an Unternehmen, mit denen ein Beteiligungsverhältnis besteht
       5.   Wertpapiere des Anlagevermögens
       6.   sonstige Ausleihungen
B.   Umlaufvermögen
    I.   Vorräte
       1.   Roh-, Hilfs- und Betriebsstoffe

        2.   unfertige Erzeugnisse, unfertige Leistungen
        3.   fertige Erzeugnisse und Waren
        4.   geleistete Anzahlungen
II.   Forderungen und sonstige Vermögensgegenstände
        1.   Forderungen aus Lieferungen und Leistungen
        2.   Forderungen gegen verbundene Unternehmen
        3.   Forderungen gegen Unternehmen, mit denen ein Beteiligungsverhältnis besteht
        4.   sonstige Vermögensgegenstände
III. Wertpapiere
        1.   Anteile an verbundenen Unternehmen
        2.   eigene Anteile
        3.   sonstige Wertpapiere
IV. Schecks, Kassenbestand, Bundesbank- und Postgiroguthaben, Guthaben bei Kreditinstituten
C.   Rechnungsabgrenzungsposten

Abbildung 3: Gliederung der Aktivseite der Bilanz

2.1.2 Wie ist die Passivseite der Bilanz gegliedert?

Gliederung der
Passivseite

Die Passivseite einer Bilanz ist wie folgt gegliedert:

Passivseite
A. Eigenkapital
    I.   Gezeichnetes Kapital
    II. Kapitalrücklage
    III. Gewinnrücklagen
        1.   gesetzliche Rücklage
        2.   Rücklage für eigene Anteile
        3.   satzungsmäßige Rücklagen
        4.   andere Gewinnrücklagen
    IV. Gewinnvortrag/Verlustvortrag
    V. Jahresüberschuss/Jahresfehlbetrag
B. Rückstellungen
        1.   Rückstellungen für Pensionen und ähnliche Verpflichtungen
        2.   Steuerrückstellungen
        3.   sonstige Rückstellungen
C. Verbindlichkeiten
        1.   Anleihen, davon konvertibel
        2.   Verbindlichkeiten gegenüber Kreditinstituten
        3.   erhaltene Anzahlungen auf Bestellungen
        4.   Verbindlichkeiten aus Lieferungen und Leistungen

5. Verbindlichkeiten aus der Annahme gezogener Wechsel
   und der Ausstellung eigener Wechsel
6. Verbindlichkeiten gegenüber verbundenen Unternehmen
7. Verbindlichkeiten gegenüber Unternehmen,
   mit denen ein Beteiligungsverhältnis besteht
8. sonstige Verbindlichkeiten
   davon aus Steuern
   davon im Rahmen der sozialen Sicherheit
D. Rechnungsabgrenzungsposten

Abbildung 4: Gliederung der Passivseite der Bilanz

Die Gliederung der Passivseite der Bilanz unterscheidet sich bei Einzelunternehmen/Personengesellschaften von der von Kapitalgesellschaften in der Darstellung des Eigenkapitals.

In der Bilanz ist der Unterschiedsbetrag zwischen der Aktiv- und der Passivseite das Eigenkapital, also die Differenz zwischen dem Vermögen einschließlich aktiver Rechnungsabgrenzungsposten auf der einen Seite und den Verbindlichkeiten einschließlich der passiven Rechnungsabgrenzungsposten auf der anderen Seite.

Eigenkapital

„Aktivkapital" wird der Saldo bezeichnet, wenn die Aktivseite betragsmäßig größer als die Passivseite ist, also das Eigenkapital auf der Passivseite der Bilanz steht. Umgekehrt wird der Saldo als „Passivkapital" bezeichnet, wenn die Passivseite betragsmäßig größer als die Aktivseite ist.

„Aktivkapital" „Passivkapital"

Bei Einzelunternehmen wird das Eigenkapital von dem Einzelunternehmer dem Unternehmen zur Verfügung gestellt. Das Eigenkapital drückt hier den betragsmäßigen Anspruch des Einzelunternehmers am Unternehmen aus. Handelt es sich um eine Gesellschaft, wird der Gesellschaft das Eigenkapital von den Gesellschaftern bzw. den Aktionären zur Verfügung gestellt. Durch das Eigenkapital wird hier der Anteil der Gesellschafter/Aktionäre am Unternehmen bestimmt.

Eigenkapital bei Einzelunternehmen und Gesellschaften

Die Bilanzierung und Gliederung des Eigenkapitals in einer bestimmten Reihenfolge ist nur für Kapitalgesellschaften gesetzlich (§ 266 Abs. 3 HGB) geregelt. Eine bestimmte Mindestgliederung für Einzelunternehmen und Personengesellschaften ergibt sich aus den Grundsätzen ordnungsmäßiger Buchführung (GoB).

Gliederung des Eigenkapitals

Das Eigenkapital ist bei Einzelunternehmen variabel (veränderlich). Bei Personengesellschaften kann durch Satzung, Gesellschaftsvertrag oder durch Gesetz bestimmt sein, dass ein Teil des Eigenkapitals konstant (unveränderlich) sein soll. Für jeden Gesellschafter sind dann konstante und variable Kapitalkonten zu führen.

variables und konstantes Eigenkapital

Kapitalveränderungen

Erfolgswirksame Geschäftsfälle und Privatvorgänge verändern im Laufe eines Geschäftsjahres das Eigenkapital. Diese kapitalverändernden Vorgänge haben nur Einfluss auf das variable Kapital bzw. den variablen Teil des Kapitals. Bei den Personengesellschaften werden die Gewinn- und Verlustanteile der Gesellschafter deren variablen Kapitalkonten gutgeschrieben bzw. belastet. Entnehmen Einzelunternehmer oder Gesellschafter Vermögensgegenstände oder Leistungen dem Unternehmen für private Zwecke, so verringern diese Privatentnahmen das Eigenkapital. Einzelunternehmer und Gesellschafter führen auf der anderen Seite aus dem außerbetrieblichen Bereich dem Unternehmen Mittel zu. Diese Privateinlagen erhöhen das Eigenkapital.

Ermittlung Geschäftserfolg

Der Geschäftserfolg ergibt sich schematisch dargestellt wie folgt:

> Eigenkapital am Schluss des Geschäftsjahres
> - Eigenkapital am Anfang des Geschäftsjahres
> + Privatentnahmen
> - Privateinlagen
> = Geschäftserfolg

Abbildung 5: Ermittlung des Geschäftserfolgs

Gliederung des Eigenkapitals

Nach § 266 Abs. 3 HGB ist die Bilanzierung und Gliederung des Eigenkapitals in einer bestimmten Reihenfolge nur für Kapitalgesellschaften gesetzlich vorgeschrieben. Das bei Kapitalgesellschaften auf der Passivseite auszuweisende Eigenkapital setzt sich verkürzt dargestellt aus folgenden Positionen zusammen:

- gezeichnetes Kapital,

- Kapitalrücklage,

- Gewinnrücklagen,

- Gewinnvortrag/Verlustvortrag,

- Jahresüberschuss/Jahresfehlbetrag.

2.1.3   Wie ist die Gewinn- und Verlustrechnung (GuV) gegliedert?

Gemeinkostenverfahren Umsatzkostenverfahren

§ 275 HGB sieht für die Gewinn- und Verlustrechnung wahlweise das Gesamtkosten- oder das Umsatzkostenverfahren vor. Die Gewinn- und Verlustrechnung ist in Staffelform aufzustellen. Dabei sind die in § 275 Abs. 2 HGB (Gesamtkostenverfahren) oder in § 275 Abs. 3 HGB (Umsatzkostenverfahren) bezeichneten Posten in der angegebenen Reihenfolge gesondert auszuweisen

(§ 275 Abs. 1 HGB). Einzelkaufleute und Personengesellschaften sind an die Gliederungsschemata nicht gebunden.

Die Gliederungsschemata des § 275 Abs. 2 und 3 HGB stellen für Kapitalgesellschaften **Mindestgliederungen** dar. Die einzelnen Positionen dürfen im Rahmen des Klarheits- und Übersichtlichkeitsgebotes (§ 243 Abs. 2 HGB) tiefer gegliedert werden. Sofern der Inhalt nicht bereits von Pflichtpositionen abgedeckt ist, dürfen neue Posten hinzugefügt werden. Es besteht keine Ausweispflicht für **Leerposten**. Es müssen jedoch Leerposten ausgewiesen werden, wenn im abgelaufenen gegenüber dem vorangegangenen Geschäftsjahr die Position entfällt oder umgekehrt. Sind die gegenübergestellten Beträge nicht miteinander vergleichbar, haben im Anhang Erläuterungen zu erfolgen.

Anforderungen an die Gliederung der GuV

Aufwendungen und Erträge dürfen grundsätzlich nicht miteinander saldiert werden (Bruttoausweis). Kleine und mittelgroße Kapitalgesellschaften dürfen gemäß § 276 HGB davon abweichen. Bei Anwendung des Gesamtkostenverfahrens dürfen die Positionen 1 bis einschließlich 5 (§ 275 Abs. 2 HGB) und bei Anwendung des Umsatzkostenverfahrens die Positionen 1 bis 3 und 6 (§ 275 Abs. 3 HGB) zu einer Position unter der Bezeichnung "**Rohergebnis**" zusammengefasst werden.

Saldierungsverbot

In Deutschland herrscht bei mittelständischen Unternehmen das Gesamtkostenverfahren vor. Beim Gesamtkostenverfahren werden die Erfolgsposten wie folgt in der Gewinn- und Verlustrechnung ausgewiesen:

Gliederung der GuV

Gewinn- und Verlustrechnung

1. Umsatzerlöse
2. Erhöhung oder Verminderung des Bestandes an fertigen und unfertigen Erzeugnissen
3. andere aktivierte Eigenleistungen
4. sonstige betriebliche Erträge
5. Materialaufwand
   a) Aufwendungen für Roh-, Hilfs- und Betriebsstoffe und für bezogene Waren
   b) Aufwendungen für bezogene Leistungen
6. Personalaufwand
   a) Löhne und Gehälter
   b) soziale Abgaben und Aufwendungen für Altersversorgung und für Unterstützung
      davon Altersversorgung
7. Abschreibungen
   a) auf immaterielle Vermögensgegenstände des Anlagevermögens und Sachanlagen sowie auf aktivierte Aufwendungen für die Ingangsetzung und Erweiterung des Geschäftsbetriebes
   b) auf Vermögensgegenstände des Umlaufvermögens, soweit diese die in der Kapitalgesellschaft üblichen Abschreibungen überschreiten

8. sonstige betriebliche Aufwendungen
9. Erträge aus Beteiligungen
   davon aus verbundenen Unternehmen
10. Erträge aus anderen Wertpapieren und Ausleihungen des Finanzanlage-vermögens
    davon aus verbundenen Unternehmen
11. sonstige Zinsen und ähnliche Erträge
    davon aus verbundenen Unternehmen
12. Abschreibungen auf Finanzanlagen und auf Wertpapiere des Umlauf-vermögens
13. Zinsen und ähnliche Aufwendungen
    davon an verbundene Unternehmen
14. Ergebnis der gewöhnlichen Geschäftstätigkeit
15. außerordentliche Erträge
16. außerordentliche Aufwendungen
17. außerordentliches Ergebnis
18. Steuern vom Einkommen und vom Ertrag
19. sonstige Steuern
20. Jahresüberschuss/Jahresfehlbetrag

Abbildung 6: Gewinn- und Verlustrechnung nach dem Gesamtkostenverfahren

Gesamtkostenverfahren

Bei Aufstellung der Gewinn- und Verlustrechnung nach dem **Gesamtkosten-verfahren** werden den in der abzuschließenden Geschäftsperiode erwirtschaf-teten Erträgen sämtliche Aufwendungen gegenübergestellt. Dabei werden die betrieblichen Aufwendungen nach primären Aufwandsarten gegliedert (Perso-nal-, Materialaufwand, Abschreibungen und sonstige betriebliche Aufwendun-gen). Zur periodengerechten Ermittlung des Jahresergebnisses ist eine Anglei-chung der Erträge an die Aufwendungen erforderlich. Die rechnerische An-gleichung erfolgt bei Anwendung des Gesamtkostenverfahrens dadurch, indem die Mehrungen des Bestandes an fertigen und unfertigen Erzeugnissen sowie die aktivierten Eigenleistungen den Umsatzerlösen hinzugerechnet werden. Die Minderungen des Bestandes an fertigen und unfertigen Erzeugnissen wer-den von den Umsatzerlösen abgezogen.

2.2 Was Sie bei der Auswertung Ihres Jahresabschlusses beachten sollten

Bilanzanalyse

Aus den Angaben des Jahresabschlusses können Sie mit dem Verfahren der Bilanzanalyse Erkenntnisse über die Vermögens- und Kapitalstruktur und die Ertragslage Ihres Unternehmens gewinnen.

Die Bilanzleser und -analysten lassen sich nach ihrer Beziehung zu Ihrem Unternehmen einteilen in:

- Interne Bilanzanalysten: Dies sind Personen, die Zugang zu internen Unterlagen (Finanzplanung, Kostenrechnung, Auftragsbestand u.a.) haben und am Entscheidungsprozess im Unternehmen mitwirken oder ihn beeinflussen. Dazu gehören Sie als Eigentümer, Gesellschafter, leitende Mitarbeiter oder Überwachungsorgane.

  interne Bilanzanalysten

- Externe Bilanzanalysten: Hierbei handelt es sich um Personen, die außerhalb Ihres Unternehmens stehen und keinen Zugang zu internen Unterlagen und Informationen haben. Den externen Analytikern stehen in erster Linie der aktuelle Jahresabschluss und eventuell die Jahresabschlüsse der vorangegangenen Jahre zur Verfügung.

  externe Bilanzanalysten

Die externe Bilanzanalyse steht neben der Beeinflussung des Jahresabschlusses durch die Bilanzierungs- und Bewertungswahlrechte vor folgenden Problemen:

Probleme der externen Bilanzanalyse

Mangelnde Vollständigkeit der Daten: Nicht alle im Unternehmen vorhandenen Aktiva und Passiva sind in der Bilanz enthalten. Bilanzierungsfähig sind nur Wirtschaftsgüter, Sachen und Rechte, die umsatz- und verkehrsfähig sind und bewertet werden können. Damit bleiben ganz erhebliche Werte wegen fehlender Eigenschaft eines Wirtschaftsgutes oder wegen ausdrücklichen Bilanzierungsverbotes (kein entgeltlicher Erwerb) außer Ansatz, wie z.B.

Vollständigkeit der Daten

- der eigene (originäre) Firmenwert;

- Markennamen, Schutzrechte, technisches Know-how etc.;

- die Qualität des Managements und der Belegschaft;

- die Außenbeziehungen zu Kunden und Lieferanten u.v.m.

Für die Bilanzierung ist die wirtschaftliche Zugehörigkeit zum Unternehmen entscheidend, deshalb sind rechtliche Bindungen wie Sicherungsübereignungen oder Eigentumsvorbehalte aus der Bilanz nicht ersichtlich.

wirtschaftliche Zugehörigkeit

Schwebende Geschäfte werden grundsätzlich nicht bilanziert. Das sind Rechtsgeschäfte, bei denen Leistung und Gegenleistung noch nicht erbracht worden sind, z.B. Lieferverträge, Miet- und Pachtverhältnisse und andere Dauerschuldverhältnisse.

schwebende Geschäfte

Stille Reserven (Unterbewertung der Aktiva und/oder Überbewertung der Passiva) sind aus der Bilanz nicht ersichtlich.

stille Reserven

Mangelnde Zukunftsbezogenheit der Daten: Die Bilanz bezieht sich auf einen abgeschlossenen, vergangenen Zeitraum, der meist ein Jahr umfasst. Zudem ist sie stichtagsbezogen. Aussagen über die künftige Entwicklung des Un-

Zukunftsbezogenheit der Daten

ternehmens, die durch den Vergleich von mehreren aufeinander folgenden Jahresabschlüssen gewonnen werden, beruhen auf der Annahme, dass eine in der Vergangenheit sichtbare Tendenz in die Zukunft verlängert werden kann. Aufgrund der zunehmenden Marktdynamik und des sich ständig ändernden Unternehmensumfeldes kann von dieser Voraussetzung nur bedingt ausgegangen werden.

Aussagewert der
Bilanzanalyse

Die kurz dargestellten Probleme der Bilanzanalyse könnten Sie zu der Auffassung verleiten, die Bilanzanalyse habe keinen Aussagewert. Eine derartige Auffassung ist jedoch betriebswirtschaftlich betrachtet nicht haltbar, denn ohne Bilanzanalyse sind Vergleiche nicht durchführbar. Vielmehr müsste die Bilanz aufbereitet und mit zusätzlichen Informationen versehen werden.

2.3   Wie Sie Ihren Jahresabschluss aufbereiten

Aufbereitung des
Jahresabschlusses

Unter Aufbereitung versteht man die Bereinigung (Saldierung und Ergänzung) und Gruppierung (Aufspaltung und Zusammenfassung) des Zahlenmaterials des Jahresabschlusses nach den Erfordernissen der Bilanzanalyse.

Strukturbilanz

Das Ergebnis der Aufbereitung der Bilanz ist eine **Strukturbilanz**. Bilanzposten der gleichen oder vergleichbaren Art werden verdichtet und unter einem gemeinsamen Oberbegriff zusammengefasst. Die Strukturbilanz muss, um Vergleiche zu ermöglichen, betriebswirtschaftlichen Grundsätzen genügen.

Ausgangspunkt für die Erstellung einer Strukturbilanz ist für Sie der Jahresabschluss. Am Fallbeispiel eines konkreten Jahresabschlusses wird eine Strukturbilanz erstellt. Die Aktivseite der Bilanz weist folgende Werte aus:

Aktivseite

	EUR	Geschäftsj. EUR	Vorjahr EUR
A. Anlagevermögen			
I. Immat. Vermögensgegenstände			
1. Konzessionen. gewerbl. Schutzrechte u. ähnliche Rechte und Werte sowie Lizenzen an solchen Rechten und Werten	43.987,00		67.983,00
2. Geschäfts- oder Firmenwert	23.896,00		35.978,00
3. geleistete Anzahlungen	0,00	67.883,00	0,00
II. Sachanlagen			
1. Grundstücke, grundstücksgleiche Rechte und Bauten einschließlich der Bauten auf fremden Grundstücken	790.653,00		954.956,00
2. technische Anlagen und Maschinen	983.674,00		538.324,00
3. andere Anlagen, Betriebs- und Geschäftsausstattung	18.243,70		12.645,00
4. geleistete Anzahl. und Anlagen im Bau	0,00	1.792.570,70	0,00
III. Finanzanlagen			
1. Beteiligungen	45.890,00		14.980,00
2. sonstige Ausleihungen	12.786,25	58.676,25	12.670,00
B. Umlaufvermögen			
I. Vorräte			
1. Roh-, Hilfs- und Betriebsstoffe	48.985,46		45.132,89
2. unfertige Erzeugnisse, unfertige Leistungen	48.143,98		49.686,34
3. fertige Erzeugn. und Waren	67.244,48		89.345,34
4. geleistete Anzahlungen	0,00	164.373,92	0,00
II. Forderungen und sonstige Vermögensgegenstände			
1. Forderungen aus Lieferungen und Leistungen	47.865,23		44.456,57
2. sonstige Vermögensgegenst.	45.296,32	93.161,55	34.987,98
III. Wertpapiere	0,00	0,00	0,00
IV. Schecks, Kassenbest., Bundesbank- und Postgiroguthaben, Guthaben bei Kreditinstituten		40.346,23	28.564,32
C. Rechnungsabgrenzungsposten		193.627,88	89.457,56
		2.410.639,53	2.019.167,00

Die Passivseite der Bilanz weist folgende Werte aus:

Passivseite

		EUR	Geschäfts-jahr EUR	Vorjahr EUR
A.	Eigenkapital			
	I. Gezeichnetes Kapital		250.000,00	250.000,00
	II. Kapitalrücklage		0,00	0,00
	III. Gewinnrücklagen			
	1. satzungsmäßige Rücklagen		124.900,00	124.900,00
	2. andere Gewinnrücklagen		428.246,00	356.894,00
	IV. Gewinnvortrag/Verlustvortrag		123.897,67	112.834,23
	Jahresüber-			
	V. schuss/Jahresfehlbetrag		118.339,39	42.602,40
B.	Rückstellungen			
	Rückstellungen für Pensionen			
	1. und ähnliche Verpflichtungen	38.988,07		35.356,14
	2. Steuerrückstellungen	68.756,00		46.934,56
	3. sonstige Rückstellungen	46.496,42	154.240,49	44.398,42
C.	Verbindlichkeiten			
	Verbindlichkeiten gegenüber			
	1. Kreditinstituten	816.423,45		669.865,28
	Verbindlichkeiten aus Lieferun-			
	2. gen und Leistungen	238.140,57		197.243,67
	3. sonstige Verbindlichkeiten	77.998,98	1.132.563,00	68.654,33
	davon aus Steuern 28.365,43 €			
	davon im Rahmen der sozialen			
	Sicherheit 20.325,56 €			
D.	Rechnungsabgrenzungsposten		78.452,98	69.483,97
			2.410.639,53	2.019.167,00

Die Gewinn- und Verlustrechnung weist folgende Werte aus:

Gewinn- und Verlustrechnung

		EUR	Geschäfts-jahr EUR	Vorjahr EUR
1.	Umsatzerlöse		895.665,67	705.473,89
	Erhöhung oder Verminderung des Be- standes an fertigen und unfertigen Er-			
2.	zeugnissen		523,34	-674,38
3.	sonstige betriebliche Erträge		8.582,34	5.349,54
4.	Materialaufwand			
	Aufwendungen für Roh-, Hilfs- und Betriebsstoffe und für bezoge-			
a)	ne Waren	185.234,28		169.564,68
	Aufwendungen für bezogene Leis-			
b)	tungen	32.853,53	218.087,81	26.554,92
5.	Personalaufwand			
a)	Löhne und Gehälter	210.324,56		185.646,23
	soziale Abgaben und Aufwendun- gen für Altersversorgung und für			
b)	Unterstützung	42.131,67	252.456,23	37.389,24
	davon Altersversorgung 48.342,56 €			
6.	Abschreibungen			
	auf immaterielle Vermögensge- genstände des Anlagevermögens und Sachanlagen sowie auf akti- vierte Aufwendungen für die In- gangsetzung und Erweiterung des			
a)	Geschäftsbetriebes	15.597,56		14.345,24
	auf Vermögensgegenstände des Umlaufvermögens, soweit diese die in der Kapitalgesellschaft übli- chen Abschreibungen überschrei-			
b)	ten	0,00	15.597,56	0,00
7.	sonstige betriebliche Aufwendungen		190.345,23	174.934,24
8.	Erträge aus Beteiligungen		898,23	287,68
9.	sonstige Zinsen und ähnliche Erträge		903,37	756,34
10.	Zinsen und ähnliche Aufwendungen		22.898,38	19.687,60
	Ergebnis der gewöhnlichen Geschäfts-			
11.	tätigkeit		207.187,74	83.070,92
12.	außerordentliche Erträge		19.456,78	14.632,69
13.	außerordentliche Aufwendungen		8.567,42	7.504,36
14.	außerordentliches Ergebnis		10.889,36	7.128,33
	Steuern vom Einkommen und vom Er-			
15.	trag		80.802,93	32.397,30
16.	sonstige Steuern		18.934,78	15.199,55
17.	Jahresüberschuss/Jahresfehlbetrag		118.339,39	42.602,40

Zur Auswertung des Jahresabschlusses müssen Sie die Aktivseite, die Passivseite und die Gewinn- und Verlustrechnung aufbereiten, das heißt, Sie müssen
die Positionen des Jahresabschlusses zum Teil zusammenfassen und neu grup-
pieren. Ausgehend vom oben dargestellten Jahresabschluss wird der aufberei-
tete Jahresabschluss (Strukturbilanz) unten dargestellt.

Aktivseite einer
Strukturbilanz

Die strukturierte Aktivseite der Bilanz hat folgende Form:

	Berichts-jahr TEUR	Vorjahr TEUR	20.. TEUR	20.. TEUR
Konzessionen, Schutzrechte, Lizenzen	43,99	67,98	59,72	43,78
sonstige immaterielle Vermö-gensgegenstände	23,90	35,98	43,71	46,32
immaterielles Vermögen	67,88	103,96	103,43	90,10
Grundstücke, Bauten	790,65	954,96	1.129,04	1.320,52
Maschinen, technische Anlagen	983,67	538,32	456,23	403,85
Betriebs- und Geschäftsausstat-tung, Anlagen	18,24	12,65	16,82	18,38
Sachanlagevermögen	1.792,57	1.505,93	1.602,09	1.742,75
Beteiligungen	45,89	14,98	10,68	18,97
sonstige Ausleihungen und Fi-nanzanlagen	12,79	12,67	28,96	34,91
Finanzanlagen	58,68	27,65	39,64	53,88
Summe Anlagevermögen	1.919,13	1.637,54	1.745,16	1.886,73
Roh-, Hilfs- und Betriebsstoffe	48,99	45,13	44,84	38,89
fertige und unfertige Erzeugnis-se und Handelswaren	115,39	139,03	128,65	146,21
Vorräte	164,37	184,16	173,49	185,10
Forderungen aus Lieferungen und Leistungen, RLZ bis 1 Jahr	47,87	44,46	28,42	19,56
sonstige Forderungen und Vermögensgegenstände, RLZ bis 1 Jahr	45,30	34,99	28,56	26,43
Wertpapiere des Umlaufver-mögens	0,00	0,00	0,00	0,00
flüssige Mittel	40,35	28,56	36,41	16,12
aktive Rechnungsabgrenzung (ohne Disagio)	193,63	89,46	87,54	56,46
monetäres (kurzfristiges) Um-laufvermögen	327,14	197,47	180,93	118,57
Summe Umlaufvermögen	491,51	381,63	354,42	303,67
Bilanzsumme Aktiva	2.410,64	2.019,17	2.099,58	2.190,40

Abbildung 7: Aktivseite der Strukturbilanz

Die strukturierte Passivseite der Bilanz hat folgende Form:

	Berichts-jahr	Vorjahr	20..	20..
	TEUR	TEUR	TEUR	TEUR
Nennkapital, Kapitalkonto I	250,00	250,00	250,00	250,00
+ Gewinnrücklage / Rücklagen bei Personengesellschaften	553,15	481,79	478,12	478,12
- aktivierter Geschäfts- und Firmenwert	23,90	35,98	43,76	58,98
+ Gewinnvortr. / - Verlustvortrag	123,90	112,83	78,12	56,74
+ Jahresüberschuss / - Jahres-fehlbetrag	118,34	42,60	54,11	25,28
Eigenkapital	1.021,49	851,25	816,59	751,16
Pensionsrückstellungen und ähn-liche längerfr. Rückstellungen	38,99	35,36	36,36	34,12
Verbindlichkeiten ggü. Kreditin-stituten, RLZ über 5 Jahre	816,42	669,87	785,98	874,94
langfristiges Fremdkapital	855,41	705,22	822,34	909,06
Steuerrückstellungen und sonsti-ge Rückstellungen	115,25	91,33	40,34	87,64
Verbindlichk. aus Lieferungen und Leistungen, RLZ bis 1 Jahr	238,14	197,24	267,89	289,45
sonstige Verbindlichk. inkl. Steu-erverbindlichk., RLZ bis 1 Jahr	78,00	68,65	12,36	8,78
passive Rechnungsabgrenzung	78,45	69,48	96,35	97,99
kurzfristiges Fremdkapital	509,84	426,71	416,94	483,86
Summe Fremdkapital	1.365,26	1.131,94	1.239,28	1.392,92
Bilanzsumme Passiva	2.386,74	1.983,19	2.055,87	2.144,08

Abbildung 8: Passivseite der Strukturbilanz

Die strukturierte Gewinn- und Verlustrechnung weist folgende Form auf:

	Berichts-jahr	Vor-jahr	20...	20...
	TEUR	TEUR	TEUR	TEUR
Umsatzerlöse	895,67	705,47	683,23	642,53
Bestandsveränderungen (+ / -)	0,52	-0,67	14,70	-4,79
Gasamtleistung	896,19	704,80	697,93	637,74
Aufwand für Roh-, Hilfs- und Betriebsstoffe	185,23	169,56	151,46	147,89
Aufwand für bezogene Leistungen	32,85	26,55	25,76	24,54
Rohertrag	678,11	508,68	520,71	465,31
sonstige betriebliche Erträge	8,58	5,35	3,68	3,43
Löhne und Gehälter	210,32	185,65	182,69	178,32
soziale Abgaben, Altersversorgung	42,13	37,39	37,12	36,87
Abschreibungen inkl. Firmenabschreibung	15,60	14,35	14,12	13,76
sonstige betriebliche Aufwendungen	190,35	174,93	168,93	156,78
Betriebsergebnis	228,29	101,71	121,53	83,01
Erträge aus Beteiligungen	0,90	0,29	0,34	0,45
sonstige Zinsen und ähnliche Erträge	0,90	0,76	0,72	0.68
Zinsen und ähnliche Aufwendungen	22,90	19,69	22,89	45.32
Finanzergebnis	-21,10	-18,64	-21,83	-44.19
Ergebnis der gewöhnlichen Geschäftstätigkeit	207,19	83,07	99,70	38,82
außerordentliche Erträge	19,46	14,63	12,67	15.13
außerordentliche Aufwendungen	8,57	7,50	5,32	2,45
außerordentliches Ergebnis	10,89	7,13	7,35	12,68
Gesamtergebnis	218,08	90,20	107,05	51,50
Steuern vom Einkommen und Ertrag	80,80	32,40	38,26	17,25
sonstige Steuern	18,93	15,20	14,68	8,97
Jahresüberschuss / -fehlbetrag	118,35	42,60	54,11	25,28

Abbildung 9: Struktur-GuV

2.4 Wie Sie Ihren Jahresabschluss vergleichen können

Zeitvergleich

Mit Hilfe Ihrer aufbereiteten Bilanz und Gewinn- und Verlustrechnung können Sie Kennzahlen bilden. Die Beurteilung der Kennzahlen setzt Vergleichsmaßstäbe voraus. Zunächst können Sie die Entwicklung der verschiedenen Kennzahlen in den vergangenen Rechnungsperioden vergleichen. Dieser **Zeitvergleich** hat den Vorteil für Sie, dass die Wirkungen der Bilanzpolitik, die eine Verlagerung von Teilen des Gewinns in zukünftige Perioden bewirken, langfristig wieder aufgehoben werden, z.B. durch die Auflösung von Rückstellungen. Allerdings müssen Sie die Kennzahlen der verschiedenen Perioden nach denselben Grundsätzen aufbereiten, damit die Vergleichbarkeit gewährleistet ist.

Betriebsvergleich

Ein anderer Vergleichsmaßstab ist der **Betriebsvergleich**. Hier vergleichen Sie die Kennzahlen Ihres Betriebes mit mehreren Betrieben derselben Branche über eine oder mehrere Perioden. Ein solcher Vergleich ist aber für Sie nur sinnvoll, wenn die Betriebe annähernd die gleiche Größe und Marktstellung haben. Dieser äußere Betriebsvergleich ist geeignet, betriebsbedingte Veränderungen von solchen zu unterscheiden, die konjunktur- oder saisonbedingt sind.

Soll-Ist-Vergleich

Zusätzlich können Sie einen **Soll-Ist-Vergleich** durchführen. Bei einem Soll-Ist-Vergleich vergleichen Sie Plandaten mit den Ist-Zahlen oder nehmen als Vergleichsmaßstab bestimmte „Normgrößen", wie z.B. die Finanzierungsregeln. Erst beim Soll-Ist-Vergleich vergleichen Sie die Ist-Daten mit Soll-Daten, die aufgrund ihres Vorgabecharakters als Maßstab der Wirtschaftlichkeit geeignet sind. Der Soll-Ist-Vergleich setzt voraus, dass Sie Plandaten vorgeben, die bei wirtschaftlichem Verhalten zu erwarten sind. Dazu müssen Sie auf Erfahrungen der Vergangenheit zurückgreifen.

2.4.1 Wie Sie Kennzahlen zur Vermögens- und Kapitalstruktur ermitteln und beurteilen

Anlagenintensität

Bei der Vermögensstruktur setzen Sie Größen der Aktivseite zueinander in Beziehung. Sie untersuchen also die Aktivseite der Bilanz. Sie müssen zwischen langfristig gebundenem Vermögen (Anlagevermögen) und kurzfristig gebundenem Vermögen (Umlaufvermögen) unterscheiden. Aus dem Verhältnis von Anlage- zu Gesamtvermögen ergibt sich die **Anlagenintensität** Ihres Unternehmens, d.h. der Anteil des Anlagevermögens am Gesamtvermögen.

Ganz allgemein lässt ein hohes **Anlagevermögen** auf einen hohen Rationalisierungsgrad, relativ niedrige Personalkosten und dadurch bedingt auf einen hohen Umsatz pro Mitarbeiter schließen. Ein hohes Anlagevermögen verursacht aber auch hohe fixe Kosten, wie Abschreibungen, Zinsen für das betriebsnotwendige Kapital u.a., die unabhängig von der Beschäftigungs- und Ertragslage des Unternehmens anfallen.

Anlagevermögen

Ein hoher Anteil Ihres Anlagevermögens am Gesamtvermögen verringert die Anpassungsfähigkeit Ihres Betriebes an Beschäftigungsschwankungen, wie sie z.B. durch Konjunkturverläufe oder Veränderungen in der Nachfrage eintreten können. Es werden allerdings auch Ihre Gewinnchancen bei zunehmender Kapazitätsauslastung aufgrund der Fixkostendegression erhöht.

Umlaufvermögen

Das **Umlaufvermögen** ist vergleichsweise anpassungsfähig. Es hat die kürzere Bindungsdauer im Betrieb, die grundsätzlich größere Marktnähe und damit auch die leichtere Verwertbarkeit am Markt. Mit abnehmender Fristigkeit der Vermögensbindung wird einmal Ihr Liquiditätspotenzial verbessert und damit die Gefahr der Illiquidität verringert, zum anderen wird Ihre Dispositionselastizität erhöht und so die Anpassungsfähigkeit an Beschäftigungs- und Strukturänderungen verstärkt.

Kennzahlen zur Vermögensstruktur

Aussagekräftig sind die Kennzahlen zur Vermögensstruktur für Sie nur dann, wenn Sie die Entwicklung über mehrere Jahre verfolgen und mit dem Branchendurchschnitt vergleichen. Des Weiteren müssen Sie berücksichtigen, dass insbesondere Leistungsprogramm, Fertigungstiefe, Geschäftspolitik und Automatisierungsgrad das Verhältnis von Anlage- zu Umlaufvermögen beeinflussen. Vermeiden Sie daher voreilige Schlussfolgerungen!

abweichende Kennzahlen

Die Ursachen abweichender Kennzahlen in Unternehmen gleicher Branche können auch in der unterschiedlichen Abschreibungs- und Investitionspolitik liegen. Beispielsweise ist es möglich, dass eine Unternehmung Teile des Anlagevermögens geleast hat, ohne dass diese Vermögensgegenstände in der Handels- und Steuerbilanz zu aktivieren sind.

Veränderungen des Umlaufvermögens

Ein weiteres Problem stellt die Interpretation von Veränderungen im Umlaufvermögen dar. Steigende Vorräte oder Forderungen können sowohl auf steigenden als auch auf fallenden Absatz bzw. eine schlechte Zahlungsmoral der Kunden hinweisen. Hier sind zur Interpretation der Kennzahlen weitere betriebliche Unterlagen, wie z.B. Absatz- und Umsatzentwicklung, hinzuziehen.

Kapitalstruktur

Bei der **Kapitalstruktur** wird ausschließlich die Passivseite der Bilanz untersucht. Die Kapitalstruktur wird allgemein durch das Verhältnis **Eigenkapital : Fremdkapital** dargestellt.

Eigenkapital

Eigenkapital unterscheidet sich von Fremdkapital insbesondere dadurch, dass es unkündbar ist. Deshalb steht es Ihnen grundsätzlich unbegrenzt zur Verfügung. Des Weiteren ist es mit einem Gewinnanspruch ausgestattet.

Fremdkapital

Unter **Fremdkapital** sind die in der Bilanz ausgewiesenen Verbindlichkeiten der Unternehmung zu verstehen. Es kann in unterschiedlicher Form und für unterschiedliche Zeiträume zur Verfügung stehen. Fremdkapital ist kündbar und bewirkt eine Tilgungs- und Zinsbelastung.

Ebenso wie bei der Vermögensstruktur ist auch bei der Kapitalstruktur ein bestimmtes Verhältnis zwischen Eigen- und Fremdkapital nicht als gut bzw. schlecht zu bezeichnen. Es ist die allgemeine Forderung aufzustellen, dass das Eigenkapital so hoch wie möglich sein sollte.

Bewertung der Kapitalstruktur

Die Eigenkapitalquote ist ein Maßstab für:

Eigenkapitalquote

- das Haftungspotenzial eines Unternehmens. Je höher Ihr Eigenkapitalanteil ist, desto geringer ist die Gefahr, dass Gläubiger ihr Kapital verlieren.

- die finanzwirtschaftliche Flexibilität. Ein niedriger Verschuldungsgrad hilft Ihnen unerwarteten Fremdkapitalentzug oder Verluste zu überstehen.

- den potenziellen Kreditspielraum. Je niedriger Ihre Verschuldung, desto größer ist Ihr Verhandlungspotenzial bei Kreditverhandlungen.

- die Kreditwürdigkeit. Das Eigenkapital ist Grundlage und Sicherheit für die Aufnahme von Fremdkapital. Ein hoher Eigenkapitalanteil erhöht Ihre Kreditwürdigkeit.

Besondere Beachtung verdient die **Fremdkapitalstruktur** Ihres Unternehmens. Die Situation Ihres Unternehmens ist umso ungünstiger, je höher das kurzfristige Fremdkapital ist. Ihre Abhängigkeit von Kreditgebern ist dann nämlich besonders groß. Vermeiden Sie unter allen Umständen eine falsche Finanzierung Ihres langfristig gebundenen Vermögens. In der Praxis ist es weit verbreitet, dass Teile des langfristig gebundenen Vermögens über kurzfristige Kontokorrentkredite und/oder Lieferantenkredite finanziert werden. Dadurch verschlechtern Sie das Rating Ihres Unternehmens ganz deutlich und zugleich machen Sie sich von Ihren Kreditgebern unnötig abhängig.

Fremdkapitalstruktur

Fallbeispiel: Kennzahlen zur Vermögens- und Kapitalstruktur ermitteln

Im Folgenden sind die Formeln zur Berechnung der Kennzahlen zur Vermögens- und Kapitalstruktur abgebildet. Die Daten zur Berechnung der Kennzahlen basieren auf der oben dargestellten Bilanz und Gewinn- und Verlustrechnung. Aus der Strukturbilanz und der strukturierten Gewinn- und Verlustrechnung lassen sich die erforderlichen Größen problemlos entnehmen. Die ermittelten Kennzahlen beziehen sich auf das Berichtsjahr.

$$\text{Anlagenintensität} = \frac{\text{Anlagevermögen}}{\text{Gesamtvermögen}} \times 100 = \frac{1.919,13}{2.410,64} \times 100 = 79,61\%$$

Anlagenintensität

$$\text{Eigenkapitalanteil} = \frac{\text{Eigenkapital}}{\text{Gesamtkapital}} \times 100 = \frac{1.021,49}{2.386,74} \times 100 = 42,80\%$$

Eigenkapitalanteil

Verschuldungsgrad

$$\text{Verschuldungsgrad} = \frac{\text{Fremdkapital}}{\text{Eigenkapital}} \times 100 = \frac{1.365,28}{1.021,49} \times 100 = 133,65\,\%$$

Vermögensstruktur

$$\text{Vermögensstruktur} = \frac{\text{Anlagevermögen}}{\text{Umlaufvermögen}} \times 100 = \frac{1.919,13}{491,51} \times 100 = 390,46\,\%$$

Vermögensentwicklung Vorräte

$$\text{Vermögensentwicklung Vorräte} = \frac{\text{Vorräte}}{\text{Gesamtleistung}} \times 100 = \frac{164,37}{896,19} \times 100 = 18,34\,\%$$

Vermögensentwicklung Erzeugnisse

$$\text{Vermögensentw. Erzeugnisse} = \frac{\text{fertige} + \text{unfertige Erzeugnisse}}{\text{Gesamtleistung}} \times 100$$

$$= \frac{115,39}{896,19} \times 100 = 12,88\,\%$$

Vermögensentwicklung Forderungen

$$\text{Vermögensentw. Forderungen} = \frac{\text{kurzfr. Forderungen}}{\text{Umsatzleistung}} \times 100$$

$$= \frac{47,87}{895,67} \times 100 = 5,34\,\%$$

2.4.2 Wie Sie Kennzahlen zur Finanz- und Liquiditätsstruktur ermitteln und beurteilen

Finanzstruktur

Bei der Finanzstruktur werden Aktiv- und Passivseite der Bilanz zueinander in Beziehung gesetzt. Es wird untersucht, wie das Anlagevermögen finanziert wird.

Anlagendeckung

Da Ihr Anlagevermögen dazu bestimmt ist, Ihrem Betrieb dauernd zu dienen, sollte es möglichst durch Kapital gedeckt sein, das Ihrem Unternehmen ebenfalls dauernd zur Verfügung steht (Prinzip der Fristenkongruenz). In letzter Konsequenz ist das nur das Eigenkapital. Die Forderung entspricht der so genannten „Goldenen Bilanzregel", wonach langfristig gebundenes Vermögen durch Eigenkapital gedeckt sein sollte. Deshalb spricht man auch von **Anlagendeckung**. Die Einhaltung des Prinzips der Fristenkongruenz ist für die Beurteilung Ihres Unternehmens besonders wichtig. Denn nur wenn Sie dieses Prinzip einhalten, kann Ihr Unternehmen als richtig finanziert beurteilt werden.

Reicht das Eigenkapital hierfür nicht aus, so kann auch noch das langfristige Fremdkapital für die Deckung des Anlagevermögens herangezogen werden.

Anlagendeckung II

Der Quotient der Anlagendeckung II (Deckungsgrad II) muss dann mindestens 100 % betragen, wenn eine volle Deckung durch langfristiges Kapital gewährleistet sein soll. Wenn dieser Wert überschritten wird, spricht das für die finanzielle Stabilität des Unternehmens. Es kann noch ein Teil des Umlaufvermögens finanziert werden. Vermeiden Sie, dass Ihre Anlagendeckung II unter 100 % absinkt. Dies führt zu einer negativen Bewertung Ihres Unternehmens. Sie bekommen dann entweder keinen Kredit von Ihrer Bank eingeräumt und wenn Sie einen Kredit eingeräumt bekommen, dann zu schlechten Konditionen.

Unter **Liquidität** versteht man die Fähigkeit, seinen kurzfristigen Zahlungsverpflichtungen termingerecht nachzukommen.

Liquidität

Unter Liquiditätsgesichtspunkten lässt sich das Umlaufvermögen einteilen in:

- liquide Mittel 1. Grades: =   flüssige Mittel
  - Bargeld
  - Bank- und Postbankguthaben
  - Schecks

liquide Mittel 1. Grades

- liquide Mittel 2. Grades: =   liquide Mittel 1. Grades
  - Forderungen
  - Wertpapiere des Umlaufvermögens
  - Wechsel
  - geleistete Anzahlungen
  - Aktive Rechnungsabgrenzung

liquide Mittel 2. Grades

- liquide Mittel 3. Grades: =   das gesamte Umlaufvermögen

liquide Mittel 3. Grades

Für die Beurteilung von Liquiditätskennzahlen haben sich die folgenden Richtwerte herausgebildet:

- Liquidität 1. Grades: die 1 : 5 Regel (one-to-five-rule), das heißt eine mindestens 20%-ige Deckung des kurzfristigen Fremdkapitals durch flüssige Mittel.

one-to-five-rule

- Liquidität 2. Grades: die 1 : 1 Regel (quick ratio), nach ihr soll die Liquidität mindestens 100 % erreichen.

quick ratio

- Liquidität 3. Grades: die 2 : 1 Regel (current ratio bzw. Banker's rule), die Liquidität müsste mindestens zu einer 200 %-igen Deckung des kurzfristigen Fremdkapitals führen.)

current ratio

Bei der Analyse der Liquiditätskennziffern sollten Sie vorsichtig sein. Die Bilanz ist nämlich eine Stichtagsrechnung. Die Liquidität ist aber für Sie nicht am Stichtag von Bedeutung, sondern vor allem in der näheren und ferneren Zukunft, also für Zeiträume nach dem Bilanzstichtag. Zwar sind in der Bilanz Aktiva und Passiva ausgewiesen, die erst nach dem Stichtag fällig werden, also den nachfolgenden Zeitraum betreffen, jedoch sind die nach dem Stichtag entstehenden Aktiva und Passiva nicht zu ersehen, auch sind die künftigen Ein-

statische Liquiditätsanalyse

nahmen und Ausgaben unbekannt. Daher sollten Sie zur Beurteilung der Liquidität Ihres Unternehmens zusätzliche Informationen heranziehen.

Beurteilungsfaktoren der Liquidität

Es gibt eine Reihe wichtiger Faktoren für die Beurteilung der Liquidität Ihres Unternehmens, die aus der Bilanz nicht ersichtlich sind, z.B.:

- zugesagte Kredite,

- mögliche Kreditaufnahmen,

- bevorstehende Investitionen.

Indikatoren einer guten Liquidität

Für eine gute Liquidität sprechen beispielsweise:

- hohe Bankguthaben,

- ein hoher Bestand von Wertpapieren des Umlaufvermögens,

- geringe Bankschulden,

- geringe Verbindlichkeiten aus Lieferungen und Leistungen.

Indikatoren einer schlechten Liquidität

Für eine schlechte Liquidität sprechen beispielsweise:

- geringe Bankguthaben,

- keine oder geringe Finanzanlagen,

- hohe Bankschulden,

- hohe Lieferantenverbindlichkeiten.

Fallbeispiel: Kennzahlen zur Finanz- und Liquiditätsstruktur ermitteln

Im Folgenden sind die Formeln zur Berechnung der Kennzahlen zur Finanz- und Liquiditätsstruktur abgebildet. Die Daten zur Berechnung der Kennzahlen basieren auf der dargestellten Strukturbilanz und der strukturierten Gewinn- und Verlustrechnung. Die ermittelten Kennzahlen beziehen sich auf das Berichtsjahr.

Anlagendeckung I

$$\text{Anlagendeckung I} = \frac{\text{Eigenkapital}}{\text{Anlagevermögen}} \times 100 = \frac{1.021,49}{1.919,13} \times 100 = 53,23\,\%$$

Anlagendeckung II

$$\text{Anlagendeckung II} = \frac{\text{Eigenkap. + langfr. Fremdkap.}}{\text{Anlagevermögen}} \times 100 = \frac{1.876,90}{1.919,13} \times 100 = 97,80\,\%$$

Barliquidität (DATEV)

$$\text{Barliquidität (DATEV)} = \frac{\text{flüssige Mittel}}{\text{kurzfr. Bankverbindlichk.}} \times 100 = \frac{40,35}{0} \times 100 = \quad\%$$

Liquidität 1. Grades

$$\text{Liquidität 1. Grades} = \frac{\text{flüssige Mittel}}{\text{kurzfr. Verbindlichkeiten}} \times 100 = \frac{40,35}{316,14} \times 100 = 12,76\,\%$$

$$\text{Liquidität 2. Grades} = \frac{\text{fl. Mittel} + \text{kurzfr. Forderg.}}{\text{kurzfr. Verbindlichkeiten}} \times 100 = \frac{133,52}{316,14} \times 100 = 42,23\%$$

Liquidität 2. Grades

$$\text{Liquidität 3. Grades} = \frac{\text{Umlaufvermögen}}{\text{kurzfr. Verbindlichkeiten}} \times 100 = \frac{491,51}{316,14} \times 100 = 155,47\%$$

Liquidität 3. Grades

2.4.3   Wie Sie Kennzahlen zur Rentabilität ermitteln und beurteilen

Für die Beurteilung Ihres Unternehmens ist die Ertragslage, und zwar insbesondere die Rentabilität, von großer Bedeutung. Die Vermögens- und Finanzlage Ihres Unternehmens kann durchaus befriedigend sein, trotzdem kann das Gesamturteil über Ihr Unternehmen negativ ausfallen, wenn das eingesetzte Kapital keine ausreichende Rendite abwirft.

Rentabilität

Sie investieren als Unternehmer ihr Kapital, um einen Gewinn zu erwirtschaften. Ob sich der Kapitaleinsatz für Sie gelohnt hat, zeigt sich an der erzielten Verzinsung. Die **Rentabilität** Ihres **Eigenkapitals** ist dann ausreichend, wenn der normale Zinssatz für langfristig verliehenes Kapital plus einer angemessenen Prämie für das übernommene Unternehmerrisiko erzielt wird.

Eigenkapitalrentabilität

Neben dem Eigenkapital setzen Sie auch Fremdkapital in Ihrem Unternehmen ein. Deswegen ist es für Sie sinnvoll, neben der **Eigenkapitalrentabilität** auch die **Gesamtkapitalrentabilität** zu errechnen. Für die Berechnung der Gesamtkapitalrentabilität müssen Sie dem Gewinn die Fremdkapitalzinsen hinzurechnen, weil sie den Gewinn als Aufwand schmälern, aber im Geschäftsjahr erwirtschaftet wurden.

Gesamtkapitalrentabilität

Auf den ersten Blick mag es scheinen, dass die Eigenkapitalrentabilität für Sie die wichtigere Kennzahl ist, weil es für Sie zunächst wichtig ist zu wissen, ob das von Ihnen eingesetzte Kapital eine ausreichende Rendite erwirtschaftet hat. Bei der Berechnung der Rentabilität des Eigenkapitals geht man jedoch von unrealistischen Annahmen aus. Es wird nämlich unterstellt, dass der Gewinn nur unter Einsatz von Eigenkapital erzielt worden ist. In Wirklichkeit konnte der Gewinn aber nur erzielt werden, weil außer dem Eigenkapital auch Fremdkapital eingesetzt wurde.

Die Eigenkapitalrentabilität befindet sich in einem Abhängigkeitsverhältnis von der Gesamtkapitalrentabilität. Für eine ausreichende Eigenkapitalrentabilität ist eine ausreichende Gesamtkapitalrentabilität Voraussetzung. Die Rentabilität des Eigenkapitals steigt oder sinkt je nachdem, wie viel und zu welchem Zinssatz Fremdkapital aufgenommen wurde. Dieses Abhängigkeitsverhältnis nennt man „**Leverage-Effekt**".

Leverage-Effekt

Umsatzrentabilität

Eine weitere wichtige Rentabilitätskennzahl ist für Sie die **Umsatzrentabilität**. Diese Kennzahl zeigt Ihnen, wie viel Prozent der Umsatzerlöse Ihrem Unternehmen als Gewinn zugeflossen ist oder wie viel Euro von 100 Euro Umsatz Gewinn sind.

Beurteilung der Umsatzrentabilität

Aussagen zur Umsatzrentabilität können Sie nur im Zeitvergleich machen. Des Weiteren kann für Sie ein Vergleich mit der Umsatzrendite von Wettbewerbern (Konkurrenten) aufschlussreich sein. Denn nur im Vergleich mit Ihren wichtigsten Konkurrenten können Sie beurteilen, ob Sie Ihr Unternehmen am Markt gut positioniert haben. Sammeln Sie Informationen über Ihre wichtigsten Konkurrenten, damit Sie in der Lage sind, die Umsatzrentabilität und die Positionierung Ihres Unternehmens beurteilen zu können. Eine negative Beurteilung der Rentabilität Ihres Unternehmens führt zwingend zu einem schlechten Ratingergebnis. In diesem Fall müssen Sie zur Verbesserung der Rentabilität Ihres Unternehmens dringend die richtigen Entscheidungen treffen. Aber die richtigen Entscheidungen können Sie nur treffen, wenn Sie die Gründe für die schlechte Rentabilität Ihres Unternehmens kennen.

Kapitalumschlag

Ihre Gesamtkapitalrentabilität wird bestimmt durch Ihre Umsatzrentabilität und Ihrem **Kapitalumschlag**. Eine geringe Umsatzrentabilität können Sie durch einen hohen Kapitalumschlag ausgleichen, d.h. eine bestimmte Gesamtkapitalrentabilität in Prozent (Isorendite) kann bei einer niedrigen Umsatzrentabilität durch die Erhöhung des Kapitalumschlags erreicht werden. Umgekehrt müssen Sie bei einem geringen Kapitalumschlag eine entsprechend höhere Umsatzrentabilität erreichen, um die gleiche Gesamtkapitalrentabilität zu erwirtschaften.

Fallbeispiel: Kennzahlen zur Rentabilität ermitteln

Im Folgenden sind die Formeln zur Berechnung der Kennzahlen zur Rentabilität abgebildet. Die Daten zur Berechnung der Kennzahlen basieren auf der dargestellten Strukturbilanz und der strukturierten Gewinn- und Verlustrechnung. Die ermittelten Kennzahlen beziehen sich auf das Berichtsjahr.

Eigenkapitalrentabilität

$$\text{Eigenkapitalrentabilität} = \frac{\text{Gewinn}}{\text{Eigenkapital}} \times 100 = \frac{118,35}{1.021,49} \times 100 = 11,59\%$$

Gesamtkapitalrentabilität

$$\text{Gesamtkapitalrentabilität} = \frac{\text{Gewinn + Fremdkap.-Zinsen}}{\text{Gesamtkapital}} \times 100 = \frac{141,25}{2.386,74} \times 100 = 5,92\%$$

Umsatzrentabilität

$$\text{Umsatzrentabilität} = \frac{\text{Gewinn + Fremdkap.-Zinsen}}{\text{Betriebsleistung}} \times 100 = \frac{141,25}{896,19} \times 100 = 15,76\%$$

Kapitalumschlag

$$\text{Kapitalumschlag} = \frac{\text{Betriebsleistung}}{\text{Gesamtkapital}} \times 100 = \frac{896,19}{2.386,75} = 0,38$$

2.4.4   Wie Sie Kennzahlen zum Cashflow ermitteln und beurteilen

Der Cashflow beinhaltet den Kassenzufluss, das heißt den Überschuss der Einnahmen über die Ausgaben. Diese Mittel stehen Ihnen als längerfristige Finan-
zierungsmittel zinslos zur Verfügung. Der Cashflow ist also für Sie ein Maßstab dafür, inwieweit Ihr Unternehmen aus eigener Kraft in der Lage ist,
Schulden zu tilgen, zu investieren oder Gewinne auszuschütten.

Cashflow

Den Cashflow können Sie

direkte und indirekte Ermittlung des Cashflows

- **direkt** oder

- **indirekt**

ermitteln.

Das Ergebnis der direkten und indirekten Methode muss gleich sein.

Direkte Ermittlung des Cashflows

direkte Ermittlung des Cashflows

Die Gesamtsumme der Einnahmen einer Periode, die nach Abzug der Ausgaben der Periode übrig bleibt, ist der Cashflow. Ziehen Sie von den Erträgen einer Periode die Aufwendungen ab, erhalten Sie den Jahresüberschuss (Gewinn). Einige Erträge sind jedoch nicht zahlungswirksam, wie beispielsweise
die Erhöhung der Bestände an fertigen und unfertigen Erzeugnissen. Ebenso
sind nicht alle Aufwendungen zahlungswirksam, wie beispielsweise Abschreibungen und die Erhöhung der Rückstellungen. Demnach ist der Cashflow die
Differenz zwischen den zahlungswirksamen Erträgen (Einnahmen) und den
zahlungswirksamen Aufwendungen (Ausgaben).

- Zahlungswirksame Erträge sind beispielsweise die Umsatzerlöse und die
Zinserträge.

zahlungswirksame Erträge

- Zahlungswirksame Aufwendungen sind beispielsweise der Materialverbrauch bzw. der Wareneinsatz, die Löhne und Gehälter und die Zinserträge.

zahlungswirksame Aufwendungen

Die Formel zur direkten Ermittlung des Cashflows lautet:

direkte Ermittlung des Cashflows

$$
\begin{array}{rl}
 & \text{Zahlungswirksame Erträge (Einnahmen)} \\
- & \underline{\text{Zahlungswirksame Aufwendungen (Ausgaben)}} \\
= & \text{Cashflow}
\end{array}
$$

Indirekte Ermittlung des Cashflows

Sie können den Cashflow auch indirekt ermitteln. Dabei nehmen Sie zum Jahresüberschuss (Gewinn) die nicht zahlungswirksamen Aufwendungen hinzu.
Zum Cashflow zählen also der Jahresüberschuss und alle nicht zahlungswirk-

indirekte Ermittlung des Cashflows

samen Aufwendungen eines Geschäftsjahres, wie beispielsweise Abschreibungen und Zuführungen zu den Rückstellungen. Die nicht zahlungswirksamen Erträge müssen Sie, wie beispielsweise Bestandserhöhungen von unfertigen und fertigen Erzeugnissen, aktivierte Eigenleistungen sowie die Auflösung von Rückstellungen, abziehen. Die Formel zur indirekten Ermittlung des Cashflows lautet:

	Jahresüberschuss (Gewinn), Jahresfehlbetrag (Verlust)
+	nicht zahlungswirksame Aufwendungen
-	nicht zahlungswirksame Erträge
=	Cashflow

Der Cashflow ist eine Kennzahl, die Ihnen helfen soll, die wahre Ertrags- und Finanzkraft Ihres Betriebes zu ermitteln. Dabei geht man von der Überlegung aus, dass der Jahresüberschuss – wegen zahlreicher legaler bilanzpolitischer Handlungsspielräume – nicht das tatsächliche Ergebnis beinhaltet.

Beurteilung des
Cashflows

Eine Beurteilung der absoluten Höhe des Cashflows ist nur schwer möglich. Betrachten Sie die Entwicklung über mehrere Jahre, dann ist immerhin eine Tendenz für Sie erkennbar. Eine bessere Aussage über die Ertragskraft des Betriebes erhalten Sie, wenn Sie den Cashflow auf die Betriebsleistung (Umsatz) beziehen. Dann spricht man von der Cashflow-Rate. Diese Kennzahl gibt Ihnen an, wie viel Prozent Ihr Cashflow, bezogen auf Ihre Betriebsleistung (Umsatz), ausmacht. Ermitteln und beurteilen Sie nicht nur den Cashflow, sondern auch die Cashflow-Rate!

Fallbeispiel: Kennzahlen zum Cashflow ermitteln

indirekte Ermittlung des
Cashflows

Im Folgenden sind die Formeln zur Berechnung der Kennzahlen zum Cashflow abgebildet. Die Daten zur Berechnung der Kennzahlen basieren auf der dargestellten Strukturbilanz und der strukturierten Gewinn- und Verlustrechnung. Die ermittelten Kennzahlen beziehen sich auf das Berichtsjahr. Der Cashflow wird indirekt wie folgt ermittelt:

	Jahresüberschuss (Gewinn	118,35
+	Abschreibungen	15,60
+	Zuführung zu den Rückstellungen	27,55
-	Bestandserhöhungen	0,52
=	Cashflow	160,98

Neben dem Cashflow wird in der Praxis auch der Cashflow II ermittelt, wobei dann der Cashflow als Cashflow I bezeichnet wird. Der Cashflow II berücksichtigt gegenüber dem Cashflow I zusätzlich die zahlungswirksamen Fremdkapitalzinsen. Er wird wie folgt ermittelt:

Cashflow II

	Cashflow I	160,98
+	Fremdkapitalzinsen	22,90
=	Cashflow II	183,88

Cashflow II-Rate

Eine weitere in der Praxis bedeutsame Kennzahl ist die Cashflow II-Rate. Sie wird wie folgt berechnet:

$$\text{CashflowII-Rate} = \frac{\text{Cashflow II}}{\text{Betriebsleistung}} \times 100 = \frac{183,88}{896,19} = 20,52 \ \%$$

2.4.5 Wie Sie Kennzahlen zur Produktivität ermitteln und beurteilen

Kennzahlen zur Produktivität

Die Ermittlung von Kennzahlen zur Produktivität hat in Ihrem Unternehmen die Aufgabe, die Leistung des Betriebes im Verhältnis zu der eingesetzten Ressource Personal zu setzen. Hierdurch können Sie in einem Zeit- und Branchenvergleich Unwirtschaftlichkeiten aufdecken.

WPK-Wert

Als eine für Unternehmen sehr wertvolle Kennzahl hat sich der WPK-Wert erwiesen. Bei der Ermittlung dieser Kennzahl setzen Sie die erzielte Wertschöpfung zu den angefallenen Personalkosten ins Verhältnis.

Beurteilung des WPK-Wertes

Die Berechnung dieses Wertes bietet Ihnen die Möglichkeit, Auswirkungen im Personal- und Materialbereich auf den Leistungsstand des Betriebes zu beurteilen. Ihre Zielsetzung sollte sein, möglichst steigende Werte im Zeitablauf zu erreichen. Stellen Sie fest, dass Ihr WPK-Wert im Zeitablauf etwa gleich bleibt oder gar sinkt, dann sollten Sie die Kalkulationen Ihrer Leistungen prüfen und evtl. korrigieren. Sollte eine Preiserhöhung Ihrer Leistungen betriebswirtschaftlich notwendig sein, sie diese aber gegenüber Ihren Abnehmern nicht durchsetzen können, dann müssen Sie die Personalproduktivität Ihrer Mitarbeiter erhöhen und zugleich versuchen, Ihre eingesetzten Materialien günstiger zu beziehen.

Des Weiteren sind für Sie Wertschöpfungskennziffern bezogen auf die Zahl der Beschäftigten sowie auf die Zahl der verbrauchten produktiven Stunden interessant, da Sie hierdurch den Leistungsstand des Produktionsfaktors Arbeit beurteilen können. Weniger aussagefähig sind für Sie die Kennziffern Gewinn je Beschäftigtem und Betriebsleistung je Beschäftigtem, da der Gewinn sowie die Betriebsleistung des Betriebes nicht nur von der Leistung der Mitarbeiter abhängig sind, sondern von einer Vielzahl von Faktoren beeinflusst werden.

Damit Sie aus diesen Kennzahlen Schlussfolgerungen ziehen können, müssen Sie zusätzliche Informationen wie beispielsweise den WPK-Wert berücksichtigen.

Wie Sie Ihre Wertschöpfung ermitteln

Wertschöpfung

Die Wertschöpfung ist eine umfassende Erfolgsgröße. Ihr liegen die Erträge und Aufwendungen der GuV-Rechnung zu Grunde. Die Wertschöpfungsrechnung können Sie als Entstehungs- und Verwendungsrechnung durchführen.

Entstehungsrechnung: Wie Sie die Entstehungsrechnung durchführen

Produktionswert

Als Ausgangspunkt zur Ermittlung Ihrer Wertschöpfung nehmen Sie den Produktionswert. Er setzt sich aus folgenden Positionen der GuV-Rechnung zusammen:

	Umsatzerlöse
+	Bestandsveränderungen an unfertigen und fertigen Erzeugnissen
+	Aktivierte Eigenleistungen
=	Gesamtleistung
+	Sonstige Erträge
=	**Produktionswert**

Vorleistungen

Ziehen Sie vom Produktionswert die Vorleistungen ab, erhalten Sie Ihre Wertschöpfung. Die Vorleistungen setzen sich aus folgenden GuV-Positionen zusammen:

	Materialaufwand
+	Abschreibungen
+	Sonstige Aufwendungen ./. Zuführung zu den Rückstellungen
=	**Vorleistungen**

Ermittlung der Wertschöpfung

Die Wertschöpfung ermitteln Sie wie folgt:

	Produktionswert
-	Vorleistungen
=	Wertschöpfung

Verwendungsrechnung: Wie führen Sie die Verwendungsrechnung durch?

In der Verwendungsrechnung werden die GuV-Postionen erfasst, die die Verwendung der erzielten Wertschöpfung ausdrücken. Dies sind folgende Positionen:

Verwendung der Wertschöpfung

Verwendungsrechnung		
	€	%
Personalaufwand		
Zuführung zu den Rückstellungen		
Zinsaufwendungen		
Steuern		
Gewinn		
Wertschöpfung		100

Die einzelnen Positionen der Verwendungsrechnung umfassen:

Positionen der Verwendungsrechnung

- Personalaufwand: Löhne und Gehälter, soziale Abgaben, Aufwendungen für die Altersversorgung.

- Rückstellungen: Erhöhung der Pensions- und Steuerrückstellungen sowie sonstige Rückstellungen gegenüber dem Vorjahr.

- Zinsaufwendungen: Fremdkapitalzinsen und ähnliche Aufwendungen.

- Steuern: Steuern vom Einkommen und Ertrag sowie sonstige Steuern.

- Gewinn: Jahresüberschuss einschließlich der Rücklagen.

Neben den Beträgen sollten Sie auch die Prozentsätze in der Verwendungsrechnung ermitteln. Basis der Ermittlung der Prozentsätze ist die Wertschöpfung, sie wird gleich 100 % gesetzt. Mit Hilfe der Prozentsätze können Sie dann die Ergebnisse der Verwendungsrechnung leichter analysieren. Die einzelnen Positionen der Verwendungsrechnung geben Aufschluss über den jeweilig verwendeten Anteil an der Wertschöpfung.

- Personalaufwand: Welchen Anteil der Wertschöpfung haben die Mitarbeiter erhalten?

- Rückstellungen: Welcher Anteil der Wertschöpfung wurde für die Risikovorsorge ausgegeben?

- Zinsaufwendungen: Welchen Anteil der Wertschöpfung haben die Banken erhalten?

- Steuern: Welchen Anteil der Wertschöpfung hat sich der Staat in Form von Steuern genommen?

- Gewinn: Welcher Anteil der Wertschöpfung ist für die Gesellschafter des Unternehmens übrig geblieben?

Aussage der
Verwendungsrechnung
Die Verwendungsrechnung der Wertschöpfung gibt Auskunft über die im Unternehmen erzielten Einkommen. Zugleich ist sie auch ein Maßstab für die Leistungskraft der Mitarbeiter.

Fallbeispiel: Kennzahlen zur Produktivität ermitteln

Im Folgenden sind die Formeln zur Berechnung der Kennzahlen zur Produktivität abgebildet. Die Daten zur Berechnung der Kennzahlen basieren auf der dargestellten Strukturbilanz und der strukturierten Gewinn- und Verlustrechnung. Die ermittelten Kennzahlen beziehen sich auf das Berichtsjahr. Das dargestellte Unternehmen beschäftigte im Berichtsjahr 8 Mitarbeiter, die 12.544 produktive Stunden leisteten.

Der Produktionswert wurde wie folgt ermittelt:

		TEUR
	Umsatzerlöse	895,67
+	Bestandsveränderungen an unfertigen und fertigen Erzeugnissen	0,52
+	Aktivierte Eigenleistungen	0,00
=	Gesamtleistung	896,19
+	Sonstige betriebliche Erträge	8,58
+	Erträge aus Beteiligungen	0,90
+	sonstige Zinsen und ähnliche Erträge	0,90
+	außerordentliche Erträge	19,46
=	**Produktionswert**	**926,03**

Die Vorleistungen wurden wie folgt ermittelt:

		TEUR
	Materialaufwand/bezogene Leistungen	218.08
+	Abschreibungen	15,60
+	Sonstige Aufwendungen ./. Zuführung zu den Rückstellungen	162,80
+	außerordentliche Aufwendungen	8,57
=	**Vorleistungen**	**405,05**

Es wurde folgende Wertschöpfung erzielt:

		TEUR
	Produktionswert	926,03
-	Vorleistungen	405,05
=	**Wertschöpfung**	**520,98**

Die erzielte Wertschöpfung in Höhe von 520,98 TEUR wurde wie folgt verwendet.

Verwendungsrechnung		
	TEUR	%
Personalaufwand	252,45	48,46
Zuführung zu den Rückstellungen	27,55	5,29
Zinsaufwendungen	22,90	4,39
Steuern	99,73	19,14
Gewinn	118,35	22,72
Wertschöpfung	520,98	100,00

$$\text{Wertschöpfung je Beschäftigtem} = \frac{\text{Wertschöpfung}}{\text{Beschäftigte}} = \frac{520.980}{8} = 65.123 \ €$$

Wertschöpfung je Beschäftigtem

$$\text{Wertschöpfung je produktive Stunde} = \frac{\text{Wertschöpfung}}{\text{produktive Stunden}} = \frac{520.980}{12.544} = 41,53 \ €$$

Wertschöpfung je produktive Stunde

$$\text{WPK-Wert} = \frac{\text{Wertschöpfung}}{\text{Personaleinsatz}} = \frac{520.980}{252.450} = 2,06$$

WPK-Wert

$$\text{Gewinn je Beschäftigtem} = \frac{\text{Gewinn}}{\text{Beschäftigte}} = \frac{118.350}{8} = 14.794 \ €$$

Gewinn je Beschäftigtem

$$\text{Betriebsleistung je Beschäftigtem} = \frac{\text{Betriebsleistung}}{\text{Beschäftigte}} = \frac{896.190}{8} = 112.024 \ €$$

Betriebsleistung je Beschäftigtem

2.4.6 Wie Sie Umschlagskennzahlen ermitteln und beurteilen

Umschlagskennzahlen geben Ihnen Auskunft über die Dauer der Kapitalbindung im Bereich des Umlaufvermögens sowie über die Kreditdauer im Bereich der kurzfristigen Verbindlichkeiten.

Umschlagskennzahlen

Die Lagerhaltung Ihres Unternehmens muss so hoch sein, dass keine Produktionsstörungen auftreten. Andererseits soll der Lagerdurchlauf im Hinblick auf die Kapitalbindung und die Lagerkosten möglichst kurz sein.

Die Lagerumschlagshäufigkeit der Vorräte errechnen Sie aus dem Verhältnis vom Materialverbrauch (wertmäßig: Materialaufwand) zum Durchschnittsbestand der Materialvorräte. Sie gibt Ihnen an, wie oft in einem Jahr der durchschnittliche Lagerbestand erneuert wurde, d.h. verbraucht und ersetzt wurde.

Lagerumschlagshäufigkeit

durchschnittliche Lagerdauer

Die durchschnittliche Lagerdauer errechnen Sie, indem Sie 360 Tage durch die Lagerumschlagshäufigkeit dividieren. Diese Kennzahl gibt Ihnen an, wie viele Tage das Material vom Eingang bis zum Verbrauch durchschnittlich im Lager verweilt.

Debitorenumschlag Debitorendauer

Die Umschlagshäufigkeit der Debitoren (Forderungen) errechnen Sie, indem Sie die Umsatzerlöse zum durchschnittlichen Forderungsbestand ins Verhältnis setzen. Dividieren Sie 360 Tage durch den Debitorenumschlag, erhalten Sie die Debitorendauer. Diese Kennzahl gibt Ihnen Auskunft über das durchschnittliche Zahlungsziel, das Ihre Kunden in Anspruch nehmen.

Ein hoher Debitorenumschlag und damit verbunden kurze Kundenkreditzeiträume senken Ihre Zinsbelastung und verbessern Ihre Liquidität.

Erhöhung des Debitorenumschlages

Ergibt der Zeit- und Branchenvergleich eine zu geringe Umschlagshäufigkeit der Forderungen, sollten Sie versuchen, diese durch Gewährung von Skonti, durch Setzung kürzerer Zahlungsziele oder durch ein effizienteres Mahnwesen zu verbessern.

Kreditorenumschlag Kreditorendauer

Entsprechend der Berechnung der Debitorenumschlagshäufigkeit ermitteln Sie die Umschlagshäufigkeit der Kreditoren (Verbindlichkeiten aus Lieferungen und Leistungen). Den Kreditorenumschlag errechnen Sie aus dem Verhältnis der Summe der Lieferantenrechnungen zum durchschnittlichen Kreditorenbestand. Dividieren Sie 360 Tage durch den Kreditorenumschlag, erhalten Sie die Kreditorendauer. Diese Kennzahl gibt Ihnen Auskunft über das durchschnittliche Zahlungsziel, das Ihr Unternehmen gegenüber den Lieferanten in Anspruch nimmt.

Fallbeispiel: Umschlagskennzahlen ermitteln

Im Folgenden sind die Formeln zur Berechnung der Umschlagskennzahlen abgebildet. Die Daten zur Berechnung der Kennzahlen basieren auf der dargestellten Strukturbilanz und der strukturierten Gewinn- und Verlustrechnung. Die ermittelten Kennzahlen beziehen sich auf das Berichtsjahr. Es wurden der Endbestand der Roh-, Hilfs- und Betriebsstoffe als durchschnittlicher Materialbestand und der Endbestand der Forderungen aus Lieferungen und Leistungen als durchschnittlicher Bestand an Kundenforderungen angesetzt. Der Rechnungseingang Lieferanten beträgt 320 TEUR; die durchschnittlichen Lieferantenverbindlichkeiten betragen 142 TEUR.

Lagerumschlagshäufigkeit

$$\text{Lagerumschlagshäufigkeit} = \frac{\text{Materialverbrauch}}{\text{durchschnittl. Materialbestand}} = \frac{185.230}{48.990} = 3,78$$

Lagerdauer

$$\text{Lagerdauer} = \frac{360 \text{ Tage}}{\text{Lagerumschlagshäufigkeit}} = \frac{360}{3,78} = 95,24 \text{ Tage}$$

$$\text{Debitorenumschlagshäufigkeit} = \frac{\text{Umsatz}}{\text{durchschnittl. Kundenforder.}} = \frac{895.670}{47.870} = 18,71$$

Debitorenumschlags-
häufigkeit

$$\text{Debitorendauer} = \frac{360 \text{ Tage}}{\text{Debitorenumschlagshäufigkeit}} = \frac{360}{18,71} = 19,24 \text{ Tage}$$

Debitorendauer

$$\text{Kreditorenumschlagshäufigk.} = \frac{\text{Rechnungseingang Lieferanten}}{\text{durchschn. Liefererverbindlichk.}} = \frac{320.000}{142.000} = 2,25$$

Kreditorenumschlags-
häufigkeit

$$\text{Kreditorendauer} = \frac{360 \text{ Tage}}{\text{Kreditorenumschlagshäufigkeit}} = \frac{360}{2,25} = 160,00 \text{ Tage}$$

Kreditorendauer

2.5 Wie Sie eine Zeitreihenanalyse der Kennzahlen durchführen

Die Zeitreihenanalyse der Kennzahlen hat für Sie die Aufgabe, Ihre Ist-Kennzahlen im Zeitablauf miteinander zu vergleichen. Das heißt, Sie können erkennen, wie sich Ihre Kennzahlen im Zeitablauf verändern. Eine höhere Aussagekraft erhalten Sie, wenn Sie Ihre Zeitreihenanalyse mit den Kennzahlen des Branchendurchschnittes vergleichen (Betriebsvergleich). Beim Betriebsvergleich (zwischenbetrieblicher Vergleich) werden die Ist-Kennzahlen Ihres Betriebes mit denen eines anderen Betriebes oder mit Durchschnittswerten der Branche (z.B. Umsatzrentabilität) verglichen.

Zeitreihenanalyse
Betriebsvergleich

Den Betriebsvergleich müssen Sie kritisch beurteilen, denn eine Vergleichbarkeit zwischen Ihrem Betrieb und dem Branchendurchschnitt ist in der Regel nicht gegeben. Zudem fehlt auch hier wie beim Zeitvergleich der Maßstab der Wirtschaftlichkeit. Sie können lediglich feststellen, ob Ihr Betrieb besser oder schlechter liegt als der Durchschnitt. Trotzdem sollten Sie einen Betriebsvergleich durchführen, wodurch unter Umständen die Ursachen von erheblichen Abweichungen vom Durchschnitt aufgedeckt werden können. Insbesondere dann, wenn der Betriebsvergleich – wie hier dargestellt – mit einem Zeitvergleich kombiniert wird. Dadurch wird es Ihnen ermöglicht, Entwicklungstendenzen Ihres Betriebes im Verhältnis zum Branchendurchschnitt zu erkennen und damit zugleich die Problemfelder Ihres Betriebes zu lokalisieren.

Kombination von
Zeitvergleich und
Betriebsvergleich

Fallbeispiel: Zeitreihenanalyse durchführen

Im hier vorliegenden Fallbeispiel werden zur Veranschaulichung nur wenige wichtige Größen verglichen. Selbstverständlich können Sie weitere Größen in die Zeitreihenanalyse aufnehmen. Die Daten sind der dargestellten Strukturbilanz und der strukturierten Gewinn- und Verlustrechnung entnommen. Branchenkennzahlen können Sie von Fachverbänden und von Banken erhalten. Der Branchendurchschnitt im vorliegenden Fallbeispiel bezieht sich nicht auf eine bestimmte Branche, sondern wurde hier frei gewählt.

Jahr		1. Jahr	2. Jahr	3. Jahr	Tendenz
		TEUR	TEUR	TEUR	
Gesamtkapital	Betrieb	2.055,87	1.983,19	2.386,74	steigend
	Branchen-durchschnitt	1.853,46	1.890,79	1.954,47	steigend
Umsatz	Betrieb	683,23	705,47	895,67	steigend
	Branchen-durchschnitt	632,94	654,12	673,65	steigend
Betriebser-gebnis	Betrieb	121,53	101,71	228,28	uneinheitlich
	Branchen-durchschnitt	45,42	11,87	90,76	uneinheitlich
Fremdkapital-zinsen	Betrieb	22,89	19,69	22,90	uneinheitlich
	Branchen-durchschnitt	80,96	85,34	91,54	steigend
Umsatzrenta-bilität	Betrieb	11,03 %	8,84 %	15,76 %	uneinheitlich
	Branchen-durchschnitt	4,56 %	4,14 %	3,26 %	fallend
Kapitalum-schlag	Betrieb	0,34	0,36	0,38	steigend
	Branchen-durchschnitt	0,68	0,45	0,32	fallend
Gesamtkapi-tal-rentabilität	Betrieb	3,75 %	3,14 %	5,92 %	uneinheitlich
	Branchen-durchschnitt	9,68 %	8,21 %	6,89 %	fallend

Tabelle 1: Zeitreihenanalyse von Kennziffern

3 Wie Sie Ihre BWA auswerten

Der Jahresabschluss eines Unternehmens wird einmal jährlich in der Regel mit erheblichem Zeitnachlauf erstellt. Damit Sie während des Jahres laufend aktuell über die Entwicklung des Unternehmens informiert sind, sollten Sie monatlich mit Hilfe der **betriebswirtschaftlichen Auswertung (BWA)** eine kurzfristige Erfolgsrechnung durchführen. Ob die Auswertung der BWA für Ihr Unternehmen ausreichend ist oder ob das System um weitere Controllinginstrumente erweitert werden muss, müssen Sie evtl. in Absprache mit Ihrem Steuerberater oder Unternehmensberater hinsichtlich der Erfordernisse zur Erreichung Ihrer Unternehmensziele entscheiden.

kurzfristige Erfolgsrechnung

3.1 Was ist eine BWA?

Die BWA ist eine betriebswirtschaftliche Auswertung Ihrer aktuellen Finanzbuchhaltungsdaten. Sie gibt einen detaillierten Überblick über die Kosten, Umsatz- und Gewinnsituation Ihres Unternehmens.

BWA

Die einzelnen Seiten der BWA geben unterschiedliche Sachverhalte der Buchführung wieder. Wird eine BWA in seine einzelnen Bestandteile zerlegt, macht sie Aussagen zu folgenden Unternehmenswerten bzw. Sachverhalten:

Aussagen der BWA

- Anlagevermögen (z.B. Fahrzeuge),

- Umlaufvermögen (z.B. Forderungen),

- Kapital (z.B. Eigenkapital),

- Kosten (Aufwand),

- Erlöse (z.B. Umsatzerlöse),

- Gewinn oder Verlust.

Die BWA gibt nicht nur den aktuellen Stand der oben genannten Positionen wieder, sondern es wird beispielsweise bei einer DATEV-BWA (DATEV = Da-

Vergleiche

tenverarbeitung und Dienstleistung für den steuerberatenden Beruf eG) die aktuelle Monatsübersicht zum Vergleich demselben Monat im Vorjahr gegenüberge-stellt, eine Hochrechnung für die bereits gebuchten Monate des laufenden Jahres dargestellt und ein Vergleich zum Vorjahr durchgeführt. Durch diese Vergleiche können Sie leicht erkennen, ob das Ergebnis besser oder schlechter als im Vorjahr ist. Sie können auch erkennen, ob der Umsatz oder die Kosten (Aufwendungen) im Vergleich zum Vorjahr oder beim Vergleich der aktuellen BWA mit der zum Vormonat gestiegen sind.

Bedeutung der BWA

Des Weiteren kommt der BWA im Verhältnis zu Dritten eine besondere Bedeutung zu. So ist sie beispielsweise für Besprechungen mit Banken im Rahmen von Kreditanträgen oder mit Leasinggesellschaften unerlässlich, weil sie die aktuelle Unternehmenssituation wiedergibt.

Aufbau der BWA

Der Aufbau der BWA orientiert sich an dem Konten(rahmen)plan des zu betrachtenden Unternehmens, weil die BWA die aktuelle Buchführung wiedergibt. Der Kontenrahmenplan gibt, wie der Name schon sagt, einen Rahmen für die Konten-Nummern der Buchhaltung vor. Ein Kontenrahmen besteht aus 10 Klassen und jede Kontenklasse ist in weitere Untergruppen eingeteilt. Diese wiederum werden in Kontenarten und Kontenunterarten zerlegt, so dass viele Konten zur Buchführung entstehen.

3.2   Wie Sie eine BWA lesen

Zusatzbuchungen für die BWA

Die betriebswirtschaftliche Auswertung (BWA) wird bei den meisten Buchhaltungsprogrammen „automatisch" generiert. In der Regel verlangen die Hausbanken regelmäßig die Vorlage der BWA und es entsteht der Eindruck als handele es sich um einen notwendigen Bestandteil der Buchhaltung. Dann müsste die BWA auch automatisch sinnvolle Ergebnisse bringen, wenn ordnungsgemäß gebucht wird. Dies ist aber nur in wenigen, ganz einfach gelagerten Fällen so. Im Normalfall müssen in der Buchhaltung Zusatzbuchungen nur für Zwecke der BWA vorgenommen werden, um zu praktisch verwertbaren Erkenntnissen zu kommen. Nur wenn dies beachtet wird, sind betriebswirtschaftliche Auswertungen ein vielfältig einsetzbares Instrument der Unternehmensführung, auf das kein kleines oder mittleres Unternehmen verzichten sollte.

Die nachfolgenden Ausführungen können die im Einzelfall notwendige individuelle Analyse der BWA nicht ersetzen, sondern dienen der Unterstützung der Analyse Ihrer BWA. Die Zahlenbeispiele sollen die Analyse veranschaulichen. Sie können nicht als Orientierungswerte für den konkreten Einzelfall verwendet werden. Der Aufbau der Standard-BWAs orientiert sich an den DATEV-

Schemata, die sich in dieser oder ähnlicher Form heute praktisch als Grund-
muster in der Praxis entwickelt haben.

Standard-BWA: Kurzfristige Erfolgsrechnung

In der folgenden Abbildung wird eine „Kurzfristige Erfolgsrechnung" dargestellt.

kurzfristige
Erfolgsrechnung

Zei-le	Bezeichnung	Monatswert Juni	% Ges.-Leistung	Auf-schlag	kum. Wert Jan.-Juni	% Ges-Leistg.	Auf-schlag
1	Umsatzerlöse	238.478,54	157,79		768.568,98	88,65	
2	Best-Verdg. FE/UE	-87.345,27	-57,79		98.438,12	11,35	
3	Gesamtleistung	151.133,27	100,00		867.007,10	100,00	
4	Mat./Wareneinkauf	26.689,43	17,66	100,00	468.213,76	54,00	100,00
5	Rohertrag	124.443,84	82,34	466,27	398.793,34	46,00	85,17
6	So. betr. Erlöse	0,00			6.354,65	0,73	
7	Betriebl. Rohertrag	124.443,84	82,34	466,76	405.147,99	46,73	86,53
8	Kostenarten						
9	Personalkosten	49.876,38	33,00		278.128,75	32,08	
10	Raumkosten	3.412,58	2,26		19.543,02	2,25	
11	Betriebl. Steuern	472,56	0,31		2.278,90	0,26	
12	Vers./Beiträge	478,59	0,32		3.859,45	0,45	
13	Besondere Kosten	0			0,00		
14	Kfz-Kosten (o. St.)	9.178,06	6,07		34.698,60	4,00	
15	Werbe-/Reisekosten	763,85	0,51		4.012,87	0,46	
16	Kosten Warenabg.	467,21	0,31		528,31	0,06	
17	Abschreibungen	1.400,00	0,93		8.400,00	0,97	
18	Reparatur/Instandh.	150,48	0,10		1.346,98	0,16	
19	Sonstige Kosten	2649,42	1,75		18.079,23	2,09	
20	Gesamtkosten	68.849,13	45,56		370.876,11	42,78	
21	Betriebsergebnis	55.594,71	36,79		34.271,88	3,95	
22	Zinsaufwand	0,00			0,00		
23	Übrige Steuern	0,00			678,98	0,08	
24	Sonst. neutr. Aufw.	0,00			0,00		

Zei-le	Bezeichnung	Monatswert Juni	% Ges.-Leistung	Auf-schlag	kum. Wert Jan.-Juni	% Ges-Leistg.	Auf-schlag
25	Neutr. Aufw. ges.	0,00			678,98	0,08	
26	Zinserträge	0,00			0,00		
27	Sonst. neutr. Ertr.	4.657,18	3,08		24.800,60	2,86	
28	Verr. kalk. Kosten	0,00			0,00		
29	Neutr. Ertrag ges.	4.657,18	3,08		24.800,60	2,86	
30	Kontenklasse 8	0,00			0,00		
31	Vorläufiges Ergebnis	60.251,89	39,87		58.393,50	6,74	

Tabelle 2: Standard-BWA: Kurzfristige Erfolgsrechnung

Aus den Zahlen der abgebildeten betriebwirtschaftlichen Auswertung „Kurzfristige Erfolgsrechnung" lässt sich Folgendes erkennen:

Gesamtleistung

Da neben den Umsatzerlösen auch Bestandsveränderungen an fertigen und unfertigen Erzeugnissen angegeben sind (Zeilen 1und 2) handelt es sich offenbar um ein Handwerksunternehmen oder um ein Industrieunternehmen. Denn nur bei Erfassung der Bestandsveränderungen an den jeweils fertigen und unfertigen Erzeugnissen lässt sich die **Gesamtleistung** (Zeile 3) je Abrechnungsperiode ermitteln.

Material- und Wareneinsatz

In Zeile 4 - **Material- und Wareneinkauf** - fällt auf, dass der Monatswert mit 17,66 % der Gesamtleistung nur rd. ein Drittel des durchschnittlichen Wertes in % des aufgelaufenen Jahreswertes mit 54,00 % der Gesamtleistung ausmacht. Hier drängt sich die Frage auf, ob der Wareneinkauf bzw. Materialeinkauf den Material- bzw. Wareneinsatz zutreffend wiedergibt. Grundsätzlich sind. Bestandsveränderungen der Materialen und Waren zu erfassen und der Material- und Wareneinkauf entsprechend zu korrigieren. Es kann aber auch sein, dass der Material- bzw. Wareneinsatz tatsächlich je nach Auftragsart sehr unterschiedlich (z. B. Herstellung und Reparatur) ist. In diesem Fall sollte die BWA entsprechend differenziert werden, um zu aussagefähigen Ergebnissen zu kommen.

Rohertrag

Wird von den Umsatzerlösen bzw. der Gesamtleistung der Material- bzw. Wareneinsatz subtrahiert, dann erhält man den betrieblichen **Rohertrag** (Zeile 5). Der Rohertrag ist der Betrag, der zur Verfügung steht, um alle übrigen betrieblichen Kosten zu decken.

Kostenartenrechnung

Die oben abgebildete Standard-BWA ist auch eine einfache Form der Kostenartenrechnung (Zeile 8). Es werden alle für das betroffene Unternehmen relevanten **Kostenarten**, wie beispielsweise Personalkosten, Raumkosten usw. (Zeilen 9-19) aufgeführt. Die Kosten werden nicht nur in absoluten Werten, sondern auch in Prozent von der Gesamtleistung angegeben. Die Angabe der Prozentwerte ist wichtig, weil Sie diese Angaben der Werte auch in Statistiken oder Betriebsvergleichen finden und so entsprechende Vergleichszahlen für Ihr Unternehmen verwenden können. Aber auch wenn Sie keine Vergleichszahlen heranziehen können, ist die Angabe in Prozentwerten sinnvoll. Sie können mit diesen Angaben einen internen Betriebsvergleich (Zeitvergleich) durchführen, z. B. hier Personalkosten Juni 33,00 % im Vergleich zu den aufgelaufenen Werten des Jahres 32,08 %. Die Personalkosten im Juni liegen also nicht deutlich über den aufgelaufenen Wert des Jahres. Hier ist zu vermuten, dass Einmalzahlungen, wie z.B. Urlaubsgeld nicht angefallen sind. Es könnten aber auch Einmalzahlungen angefallen sein, die kalkulatorisch mit einbezogen worden sind. Eine gleichmäßige Verteilung der Einmalzahlungen wird erreicht, wenn diese Zahlungen kalkulatorisch mit je einem Zwölftel monatlich gebucht und im Zeitpunkt der Zahlung entsprechend aufgelöst werden.

In der Position **„Besondere Kosten"** in Zeile 13 können bestimmte Bereiche, die betriebstypisch sind und besonders beobachtet werden sollen, ausgewiesen werden. Dies wird durch Bebuchung der entsprechend zugeordneten Konten in der Finanzbuchhaltung erreicht. Hier könnten beispielsweise bei einem Franchise-Unternehmen die Franchise-Kosten gebucht werden, um diese von den übrigen Kosten zu trennen. besondere Kosten

Abschreibungen werden in Zeile 17 ausgewiesen. Es erscheinen in der hier dargestellten BWA glatte Beträge. Hieraus kann geschlussfolgert werden, dass die kalkulatorischen Abschreibungen mit einem monatlichen Schätzwert oder vorläufigen Wert in einer glatten Summe erfasst wurden, um so zu einem möglichst realistischen Ergebnis zu gelangen. Für die BWA sollten die Abschreibungen regelmäßig überprüft werden, das heißt die Anlagenbuchhaltung muss fortgeschrieben werden. Kommt es zu Abgängen oder Neuzugängen von Sachanlagen, sind diese in der Anlagenbuchhaltung zu erfassen und bei dem Ausweis der Abschreibungen in der BWA zu berücksichtigen. Des Weiteren sollten Sie darauf achten, dass auch eine Änderung der Abschreibungsmethode beim Ausweis der Abschreibungen in der BWA berücksichtigt wird. Abschreibungen

Nachdem die einzelnen Kostenarten nach Wert und in Prozent der Gesamtleistung aufgelistet wurden, wird die Summe der Kosten ermittelt. Von dem Rohertrag wird die Summe der Kosten subtrahiert. Dies ergibt dann das **Betriebsergebnis** (Zeile 21). Betriebsergebnis

In einem nächsten Schritt wird das **Finanz- und neutrale Ergebnis ermittelt.** Auffällig ist, dass in der oben abgebildeten BWA kein Zinsaufwand gebucht wurde. Entweder hat das Unternehmen kein Fremdkapital oder es wurden die entsprechenden Zinszahlungen buchungstechnisch noch nicht erfasst. Denkbar ist dies, wenn beispielsweise Ratenzahlungen unterjährig immer gegen das neutrales Ergebnis

Darlehenskonto gebucht und erst am Jahresende in Zins und Tilgung aufgeteilt werden. Es könnte aber auch sein, dass die Zinsen nicht monatlich anfallen, sondern beispielsweise jährlich und dann nur einmal erfasst werden. In diesem Fall ist - möchte man monatlich zu einer zutreffenden Auswertung kommen - eine entsprechende Zusatzbuchung zur Abgrenzung des Zinsaufwands zu machen.

vorläufiges Ergebnis

Das **vorläufige Ergebnis** ist in Zeile 31 ausgewiesen. Mit dem Ergebnis des Jahresabschluss stimmt das Ergebnis der aufgelaufenen Werte der letzten BWA des Wirtschaftsjahres nicht überein, da bei den Werten der BWA zumindest die Abstimmungsbuchungen nicht vorgenommen werden. Die Ergebnisse der Gewinn- und Verlustrechnung und der BWA nähern sich aber umso mehr an, desto genauer die BWA ist.

Standard-BWA: Bewegungsbilanz

Bewegungsbilanz

Zum Standardumfang einer BWA gehört die Bewegungsbilanz. Sie ist eine Kapitalflussrechnung und Bestandteil der Liquiditätsanalyse und -kontrolle Ihres Unternehmens. In der Bewegungsbilanz werden Mittelherkunft und Mittelverwendung Ihres Unternehmens dargestellt. Mit diesem Instrument sollen Sie in die Lage versetzt werden, die Bewegungen Ihrer Bilanzbestände während einer Periode beurteilen zu können.

Die **Bewegungsbilanz** für eine **Kapitalgesellschaft** könnte wie folgt aussehen:

Bewegungsbilanz Oktober 20...					
Zei-le	Bezeichnung	Mittelverwendg. Erhöhung Aktiva Mind. Passiva	Pro-zent	Mittelherkunft Erhöhung Pssiva Mind. Aktiva	Pro-zent
1	Anlagevermögen				
2	Imm. Vermögensggst.				
3	Sachanlagen	324.456,45	59,19		
4	Finanzanlagen				
5	Umlaufvermögen				
6	Unf./Fert. Erzeugn.				
7	RHB-Stoffe/Waren				
8	Kasse/Bank/Postbank	78.218,30	14,27		
9	Wechsel/Schecks/WP			13.294,15	2,43
10	Forderungen L. u. L.	138.689,70	25,30		
11	Sonst. Vermög.Ggst.	2.894,12	0,53		
12	Verbindl. L. u. L.			38.657,90	7,05

13	Wechselverbindl.				
14	Sonst. Verbindl.	3.894,50	0,71		
15	Anleihen/Kredite			1.845,07	0,34
16	Vor-/Umsatzsteuer			62.643,80	11,43
17	Wertb./Rückst./RAP			13.936,23	2,54
18	SoPo mit RL-Anteil				
19	Kapital				
20	Privat				
21	Rücklagen				
22	Vorl. Gewinn/Verlust			417.775,92	76,21
23	Summe Mittelverwendg.	548.153,07	100,00		
24	Summe Mittelherkunft			548.153,07	100,00

Tabelle 3: Standard-BWA: Bewegungsbilanz für eine Kapitalgesellschaft

Mittelherkunft

In Zeile 24 zeigt die oben abgebildete Bewegungsbilanz für eine **Kapitalge-sellschaft**, dass insgesamt 548.153,07 € an Mitteln bis Oktober 20.. im Unternehmen zur Verfügung standen.

In der fünften Spalte „Mittelherkunft" wird angegeben, wo diese Mittel herkamen: Der vorläufige Gewinn (Zeile 22) mit 417.775,92 € ist der größte Betrag der Mittelherkunft. Des Weiteren wurden Wertberichtigungen, Rückstellungen oder Rechnungsabgrenzungsposten in Höhe von 13.936,23 € gebildet, die nicht zu einem Mittelabfluss geführt haben. Weitere Mittel in Höhe von 62.643,80 € kamen aus dem Umsatzsteuerbereich. Zusätzlich wurden Kredite in Höhe von 1.845,07 € und die Verbindlichkeiten aus Lieferungen und Leistungen um 38.657,90 € erhöht. Hingegen hat der Bestand an Wechseln/Schecks und Wertpapieren um 13.294,15 € abgenommen.

Mittelherkunft

Mittelverwendung

Diese Mittel wurden hauptsächlich zur Finanzierung von Investitionen verwendet. In Höhe von 324.456,45 € wurden die Sachanlagen erhöht. Des Weiteren sind 78.218,30 € in der Kasse bzw. auf dem Bankkonto geblieben. Zusätz-

Mittelverwendung

lich konnten 138.689,70 € noch nicht realisiert werden und wurden zur Erhöhung der Forderungen aus Lieferungen und Leistungen verwendet. Die sonstigen Vermögensgegenstände haben sich um 2.894,12 € erhöht und die sonstigen Verbindlichkeiten wurden um 3.894,50 € vermindert. Mittelherkunft und Mittelverwendung gleichen sich entsprechend dem Bilanzprinzip damit aus.

Bewegungsbilanz
Personenunternehmen

Bei **Personenunternehmen** ändert sich das Prinzip der Bewegungsbilanz nicht. Hier ist jedoch der Kapital- und Privatbereich zu berücksichtigen. Es werden in der Bewegungsbilanz für **Personenunternehmen** die Privatentnahmen sichtbar.

In der folgenden Tabelle wird eine Bewegungsbilanz für eine eingetragene Kauffrau abgebildet.

Bewegungsbilanz Juni 20...					
Zei-le	Bezeichnung	Mittelverwendg. Erhöhung Aktiva Mind. Passiva	Pro-zent	Mittelherkunft Erhöhung Pssiva Mind. Aktiva	Pro-zent
1	Anlagevermögen				
2	Imm. Vermögensggst.				
3	Sachanlagen	6.756,34	12,62		
4	Finanzanlagen				
5	Umlaufvermögen				
6	Unf./Fert. Erzeugn.				
7	RHB-Stoffe/Waren				
8	Kasse/Bank/Postbank	10.876,56	20,30		
9	Wechsel/Schecks/WP				
10	Forderungen L. u. L.			206,78	0,39
11	Sonst. Vermög.Ggst.			1.098,45	2,05
12	Verbindl. L. u. L.			5.892,58	11,00
13	Wechselverbindl.				
14	Sonst. Verbindl.	4.734,92	8,84		
15	Anleihen/Kredite	10.325,40	19,28		
16	Vor-/Umsatzsteuer			3.145,12	5,87
17	Wertb./Rückst./RAP			16.767,69	31,31

18	Kapital				
19	Privat	20.867,28	38,96		
20	Rücklagen				
21	Vorl. Gewinn/Verlust			26.449,88	49,38
22	Summe Mittelverwendg.	53.560,50	100,00		
23	Summe Mittelherkunft			53.560,50	100,00

Tabelle 4: Standard-BWA: Bewegungsbilanz für ein Personenunternehmen

Der vorläufige Gewinn in Höhe von 26.449,88 € (Zeile 21) wurde in Höhe von 20.867,28 € für Privatentnahmen verwendet. Alle übrigen Positionen sind analog dem Schema für die Kapitalgesellschaft zu lesen und zu interpretieren.

Standard-BWA: Ermittlung der statischen Liquidität

Mit Hilfe der statischen Liquiditätskennzahlen können Sie die Barliquidität sowie die Liquidität 2. Grades ermitteln.

Liquidität

	Zeile	Zum aktuellen Monat				Zum Vormonat			
		Mittel	Ver-bind-lich-keiten	Über-/Unter-deckung	Deck-ungs-grad	Mittel	Ver-bind-lichkeiten	Über-/Unter-deckung	Deck-ungs-grad
1	Kasse	3.576,32	0,00			8.987,54	0,00		
2	Postbank	0,00	0,00				0,00		
3	Bank	12.423,34	0,00			14.879,54	0,00		
4	Barliquidität	15.999,66	0,00	15.999,66	0,00	23.867,08	0,00	23.867,08	0,00
5	WP/Schecks	0,00	0,00			0,00	0,00		
6	Ford. L.u.L.	2.897,09	0,00			2.197,12	0,00		
7	So.Verm. GgSt.	12.678,54	0,00			4.346,08	0,00		
8	Vor-/USt.-Saldo	0,00	3.908,42			0,00	2.878,76		

Zeile		Zum aktuellen Monat				Zum Vormonat			
		Mittel	Ver-bind-lich-keiten	Über-/Unter-deckung	Deck-ungs-grad	Mittel	Ver-bind-lichkeiten	Über-/Unter-deckung	Deck-ungs-grad
9	Verb. L.u.L.	0,00	21.967,65				0,00	22.459,43	
10	Wechselverb.	0,00	0,00				0,00	0,00	
11	So. Verbindl.	0,00	18.125,89				0,00	23.212,46	
12	Liquid. 2. Grad	32.575,29	44.001,96	-11.426,67	0,74	30.410,28	48.550,65	-18.140,37	0,63

Tabelle 5: Standard-BWA: Ermittlung der statischen Liquidität

Barliquidität
Liquidität 2. Grades

Im vorliegendem Fall beträgt die Barliquidität zum Abrechnungszeitpunkt 15.999,66 €. Über diese Barmittel kann das Unternehmen sofort verfügen. Des Weiteren sind die Forderungen aus Lieferungen und Leistungen sowie die sonstigen Vermögensgegenstände (normalerweise) kurzfristig verfügbar. Werden diese Mittel zur Barliquidität addiert, erhält man die kurzfristig verfügbare Liquidität. In unserem Beispiel sind dies 32.575,29 €. Die kurzfristig verfügbare Liquidität wird in Beziehung gesetzt zu den kurzfristig fälligen Verbindlichkeiten. Im vorliegenden Fall sind dies die Umsatzsteuerverbindlichkeiten, die Verbindlichkeiten aus Lieferungen und Leistungen und die sonstigen Verbindlichkeiten in Höhe von insgesamt 44.001,96 €. Gemessen an den kurzfristigen liquiden Mitteln ergibt sich hieraus eine Unterdeckung der kurzfristigen Verbindlichkeiten in Höhe von 11.426,67 €, was einem Deckungsgrad von 0,74 entspricht.

Aussagewert von
Liquiditätskennzahlen

Ob die Fälligkeiten der kurzfristigen liquiden Mittel und der kurzfristigen Verbindlichkeiten so sind, dass das Unternehmen seine kurzfristigen Verbindlichkeiten jeweils rechtzeitig bezahlen kann, ist zu prüfen. Ziel eines jeden Unternehmens sollte sein, dass die kurzfristigen Verbindlichkeiten jederzeit durch kurzfristige Mittel ablösbar sind. Bei einem Deckungsgrad von 1 ist dies - bei statischer Betrachtung - gegeben. Auch im kurzfristigen Bereich sind durchaus unterschiedliche Fälligkeiten gegeben. Die statische Betrachtungsweise der Liquidität ist zwar in der Praxis weit verbreitet, jedoch ist sie eine verkürzte Sichtweise, weil sie im konkreten Einzelfall nicht aussagekräftig ist. In der Praxis sollten genauere Instrumente der Liquiditätsplanung verwendet werden, die Auskunft über die Fälligkeiten und Struktur der Forderungen und Verbindlichkeiten geben. Denn nur so ist es möglich, drohende Liquiditäts-Engpass-Situationen rechtzeitig zu erkennen und entsprechende Maßnahmen einzuleiten.

Standard-BWA: Einnahmen-Ausgaben-Rechnung mit Liquiditätsrechnung

Nicht bilanzierungspflichtige Unternehmen sind verpflichtet, eine steuerliche **Einnahmen-Überschuss-Rechnung** zu erstellen. Eine typische Einnahmen-Ausgaben-BWA mit Liquiditätsrechnung hat folgende Struktur:

Einnahmen-Ausgaben-BWA

Zeile		Monats-wert	% Ges.-Erlöse	% Betr.-Einnah-men	kum. Wert Jan.-Mai	% Ges.-Erlöse	% Betr.-Einnah-men
	Einnahmen-Überschuss-Rechnung	€	%	%	€	%	%
1	Betriebseinnahmen:						
	Erlöse aus						
2	betriebl. Tätigk.	42.359,20	82,53		202.148,78	90,15	
3	Sonstige Erlöse	8.965,65	17,47		22.098,43	9,85	
4	= Summe der Erlöse	51.324,85	100,00		224.247,21	100,00	
5	Umsatzsteuer	4.348,28			21.876,99		
6	USt.-Erstattung	0,00			0,00		
7	Erhaltene Anzahlg.	0,00			0,00		
8	-Zugang Forderungen	-198,65			-8.654,12		
9	Betriebseinnahmen	55.871,78		100,00	254.778,32		100,00
10	Betriebsausgaben:						
11	Mat./Wareneinkauf	18.980,23	36,98	33,97	81.563,32	36,37	32,01
12	Fremdleistungen	0,00			0,00		
13	Personalkosten	19.458,90		35,76	98.698,06		38,74
14	Raumkosten	2.908,34		5,21	15.835,65		6,22
15	St./Vers./Beitr.	0,00			578,90		0,23
16	Fahrzeugkosten	2.234,80		4,00	5.126,76		2,01
17	Instandh./Werkzeuge	120,43		0,22	590,23		0,23
18	Kosten Warenabgabe	1.120,46		2,01	4.098,75		1,61
19	Abschreibungen	800,00		1,43	4.000,00		1,57
20	Verschiedene Kost.	987,78		1,77	7.156,06		2,81
21	= Summe Kosten	46.610,94		83,42	217.647,73		85,43
22	Geleistete Anzahlg.	0,00			0,00		
23	Buchw. Anlagenabg.	0,00			0,00		
24	Sonst. Aufwendung.	896,09			1.328,07		

Zeile		Monats-wert	% Ges.-Erlöse	% Betr.-Einnah-men	kum.Wert Jan.-Mai	% Ges.-Erlöse	% Betr.-Einnah-men
25	Vorsteuer	2.654,89			8.784,76		
26	USt.-Zahlungen	3.124,68			18.143,90		
27	- Verr. kalk. Kosten	0,00			0,00		
28	- Zugang Verbindl.	8.457,98			-5.458,74		
29	Betriebsausgaben	44.828,62		80,23	251.363,20		98,66
30	Vorl. betr.-wirt. Erg.						
31	Einn.-Ausgaben-BWA	11.043,16		19,77	3.415,12		1,34
	Liquiditätsrechnung	€			€		
32	Vorl. Ergebnis	11.043,16			3.415,12		
33	+ Abschreibungen						
34	(Nicht kalkulat.)	0,00			0,00		
35	+ Aufnahme Darlehen	1.568,00			11.670,00		
36	- Tilgung Darlehen	3.000,00			18.000,00		
37	- Anlagenzugänge	0,00			0,00		
38	+ Anlagenabgänge	0,00			0,00		
39	+/- Sonstige Posten	2.000,00			6.000,00		
40	Liquid. Beitr. Betrieb	11.611,16			3.085,12		
41	Privateinlagen	0,00			29.056,78		
42	+ Grundstücksertrag	0,00			0,00		
43	- Grundstücksaufwand	0,00			0,00		
44	- Privatentnahmen	8.167,94			29.056,78		

Zeile		Monats-wert	% Ges.-Erlöse	% Betr.-Einnah-men	kum. Wert Jan.-Mai	% Ges.-Erlöse	% Betr.-Einnah-men
45	- Privatsteuern	0,00			0,00		
46	- Sonderausg./Spenden	0,00			0,00		
47	- Außergew. Belastung	0,00			0,00		
48	Liquid. Beitr. Privat	-8.167,94			-26.369,58		
49	Liquiditätsüber-/unterd.	3.443,22			-23.284,46		

Tabelle 6: Standard-BWA: Einnahmen-Ausgaben-Rechnung mit Liquiditäts-rechnung

Bei der Einnahmen-Ausgaben-BWA werden entsprechend dem System der (steuerlichen) **Einnahmen-Überschuss-Rechnung** die Betriebsausgaben (Zeilen 10 – 29) von den **Betriebseinnahmen** (Zeilen 1 – 9) abgezogen. — *Einnahmen-Überschuss-Rechnung*

Wie bei bilanzierungspflichtigen Unternehmen werden die **Umsätze (Einnahmen)** netto ohne Mehrwertsteuer (Umsatzsteuer) dargestellt (Zeilen 2 und 3). Die vereinnahmte **Umsatzsteuer** muss gesondert hinzugerechnet werden (Zeile 5). Bei der Betrachtung von Einnahmen und Ausgaben spielt es zunächst keine Rolle, dass die Umsatzsteuer später an das Finanzamt abgeführt wird. Die Umsatzsteuer wird nicht wie bei bilanzierungspflichtigen Unternehmen neutral behandelt, sondern entsprechend dem Zahlungseingang und dem Zahlungsausgang mit bei den Betriebseinnahmen bzw. Betriebsausgaben erfasst. Umsatzsteuer-Abschlusszahlungen und eventuelle Umsatzsteuer-Erstattungen werden in Zeile 6 bzw. Zeile 26 abgebildet. — *Umsatzsteuer*

Die **Betriebsausgaben** werden ebenfalls netto verbucht. Daher ist die **Vorsteuer** in Zeile 25 zusätzlich als Ausgabe auszuweisen. Das Entgelt für den Verkauf von **Anlagegütern** wird als Einnahme in Zeile 3 (sonstige Erlöse) ausgewiesen. Der entsprechende Buchwert der Anlagegüter wird als Anlagenabgang und damit als abzugsfähige Betriebsausgabe erfasst (Zeile 23). — *Vorsteuer*

Für Betriebseinnahmen und Betriebsausgaben kommt es bei einer Einnahmen-Überschuss-Rechnung nur auf den Zahlungszeitpunkt an. Unerheblich ist in diesem Zusammenhang, ob die Lieferung oder Leistung bereits beendet ist oder ob es sich lediglich um eine Anzahlung handelt. In Zeile 7 und in Zeile 22 sind deshalb **erhaltene Anzahlungen** bzw. **geleistete Anzahlungen** auf Umsatzerlöse bzw. Kosten als Einnahme bzw. Ausgabe zu erfassen. Diese Vorgehensweise ist nur für Anzahlungen auf laufende Einnahmen/Ausgaben korrekt. Werden Anzahlungen auf Anlagevermögen geleistet, sind diese in der Anla- — *Anzahlungen* genbuchhaltung getrennt darzustellen und später ausgabenwirksam über die Abschreibungen (Zeile 19) zu erfassen.

Abschreibungen

Sachinvestitionen werden über die Nutzungsdauer verteilt und über die Abschreibungen als Ausgabe erfasst. Es werden also die Anschaffungskosten von Sachinvestitionen nicht im Zeitpunkt der Anschaffung als Ausgaben erfasst, sondern erst in späteren Perioden als Abschreibungen. Ausnahmen sind Anschaffungen im Einzelwert von unter 150,00 € netto ohne Umsatzsteuer. Sie sind sofort als Betriebsausgabe in voller Höhe geltend zu machen. Die Regelungen zu den Sofortabschreibungen werden von dem Gesetzgeber in schneller Folge geändert, so dass die aktuelle Regelung schon schnell veraltet sein könnte.

Forderungen Verbindlichkeiten

Hinsichtlich der Erfassung von **Forderungen** und **Verbindlichkeiten** ist eine Besonderheit zu beachten. Bei der reinen Einnahmen-Ausgaben-Buchführung werden Forderungen und Verbindlichkeiten nicht erfasst. Die Erfassung der Forderungen und Verbindlichkeiten ist erforderlich, wenn nicht nur Barzahlungsgeschäfte getätigt werden, um in diesem wichtigen Bereich den Überblick zu behalten.

Eine reine Einnahmen-Ausgaben-Buchführung ist nicht ausreichend, um Ihnen die notwendigen Informationen für die Betriebsführung zu liefern. Insbesondere müssen Sie über den Bereich Forderungen aus Rechnungen an Kunden und Verbindlichkeiten aus bezogenen Lieferungen und Leistungen detailliert und zeitnah informiert sein, um die Zahlungsfähigkeit Ihres Unternehmens sichern zu können. Die einfachste Möglichkeit ist, Forderungen und Verbindlichkeiten mit in der Buchhaltung zu erfassen. Üblicherweise führen diese Buchungen dazu, dass die Einnahmenkonten bzw. Kostenkonten um die entsprechenden Beträge erhöht werden.

Da bei der Einnahmen-Überschuss-Rechnung erst dann erfolgswirksam gebucht werden darf, wenn die Zahlung geflossen ist, werden die geschriebenen, aber noch nicht bezahlten Rechnungen (Forderungszugänge) von der Summe der gebuchten Erlöse wieder abgezogen (Zeile 8) und vermindern entsprechend die Betriebseinnahmen.

Bei den Verbindlichkeiten werden umgekehrt die eingegangenen. aber noch nicht bezahlten Rechnungen, von der Summe der Betriebsausgaben wieder abgezogen (Zeile 28). Damit wirken sie sich noch nicht ergebnismindernd aus.

Neben den Monatswerten zeigt die Einnahmen-Ausgaben-BWA den aufgelaufenen (kumulierten) Wert für die vergangenen Monate bis zum Buchungsmonat. Im Allgemeinen werden auch die Werte des Vorjahres ausgewiesen und ein entsprechender Vorjahresvergleich durchgeführt.

Liquiditätsrechnung

Ausgehend von der Einnahmen-Überschuss-Rechnung wird die Liquiditätsrechnung abgeleitet. Alle (steuerwirksamen) Einnahmen und Ausgaben sind
bereits in der Einnahmen-Überschuss-Rechnung erfasst. Lediglich die Abschreibungen, wo Zahlungszeitpunkt und Abschreibungszeitpunkt nicht über-
einstimmen, müssen berichtigt werden.

Liquiditätsrechnung

Für die Liquiditätsrechnung wird von dem vorläufigen Ergebnis ausgegangen
(Zeile 31 der Einnahmen-Ausgaben-Rechnung entspricht Zeile 32 der Liquiditätsrechnung). Es werden die Abschreibungen dem Vorläufigen Ergebnis hinzugerechnet, da mit den Abschreibungen keine Ausgaben verbunden sind. In
unserem Fallbeispiel sind die in Zeile 19 enthaltenen Abschreibungen über das
Konto „kalkulatorische Abschreibungen" gebucht worden und erscheinen daher nicht in Zeile 33/34, sondern in der Zeile 39 unter „sonstige Posten". Dies
ist das Gegenkonto für die kalkulatorischen Abschreibungen und sonstige kalkulatorische Posten für BWA-Zwecke (insbesondere aktive Rechnungsabgrenzung, Werteberichtigung und Sonderposten mit Rücklagenanteil). Werden die
tatsächlichen Abschreibungen unterjährig (über das reguläre Abschreibungs-
konto mit Gegenbuchung im Bereich der Anlagekonten) gebucht, dann müssen
die Abschreibungen in Zeile 33/34 ausgewiesen werden. Es ist zu beachten,
dass die Gegenbuchung dann auch entsprechend im Anlagenbereich erfolgt
und nicht auf dem Konto „Wertberichtigungen". Dies hätte zur Folge, dass die
Liquiditätssituation zu positiv dargestellt würde (doppelte Erfassung der Abschreibungen).

Korrekturen der Einnahmen-Ausgaben-Rechnung

Des Weiteren wird Ihre Liquiditätssituation durch die folgenden betrieblichen
Vorgänge beeinflusst:

Einflüsse auf die Liquiditätssituation

- Es entstehen Liquiditätszuflüsse durch die Aufnahme von Darlehen (Zeile
  35).

- Die Tilgung von Darlehen mindert die Liquidität (Zeile 36).

- Investitionen führen zu einer Minderung der Liquidität (Zeile 37).

- Die Liquidität wird durch abgezogene Buchwerte von Anlagenabgängen
  erhöht (Zeile 38).

- Alle sonstigen liquiditätsbeeinflussenden Faktoren (beispielsweise Wertbe-
  richtigungsbuchungen) werden in Zeile 39 zusammengefasst.

Aus den dargestellten Positionen ergibt sich der **Liquiditätsbeitrag des Be-**
triebs. Im hier vorliegendem Beispiel sind dies 11.611,16 € im laufenden Monat und kumuliert 3.085,12 € im laufenden Jahr.

Liquiditätsbeitrag Betrieb

Danach wird dargestellt, welchen Einfluss der private Bereich auf die Liquidität des Unternehmens hat. Es wird also dargestellt, was der Unternehmer privat verbraucht bzw. dem Betrieb zur Verfügung gestellt hat.

Liquiditätsbeitrag Privat In dem hier dargestellten Beispiel war der Liquiditätsbeitrag des Betriebes im laufenden Monat in Höhe von rd. 11.600 € ausreichend, um die **Privatentnahmen** zu finanzieren (rd. 8.200 €). Im laufenden Monat war eine Liquiditätsüberdeckung von insgesamt 3.443,22 € vorhanden. Es standen also 3.443,22 € mehr zur Verfügung als gebraucht wurden. Für das aufgelaufene Jahr gilt dies nicht. Es ist lediglich ein Liquiditätsbeitrag des Betriebes in Höhe von 3.085,12 € entstanden. In diesem Zeitraum wurden aber 29.056,78 € privat entnommen und 3.085,12 € eingebracht, so dass insgesamt eine Liquiditätsunterdeckung von über 23.000 € eingetreten ist.

Liquiditätsunterdeckung Die Einnahmen-Ausgaben-Betrachtung enthält keine Bestandskonten. Daher ist die Entwicklung der Vermögensgegenstände und Schulden nicht erkennbar. Die Liquiditätsunterdeckung kann aus vorhandenen Beständen gedeckt worden sein. Beispielsweise könnte das Bankguthaben in Höhe der Liquiditätsunterdeckung abgenommen haben oder die Schulden des Betriebs haben entsprechend zugenommen. Ohne die übrigen Zahlen des Betriebs in die Analyse einzubeziehen, ist eine Aussage, wie die Liquiditätsunterdeckung finanziert wurde, nicht möglich. Es ist aber aus der hier betrachteten BWA deutlich zu erkennen, dass der Unternehmer über seine Verhältnisse gelebt hat. Da die Zusammenhänge sehr komplex sind, sollten Sie Aussagen und Entscheidungen nicht aus einer einzelnen BWA ableiten, sondern das Gesamtbild der Verhältnisse mit berücksichtigen.

Weitere übliche Standardauswertungen zur Buchführung

Es existieren viele Möglichkeiten, Buchhaltungsdaten für betriebswirtschaftliche Zwecke aufzubereiten. Einige typische und gängige Möglichkeiten werden im Folgenden kurz dargestellt.

Vergleichs-BWA: Vorjahresvergleich

Vorjahresvergleich Die Vergleichs-BWA in der Form als Vorjahresvergleich ist die häufigste Variante der zusätzlichen Auswertungen. Die monatlichen Zahlen als auch die aufgelaufenen Werte des Jahres werden mit den entsprechenden Werten des Vorjahres verglichen. Aus dem Vorjahresvergleich wird ersichtlich, ob Sie genauso, besser oder schlechter als im Vorjahr liegen. Sie können mit Hilfe des Vorjahresvergleiches beispielsweise kontrollieren, ob eine angestrebte Kostensenkung eingetreten ist. Des Weiteren erkennen Sie rechzeitig Umsatzrückgänge oder Kostensteigerungen im Vergleich zum Vorjahr. Geeignete Gegensteuerungsmaßnahmen können Sie dann rechtzeitig planen und durchführen.

Entwicklungsübersicht Die monatliche Entwicklungsübersicht ist eine zusätzliche Möglichkeit, einen Vorjahresvergleich durchzuführen. Für einen bestimmten Zeitraum werden rückwärts alle Monatswerte einzeln aufgeführt. Dadurch werden Trends oder saisonal bedingte Schwankungen sichtbar. Zudem können Sie beispielsweise mit Hilfe der Entwicklungsübersicht abschätzen, wie hoch die Umsätze in den Folgemonaten sein müssen, um einen schwachen Monat wieder auszugleichen.

Vergleichs-BWA: Budgetüberwachung

Vergleichen können Sie nicht nur Vorjahreswerte, sondern auch Vorgabewerte. Als Vorgabewerte können Sie Planwerte oder Budgetwerte vorgeben, die in einer bestimmten Planperiode eingehalten werden müssen. Dann erkennen Sie in der Spalte Veränderung die Abweichung zum Vorgabewert. Die Abweichung wird sowohl prozentual als auch absolut in € dargestellt. Hieraus wird ersichtlich, wie hoch die Ausgabenspielräume sind oder anders ausgedrückt, wie viel Kosten Sie noch bei einer bestimmten Position einsparen müssen, um das Budget zum Jahresende nicht zu überschreiten.

Budgetüberwachung

Vergleichs-BWA: Plan-Ist-Vergleich

Möchten Sie Plan-Ist-Abweichungen ermitteln, dann müssen Sie in den Vergleichsspeicher der BWA Planzahlen eingeben. Sie erhalten dann die Plan-Ist-Abweichungen sowohl für den Monat als auch für die aufgelaufenen Werte in € und Prozent. Mit diesem Instrument ist eine einfache Überwachung der Einhaltung von Planwerten möglich. Der entscheidende Nachteil dieser Auswertung gegenüber einer dynamischen Planung ist, dass Sie keine Aussagen über den Einfluss von Plan-Ist-Abweichungen auf Ihre übrigen Pläne, insbesondere Finanz- und Liquiditätspläne, erhalten.

Plan-Ist-Vergleich

3.3 Auf welche typischen Fehlerquellen in der BWA sollten Sie achten?

In der Regel bilden Standard-BWA`s die betrieblichen Ergebnisse nicht korrekt ab. Nur in ganz wenigen, einfach gelagerten Fällen, sind die Ergebnisse ohne Korrekturen richtig. Das sind beispielsweise kleinere Gastronomiebetriebe, wo Einnahmen und Ausgaben ohne große Zeitverzögerungen fließen. Aber auch dann müssen, wenn ein Anlagevermögen vorhanden ist, die vorläufigen Abschreibungen kalkulatorisch berücksichtigt werden. Wenn die vorläufigen Abschreibungen nicht berücksichtigt werden, werden entsprechende Abweichungen zwischen dem vorläufigen Ergebnis und dem endgültigen Ergebnis auftreten. Des Weiteren kommen Sie ohne Korrekturen bzw. Zusatzbuchungen für BWA-Zwecke nicht aus, falls Veränderungen des Material- bzw. Warenbestandes auftreten und/oder Darlehen mit unterschiedlichen Darlehensraten und Zinsabgrenzungen vorhanden sind. Eine BWA ist in diesen Fällen ohne entsprechende Korrekturen bzw. Zusatzbuchungen nicht aussagefähig. Im Fol-

Zusatzbuchungen bei Standard-BWA

genden werden die Herausforderungen, die Sie ‚meistern' sollten, kurz dargestellt und erläutert.

Berücksichtung von Lagerbestandsveränderungen

Waren- und
Materialbestands-
veränderungen

In vielen Handels- und Handwerksbetrieben werden in größeren Zeitabständen
Materialien oder Waren in größeren Mengen eingekauft. Der Abverkauf der
eingekauften Waren bzw. der Verbrauch der eingekauften Materialien erfolgt
dann über einen längeren Zeitraum. Da üblicherweise der in der Finanzbuchhaltung gebuchte Waren- bzw. Materialeinkauf in der BWA als Wareneinsatz
bzw. Materialeinsatz ausgewiesen wird, werden schlechte Ergebnisse in den
Einkaufsmonaten und gute Ergebnisse in den Verkaufsmonaten ausgewiesen.
Einen zutreffenden Ausweis der Wareneinsatz- bzw. Materialeinsatzquote und
damit des Ergebnisses erhalten Sie in keinem Monat.

Waren- bzw.
Materialeinsatz

Spätestens wenn der gesamte Waren- bzw. Materialbestand abverkauft bzw.
verbraucht ist, gleicht sich der Waren- bzw. Materialeinsatz und der zugehöri-
ger Warenverkauf bzw. Materialverbrauch wieder aus. Damit für jeden Monat
annähernd richtige vorläufige Ergebnisse ermittelt werden können, wird häufig
der Waren- bzw. Materialeinsatz nicht aus dem Einkaufskonten ermittelt, sondern durch einen festen Prozentsatz vom Umsatz. Diese Form der Ermittlung
des Waren- bzw. Materialeinsatzes führt nur solange zu annähernd richtigen
Ergebnissen wie ein proportionales Verhältnis zwischen Umsatz und Waren-
bzw. Materialeinsatz besteht, d.h. der Kalkulationsaufschlag auf den Waren-
bzw. Materialeinsatz darf sich nicht verändern. In wettbewerbsintensiven
Märkten verändern sich die Kalkulationsaufschläge in einer schnellen zeitlichen Abfolge, differenziert nach Artikeln, Warengruppen, Leistungsarten und
auch insgesamt. Eine Lösung des Problems ist, einmal im Monat eine Inventur
der Waren- und Materialbestände durchzuführen und den Waren- bzw. Materialeinsatz auf dieser Grundlage zu berechnen. Jedoch ist dies mit zusätzlicher
Arbeit verbunden. Etwas ungenauer, aber dafür mit weniger Zeitaufwand verbunden, ist die Ermittlung der Waren- bzw. Materialbestände auf der Grundlage eines Warenwirtschaftssystems.

Berücksichtigung unfertiger Arbeiten bei längerfristiger Fertigung

unfertige Arbeiten

In vielen Bereichen gibt es langfristige Auftragsfertigungen, die sich über längere Zeiträume hinziehen. Hier können beispielsweise die Baubranche oder die
Softwarehäuser genannt werden. Bei diesen Unternehmen tritt das Problem
auf, dass während der Auftragsdurchführung hohe Waren- bzw. Material- und
Personaleinsatzkosten entstehen, aber erst viel später die dazugehörigen Erträge nachfolgen. Auch wenn die Unternehmen mit Anzahlungen arbeiten, wird
das Problem nicht gelöst, da Anzahlungen von Kunden in der Finanzbuchhaltung nicht erfolgswirksam gebucht werden dürfen. Dementsprechend zeigt eine BWA eines Unternehmens mit langfristiger Auftragsfertigung starke Aus-

schläge nach unten und nach oben. Eine annähernd zuverlässige Abschätzung des Betriebserfolgs ist nicht möglich.

Eine Lösung des Problems ist nur dadurch möglich, dass der Stand der unfertigen Arbeiten jeweils zum Monatsende in der Buchhaltung erfasst wird und die Bestandsveränderungen erfolgswirksam gebucht werden. Anhaltspunkte für den Stand der unfertigen Arbeiten können Materialeinsätze, Kostenstellenzuordnungen usw. sein. Die unfertigen Arbeiten können für Zwecke der BWA mit den niedrigen Herstellungskosten oder mit Verkaufspreisen bewertet werden. Möchte man den vorläufigen Gewinn abschätzen, ist eine Bewertung zu Verkaufspreisen sinnvoll, auch wenn die Erlöse noch nicht realisiert wurden. Zwischen dem vorläufigen Ergebnis der BWA zum 31. Dezember des Berichtsjahres und dem Gewinn des Jahresabschlusses entsteht zwangsläufig eine Differenz, da die unfertigen Arbeiten in der Bilanz mit den niedrigeren Herstellungskosten bewertet werden müssen. Daher sollten Sie spätestens im Dezember in der BWA einen Abgleich zur Bilanzbewertung schaffen. Wichtig ist, dass Sie die Methode der Bewertung der unfertigen Arbeiten offen legen, damit nicht der Eindruck entsteht, insbesondere gegenüber Banken, die BWA-Ergebnisse seien manipuliert.

Bewertung der unfertigen Arbeiten

Laufende Abstimmung und Durchführung von Abgrenzungsbuchungen

Wird in Unternehmen auf die Erstellung von kurzfristigen Erfolgsrechnungen verzichtet, reicht es aus, bestimmte Buchungen in der Finanzbuchhaltung am Jahresende durchzuführen, so beispielsweise Anlagenabgänge, Forderungsabwertungen, die Trennung von Darlehensraten in Zins- und Tilgungsanteil, die Auflösung von aktiven Rechnungsabgrenzungsposten usw. Dies ist dann nicht möglich, wenn aus der Buchhaltung Monats-BWAs abgeleitet werden. Dann erhält man das typische Dezemberloch, d.h. das Ergebnis im Dezember zeigt unvorhersehbare starke Verzerrungen. Die vorläufigen monatlichen Ergebnisse laut BWA haben nichts mit den tatsächlichen Ergebnissen zu tun.

Abgrenzungsbuchungen

Sollen aussagefähige BWAs aus der Buchhaltung abgeleitet werden, sind fortlaufend für jeden Monat die erforderlichen Abstimmungs- und Abgrenzungsbuchungen vorzunehmen, d.h. die Abstimmungs- und Abgrenzungsbuchungen sind unterjährig ordnungsgemäß durchzuführen. Damit ist ein deutlich höherer Buchungs- und Abstimmungsaufwand als bei einer „normalen" Buchführung verbunden.

Verhaltensbedingte Fehler

Kleinere Unternehmen erstellen häufig eine Einnahmen-Überschuss-Rechnung und buchen dementsprechend nach Zahlungseingang und Zahlungsausgang. Werden alle Ausgangs- und Eingangsrechnungen pünktlich bezahlt, erscheinen Umsatz und Kosten zeitgerecht in der Buchhaltung und damit auch in der BWA. Treten jedoch bei den Zahlungen Störungen ein, dann zeigt die BWA kein realistisches Bild. Die Störungen der Zahlungen können auf der Umsatz-

Buchung nach Zahlungseingang und Zahlungsausgang

seite (Kunden bezahlen die Rechnungen nicht pünktlich) oder auf der Kosten-seite (Rechnungen werden vom Unternehmer nicht mehr pünktlich bezahlt) auftreten.

Zahlungsstörungen   Eine BWA kann bei Zahlungsstörungen gut aussehen, obwohl es dem Unter-nehmen schon schlecht geht. Dies könnte dann sein, wenn das Unternehmen alle Umsätze erfasst, aber die nicht bezahlten Eingangsrechnungen nicht als Aufwendungen in der Buchhaltung erfasst. In diesem Fall verliert der Unter-nehmer nicht nur den Einblick in sein Unternehmen, sondern er verschenkt auch die Chance, die Vorsteuer schon frühzeitig vom Finanzamt zurückzuho-len. Da Unternehmer mit Liquiditätsproblemen häufig dazu neigen, den Kopf in den Sand zu stecken, können sich im Einzelfall große Schuldenberge anhäu-fen, ohne dass ein Externer einen Einblick bekommt. Um dieser Gefahr entge-genzuwirken, ist es erforderlich, die offenen Rechnungen in einem Kontokor-rent zu buchen. Hierdurch wird die Buchführung gegenüber einer einfachen Einnahmen-Ausgaben-Buchführung zeitaufwendiger, aber die Aussagefähig-keit wird deutlich verbessert.

4 Wie Sie Rentabilität, Liquidität und Budgets planen können

4.1 Wie Sie Ihren Erfolg und Ihre Kosten planen

Die Größen **Erlös** und **Erfolg** sollten im Mittelpunkt Ihrer längerfristigen Planungen stehen. Neben diesen monetären Zielgrößen haben Sie zur Wahrung der nachhaltigen **Existenzsicherung** Ihres Unternehmens die Schaffung bzw. Erhaltung der Erfolgspotenziale bei allen Aktivitäten zu berücksichtigen.

Um den Erfolg Ihres Unternehmens zu quantifizieren, können Sie die **Rentabilitätsgrößen** als Verhältniszahlen zwischen Gewinn und Kapital betrachten. Basisgrößen zur Steuerung Ihres Erfolges sind die Größen **Erlös** und **Kosten**. Die positive Differenz zwischen Erlös und Kosten ist der **Gewinn** oder anders ausgedrückt der Betriebserfolg.

4.1.1 Wie Sie Erlöse und Erfolg Ihres bestehenden Unternehmens planen

Ihre Planung von Erlösen und Erfolg basiert auf einer Leistungszielsetzung über einen bestimmten Zeitraum. Ausgangspunkt von Leistungszielsetzungen bestehender Unternehmen ist das voraussichtlich mögliche Wachstum der Erlöse auf Basis der in den letzten Jahren realisierten Erlöse. Erst danach können Sie die Unternehmensgrößen Kosten und Kapital (Bilanzsumme) hinsichtlich der weiteren möglichen und wahrscheinlichen Entwicklung bestimmen. | Erfolgsplanung

In der Praxis der Unternehmen wird eine über einen langen Zeitraum in Zahlen ausgedrückte Planung nie oder doch nur zufällig verwirklicht. Der Zweck der langfristigen Planung von Erlösen und Erfolg kann also nicht die Verwirklichung der Planung sein. Ihr Zweck besteht vielmehr darin, wahrscheinliche | Zweck der Erfolgsplanung

Entwicklungslinien und die Zusammenhänge zwischen den Erfolgsgrößen schlüssig aufzuzeigen.

rollierende Feinplanung

Erweisen sich die dargestellten Entwicklungslinien und Zusammenhänge in der Zukunft als annähernd richtig, ist eine kurzfristige Feinplanung auf Grundlage der langfristigen Planung durchzuführen. Die Feinplanung sollten Sie rollierend auf Grundlage von Quartalen oder besser Monaten mit einer Zeitperspektive von zwei bis drei Jahren durchführen. Treten zwischen Planung und Realität gravierende Abweichungen auf, ist die Leistungszielsetzung zu überprüfen und zu korrigieren.

Fallbeispiel: Erlöse und Erfolg planen

Sie planen auf der Grundlage der in den letzten Jahren erzielten Erlöse und der voraussichtlichen Wachstumschancen Ihre Erlöse für die kommenden fünf Jahre.

Sie haben folgende Erlöse geplant:

	Jahr	1.	2	3.	4.	5.
Erlöse	Soll	500.000	550.000	580.000	590.000	600.000

Die Kosten planen Sie auf der Grundlage der erwarteten Erlöse, der Kapazitätsauslastung und der erwarteten Preisentwicklung.

Es wurden folgende Kosten geplant:

	Jahr	1.	2	3.	4.	5.
Kosten	Soll	440.000	500.000	520.000	530.000	560.000

Jetzt ermitteln Sie das geplante Ergebnis (Gewinn/Verlust). Das Ergebnis ergibt sich aus der Subtraktion der Kosten von den Erlösen.

Es wurde folgende Ergebnisse ermittelt:

	Jahr	1.	2	3.	4.	5.
Ergebnis	Soll	60.000	50.000	60.000	60.000	40.000

Damit Sie die geplanten Ergebnisse beurteilen können, müssen Sie die Ergebnisse plus der Fremdkapitalzinsen in Beziehung zum durchschnittlich eingesetzten Kapital setzen, also die Gesamtkapitalrentabilität ermitteln. Dazu planen und ermitteln Sie das durchschnittlich gebundene Kapital sowie die Fremdkapitalzinsen. Das durchschnittlich gebundene Kapital errechnen Sie, indem Sie die Bilanzsumme des letzten Jahres vor dem Planjahr und die Bilanzsumme des Planjahres durch 2 dividieren. Die Fremdkapitalzinsen planen Sie, indem Sie die Zinsen für das betriebsnotwendige Fremdkapital mit dem marktüblichen Zinssatz errechnen.

Sie haben folgendes durchschnittlich gebundenes Kapital sowie folgende Fremdkapitalzinsen ermittelt:

	Jahr	1.	2	3.	4.	5.
Kapital	Soll	300.000	330.000	340.000	350.000	350.000
FK-Zinsen	Soll	16.000	17.000	17.300	17.800	17.100

Jetzt können Sie die geplante Gesamtkapitalrentabilität ermitteln. Die Berechnungsformel lautet:

$$\text{Gesamtkapitalrentabilität} = \frac{\text{Gewinn} + \text{Fremdkap.} - \text{Zinsen}}{\text{durchschnittlich gebundenesKapital}} \times 100$$

Sie haben folgende Gesamtkapitalrentabilitäten ermittelt:

	Jahr	1.	2	3.	4.	5.
Rentabilität	Soll	25,33 %	20,30 %	22,74 %	22,23 %	16,31 %

Damit Sie Abweichungen zwischen den geplanten und den realisierten Größen schnell und einfach erkennen können, stellen Sie den Sollgrößen die Ist-Größen gegenüber. Treten zwischen den Soll- und Ist-Größen gravierende Abweichungen auf, dann müssen Sie die Planungen überprüfen und eventuell korrigieren.

Abweichungen zwischen Soll- und Ist-Größen

In der folgenden Tabelle werden die Soll- und Ist-Größen des Erfolges zusammengefasst dargestellt:

	Jahr	1.	2.	3.	4.	5.
		€	€	€	€	€
Erlöse	Soll	500.000	550.000	580.000	590.000	600.000
	Ist	480.000	530.000	590.000	570.000	590.000
Kosten	Soll	440.000	500.000	520.000	530.000	560.000
	Ist	440.000	470.000	530.000	540.000	580.000
Ergebnis (G)	Soll	60.000	50.000	60.000	60.000	40.000
	Ist	40.000	60.000	60.000	30.000	10.000
FK-Zinsen (Z)	Soll	16.000	17.000	17.300	17.800	17.100
	Ist	14.500	16.800	17.600	18.100	16.500
Kapital (K)	Soll	300.000	330.000	340.000	350.000	350.000
	Ist	300.000	300.000	360.000	400.000	390.000
Rentabilität	Soll	25,33 %	20,30 %	22,74 %	22,23 %	16,31 %
(G + Z) : K x 100	Ist	18,17 %	25,60 %	21,56 %	12,03 %	6,79 %

Tabelle 7: Soll- und Ist-Größen des Erfolgs

Fallbeispiel Rentabilitätsprognose für ein Dienstleistungsunternehmen

Detailplanung der Erträge und Aufwendungen

Bei dem hier betroffenen Unternehmen handelt es sich um einen Veranstaltungsservice. Zunächst wird eine Detailplanung der Erträge und Aufwendungen, ausgehend von der Umsatzplanung, für die einzelnen Monate der kommenden zwei Geschäftsjahre durchgeführt. Die Planungen basieren auf den Istzahlen der vergangenen Jahre sowie den Erwartungen der Entwicklung des Geschäftsfeldes und der eigenen zukünftigen Positionierung in dem betroffenen Marktsegment. Bei Abweichungen zwischen den Plangrößen und Istgrößen werden die Ursachen der Abweichungen ermittelt und die Plangrößen eventuell den Istgrößen angepasst.

Plan-Gewinn- und Verlustrechnung

Die ermittelten Werte der einzelnen Positionen werden in einer Plan-Gewinn- und Verlustrechnung abgebildet. In der folgenden Abbildung wird die Planung für die ersten 4 Monate des folgenden Geschäftsjahres dargestellt.

Plan-Gewinn- und Verlustrechnung				
Planperiode	**1**	**2**	**3**	**4**
Umsatzerlöse (Summe)	**65.000**	**70.000**	**80.000**	**90.000**
Erlöse Veranstaltungsservice	60.000	65.000	75.000	85.000
Erlöse Lagermiete	5.000	5.000	5.000	5.000
+/- Bestandsveränderungen	0	0	0	0
aktivierte Eigenleistungen	0	0	0	0
Betriebsleistung	**65.000**	**70.000**	**80.000**	**90.000**
Sonstige betriebl. Erträge	**0**	**0**	**0**	**0**
Betriebsertrag	**65.000**	**70.000**	**80.000**	**90.000**
-Fremdleistungen	**41.470**	**44.660**	**51.040**	**57.420**
Fremdunternehmen	26.000	28.000	32.000	36.000
Transportunternehmen	15.470	16.660	19.040	21.420
Rohertrag	**23.530**	**25.340**	**28.960**	**32.580**
- Personalaufwand (Summe)	**10.000**	**12.000**	**15.000**	**15.000**
Gehälter/Löhne inkl. Sozialabgaben	10.000	12.000	15.000	15.000
- Abschreibungen Sachanlagen	**1.250**	**1.250**	**1.250**	**1.250**
- Sonst.betriebl.Aufwand (Sum.)	**11.750**	**12.250**	**13.500**	**12.900**
Raumkosten	1.550	1.550	1.550	1.550
Werbe-/Messeaufwendungen	300	300	350	350
Kraftfahrzeugaufwendungen	6.400	7.000	7.300	7.500
Rechts- und Beratungskosten	500	200	1.000	200
Sonstige Aufwendungen	3.000	3.200	3.300	3.300
Betriebsaufwand	**23.000**	**25.500**	**29.750**	**29.150**
Betriebsergebnis	*530*	*-160*	*-790*	*3.430*
Neutrale Erträge (Summe)	**0**	**0**	**0**	**0**
Zinserträge	0	0	0	0
außerordentl. Erträge	0	0	0	0

Plan-Gewinn- und Verlustrechnung				
Planperiode	**1**	**2**	**3**	**4**
- Neutrale Aufwendungen (Sum.)	**1.145**	**1.145**	**1.145**	**1.145**
Steuern auf Ertrag (Gewerbesteuer)	0	0	0	0
langfr. u. kurzfr. Zinsaufwand	1.145	1.145	1.145	1.145
außerordentl. Aufwendungen	0	0	0	0
ausgewiesenes Ergebnis	*-615*	*-1.305*	*-1.935*	*2.285*
Finanzmittelüberschuß (Cashflow)				
ausgewiesenes Ergebnis	-615	-1.305	-1.935	2.285
+ Abschreibungen	1.250	1.250	1.250	1.250
- Privatentnahmen	800	800	800	800
= **Cashflow**	**-165**	**-855**	**-1.485**	**2.735**

Abbildung 10: Rentabilitätsprognose für einzelne Monate

In einem nächsten Schritt werden die ermittelten Werte der einzelnen Monate zu Jahreswerten zusammengefasst und in % vom Betriebsergebnis ausgewiesen.

aggregierte Rentabilitätsprognose

Gewinn- und Verlustrechnung				
	01.01. bis 31.12.20..		**01.01. bis 31.12. 20..**	
	€	**%**	**€**	**%**
Umsatzerlöse	**1.050.000**		**1.131.000**	
Erlöse Veranstaltungsservice	990.000		1.055.000	
Erlöse Lagermiete	60.000		76.000	
+/- Bestandsveränderungen	0		0	
aktivierte Eigenleistungen	0		0	
Betriebsleistung	**1.050.000**		**1.131.000**	
Sonstige betriebl. Erträge	**0**		**0**	
Betriebsertrag	**1.050.000**	*100*	**1.131.000**	*100*
- Fremdleistungen	**669.900**	*63,8*	**721.578**	*63,8*
Fremdunternehmen	420.000	*40,0*	452.400	*40,0*
Transportunternehmen	249.900	*23,8*	269.178	*23,8*
Rohertrag	**380.100**	*36,2*	**409.422**	*36,2*
- Personalaufwand	**180.000**	*17,1*	**185.000**	*16,4*
Gehälter/Löhne inkl. Sozialabgaben	180.000		185.000	
- Abschreibung Sachanlagen	**15.000**	*1,4*	**15.000**	*1,3*
- Sonst. betriebl. Aufwand	**154.550**	*14,7*	**155.600**	*13,8*
Raumkosten	18.600	*1,8*	18.600	*1,6*
Werbe-/Messeaufwendungen	3.650	*0,3*	4.000	*0,4*

Gewinn- und Verlustrechnung				
	01.01. bis 31.12.20..		01.01. bis 31.12. 20..	
Kraftfahrzeugaufwendungen	89.000	*8,5*	89.800	*7,9*
Rechts- und Beratungskosten	3.500	*0,3*	3.200	*0,3*
Sonstige Aufwendungen	39.800	*3,8*	40.000	*3,5*
Betriebsaufwand	**349.550**	*33,3*	**355.600**	*31,4*
Betriebsergebnis	***30.550***	*2,9*	***53.822***	*4,8*
Neutrale Erträge	**0**		**0**	
Zinserträge	0		0	
außerordentl. Erträge	0		0	
- Neutrale Aufwendungen	**13.740**	*1,3*	**13.740**	*1,2*
Steuern auf Ertrag (Gewerbesteuer)	0		0	
langfr. u. kurzfr. Zinsaufwand	13.740	*1,3*	13.740	*1,2*
außerordentl. Aufwendungen	0		0	
ausgewiesenes Ergebnis	***16.810***	*1,6*	***40.082***	*3,5*
Finanzmittelüberschuss (Cashflow)				
ausgewiesenes Ergebnis	16.810		40.082	
+ Abschreibungen	15.000		15.000	
- Privatentnahmen	9.600		9.600	
= Cashflow	**22.210**		**45.482**	

Abbildung 11: Aggregierte Rentabilitätsprognose für 2 Jahre

4.1.2   Wie Sie eine Rentabilitätsprognose bei einer Existenzgründung erstellen

Rentabilitätsprognose bei Existenzgründungen

Da in dieser Phase der Planung einer Existenzgründung noch keine Ist-Zahlen vorliegen, werden die Erträge und Aufwendungen auf der Grundlage der bisherigen Planungen sowie von Vergleichs- und Erfahrungswerten zunächst für die ersten 12 Monate nach der Eröffnung des Unternehmens prognostiziert. Treten nach Eröffnung des Unternehmens Abweichungen zwischen den prognostizierten Erträgen/Aufwendungen und den tatsächlichen Erträgen/Aufwendungen auf, sind Anpassungen hinsichtlich der Angebots- und/oder Preispolitik und/oder der Ertrags- und Aufwandsplanung vorzunehmen.

Fallbeispiel Rentabilitätsprognose für ein Hotel

Der Prognose der zu erwartenden Erträge und Aufwendungen liegen folgende Prämissen zugrunde:

Prämissen der Ertrags-
und Aufwandsplanung

- das Hotel hat 365 Tage im Jahr und 24 Stunden am Tag geöffnet;

- die durchschnittliche Kapazitätsauslastung aller Zimmer beträgt in den ersten 12 Monaten 55 %;

- es werden durchschnittlich 80,00 € netto für Einzelbelegung im EZ oder DZ und 120,00 € netto für Doppelbelegung im DZ erzielt.

Die angenommene Zimmerkapazitätsauslastung von 55 % liegt unter der durchschnittlichen Kapazitätsauslastung vergleichbarer Hotels des Mikro-Standortes in Höhe von 59 %. Der niedrige Ansatz erfolgt aufgrund des kaufmännischen Vorsichtsgebots. Um eine möglichst hohe Kapazitätsauslastung zu erreichen, sind Preisdifferenzierungsmaßnahmen erforderlich. Abweichungen von den angesetzten durchschnittlichen Zimmerpreisen sind bei besonders starken (Messen, Feiertage, Urlaubszeit) und extrem geringen Nachfragen (vor und nach Urlaubszeiten und Messen) geplant (Yield Management). Im Jahresdurchschnitt werden die angesetzten durchschnittlichen Zimmerpreise mit großer Wahrscheinlichkeit realisiert werden. Auch hier wurde das kaufmännische Vorsichtsgebot beachtet.

Ertragsprognose für die ersten 12 Monate

Bei der Ermittlung des Einnahmebudgets Beherbergung wird, wie bei den Prämissen dargestellt, von einer Zimmerauslastung von 55 % im ersten vollen Öffnungsjahr ausgegangen. Aufgrund der Preisdifferenzierung wird eine gleichmäßige Auslastung aller Zimmerkategorien über das gesamte Jahr hinweg erwartet.

Ertragsprognose

Die prognostizierten Erträge aus Beherbergung in Einzelzimmern errechnen sich wie folgt:

Ermittlung der Erträge
aus Beherbergung

Beherbergungserträge Einzelzimmer					
Tage	Anzahl EZ	Auslas-tung	Nächte	Zimmerpreis netto in €	Erträge netto in €
365	60	55 %	12.045	80,00	963.600,00

Bei der Ermittlung des durchschnittlichen Doppelzimmerpreises wird ein branchenübliches Belegungsverhältnis von 40 % Doppelbelegungen und 60 % Einzelbelegungen angenommen (hoher Geschäftsreisendenanteil). Der Belegungsfaktor beträgt demnach 1,4 Personen/Doppelzimmer für das gesamte Doppelzimmerangebot.

Die prognostizierten Erträge aus Beherbergung in Doppelzimmern Einzelbelegung errechnen sich wie folgt:

Beherbergungserträge Doppelzimmer Einzelbelegung						
Tage	An-zahl DZ	Gewich-tung	Auslas-tung	Nächte	Zimmer-preis netto in €	Erträge netto in €
365	100	60 %	55 %	12.045	80,00	963.600,00

Die prognostizierten Erträge aus Beherbergung in Doppelzimmern Doppelbelegung errechnen sich wie folgt:

Beherbergungserträge Doppelzimmer Doppelbelegung						
Ta-ge	An-zahl DZ	Gewich-tung	Auslas-tung	Nächte	Zimmer-preis netto in €	Erträge netto in €
365	100	40 %	55 %	8.030	120,00	963.600,00

Die gesamten Erträge aus Beherbergung für das erste Jahr nach Eröffnung des Hotels errechnen sich wie folgt:

Ermittlung der gesamten Erträge aus Beherbergung	
Beherbergungserträge Einzelzimmer	963.600,00 €
Beherbergungserträge Doppelzimmer Einzelbelegung	963.600,00 €
Beherbergungserträge Doppelzimmer Doppelbelegung	963.600,00 €
Gesamt	**2.890.800,00 €**

Speisen- und Getränkeerträge

Die prognostizierten Speisen- und Getränkeerträge durch Hotelgäste wurden wie folgt ermittelt:

Speisen- und Getränkeerträge Hotelgäste			
Beherbergungsart	belegte Bet-ten/Jahr	täglicher Ver-zehr/Hotelgast	Speisen- und Ge-tränkeerträge/Jahr
Einzelzimmer	12.045	10,00 €	120.450,00 €
Doppelzimmer Einzelbelegung	12.045	10,00 €	120.450,00 €
Doppelzimmer Doppelbelegung	16.060	10,00 €	160.600,00 €
Gesamt	40.150		401.500,00 €

Bei der Prognose der Speisen- und Getränkeerträge durch Individualgäste wurde davon ausgegangen, dass die Sitzplatzkapazität der Restaurants (250 Sitzplätze insgesamt) von den Individualgästen je zu 20 % mittags und abends belegt wird. Der durchschnittliche Verzehr je Gast wurde mit 15,00 € netto bei 365 Öffnungstagen angesetzt.

Der jährliche Speisen- und Getränkeertrag Individualgäste errechnet sich unter den angegebenen Prämissen wie folgt:

250 Sitzplätze x 40 % Belegung x 15,00 € Verzehr x 365 Tage = 547.500,00 €
Speisen- und Getränkeertrag pro Jahr.

Aus der Addition der Speisen- und Getränkeerträge Hotelgäste und Individual-gäste ergibt sich ein Gesamtertrag in Höhe von **949.000,00 €.**

Des Weiteren sind Nebenerträge, z.B. Tennisplatzgebühr und Eintritt Hallen-bad, in Höhe von 750,00 € pro Tag zu erwarten. Dies ergibt bei 365 Öffnungs-tagen **273.750,00 €** Gesamtertrag.

Durch die Addition der einzelnen Erträge erhält man den Jahres-Gesamtertrag in Höhe von **4.113.550,00 €.**

Aufwandsprognose für die ersten 12 Monate

Zur Ermittlung des zu erwartenden Betriebsergebnisses ist es erforderlich, die zu erwartenden Aufwendungen den zu erwartenden Erträgen gegenüberzustel-len.

Eckdaten:		
a)	Wareneinsatz	ø 30 % vom F & B
b)	Wareneinsatz	ø 15 % von den Nebeneinnahmen
c)	Wareneinsatz	ø 2 % vom Logisumsatz (Frühs-tück + Features)
d)	Personalaufwand lt. Stellenplan	ø 30 % vom Gesamtertrag
e)	Instandhaltungsaufwendungen	ø 2 % vom Gesamtertrag
f)	Energieaufwendungen	ø 2 % vom Gesamtertrag
g)	Betrieb- und Verwaltungsauf-wendungen	ø 5 % vom Gesamtertrag
h)	Steuern, Versicherungen, Abgaben	ø 2,5 % vom Gesamtertrag
i)	Fremdkapitalzinsen	ø 8 % vom Fremdkapital
j)	Abschreibungen auf das Anlage-vermögen	ø 6 % von den Anschaffungskos-ten des Anlagevermögens

Die Prognose der Aufwendungen basiert auf Betriebsvergleichen unter Berücksichtigung der Besonderheiten der Region und des geplanten Hotelprojektes.

Zu a)	F & B-Umsatz 949.000,00 € x 30 % Wareneinsatz = 284.700,00 € Wareneinsatz Restaurant
Zu b)	Nebeneinnahmen 273.750,00 € x 15 % Wareneinsatz = 41.062,50 € Wareneinsatz Nebeneinnahmen
Zu c)	Logiseinnahmen 2.890.800,00 € x 2 % Wareneinsatz = 57.816,00 € Wareneinsatz Logis
Zu d)	Gesamtertrag 4.113.550,00 € x 30 % Personalaufwand = 1.234.065,00 € Personalaufwand
Zu e)	Gesamtertrag 4.113.550,00 € x 1 % Instandhaltungsaufwendungen = 41.135,50 € Instandhaltungsaufwendungen
Zu f)	Gesamtertrag 4.113.550,00 € x 2 % Energieaufwendungen = 82.271,00 € Energieaufwendungen
Zu g)	Gesamtertrag 4.113.550,00 € x 5 % Betriebs- und Verwaltungsaufwendungen = 205.677,50 € Betriebs- und Verwaltungsaufwendungen
Zu h)	Gesamtertrag 4.113.550,00 € x 2,5 % Steuern, Versicherungen, Abgaben = 102.838,75 € Steuern, Versicherungen, Abgaben
Zu i)	Fremdkapital (75 % von der Investitionssumme) 10.627.500,00 € x 7 % Fremdkapital-Zinsen = 743.925,00 € Fremdkapital-Zinsen
Zu j)	Anschaffungskosten des Anlagevermögens 12.400.000,00 € x 6 % Abschreibungen auf das Anlagevermögen = 744.000,00 € Abschreibungen auf das Anlagevermögen

Die Rentabilitätsprognose für das 1. Jahr nach der Eröffnung des Hotels kommt zu folgendem Ergebnis:

Rentabilitätsprognose eines Hotels	
Erträge Beherbergung	2.890.800,00 €
Speise- und Getränkeerträge Restaurant	949.000,00 €
Nebenerträge	273.750,00 €
Wareneinsatz Restaurant	284.700,00 €
Wareneinsatz Nebeneinnahmen	41.062,50 €
Wareneinsatz Logis	57.816,00 €

Rohertrag	3.729.971,50 €
Personalaufwand	**1.234.065,00 €**
Sonstige betriebliche Aufwendungen	
Instandhaltungsaufwendungen	41.135,50 €
Energieaufwendungen	82.271,00 €
Betriebs- und Verwaltungsaufwendungen	205.677,50 €
Steuern / Versicherungen / Abgaben	102.838,75 €
Fremdkapital-Zinsen	743.925,00 €
Abschreibungen auf das Anlagevermögen	744.000,00 €
Summe Sonstige betriebliche Aufwendungen	**1.919.847,75 €**
Ergebnis vor Steuern	**576.058,75 €**

Abbildung 12: Rentabilitätsprognose eines Hotels

Die Rentabilitätsprognose weist einen Jahresüberschuss vor Ertragssteuern in Höhe von 576.058,75 € aus. Dies entspricht einer Umsatzrentabilität {(Gewinn + Fremdkapital-Zinsen) : (Umsatz) x100 = (576.058,75 + 743.925,00) : (4.113.550) x 100 = 32,09 %)} von 32,09 % und einer Gesamtkapitalrentabilität {(Gewinn + Fremdkapital-Zinsen) : (Gesamtkapital) x100 = (576.058,75 + 743.925,00) : (14.170.000) x 100 = 9,32 %)} in Höhe von 9,32 %. Eine Umsatzrentabilität von 32,09 % ist als sehr gut zu beurteilen. Hingegen ist die Gesamtkapitalrentabilität von 9,32 % lediglich befriedigend. Begründet liegt die im Vergleich zur Umsatzrentabilität relativ niedrige Gesamtkapitalrentabilität in den hohen Investitionskosten. Insgesamt ist das geplante Hotelprojekt tragfähig. Allerdings basiert die Bezifferung der Erträge und Aufwendungen auf Erwartungen, die mit Unsicherheiten verbunden sind. Die tatsächlichen Erträge und Aufwendungen können von den prognostizierten Erträgen und Aufwendungen abweichen. Die Rentabilitätsprognose dient in erster Linie der Einschätzung der Tragfähigkeit des geplanten Hotels sowie der Beschaffung von Fremdkapital. Erst mit der Budgetierung wird eine detaillierte Planung der Erträge und Aufwendungen durchgeführt.

Beurteilung der Rentabilitätsprognose

4.2   Wie Sie eine Budgetierung durchführen

Basierend auf der Rentabilitätsprognose ist ein detailliertes Budget zu erstellen. Die Erstellung des Budgets wird in fünf Punkten aufgezeigt. Grundlagen hierfür sind die bis zur Erstellung des Budgets bekannten Daten und Erkenntnisse. Die Realisierung des Budgets durch das Management und die Mitarbeiter muss bei wirtschaftlichem Verhalten möglich sein. Nur wenn vorgegebene

Budgets auch eingehalten werden können, sind sie für alle Beteiligten sinnvoll und werden akzeptiert.

Formulierung von Budgetzielen

Die Budgetziele sind „smart" zu formulieren. Das Akronym steht für

- spezifisch, also auf den jeweiligen Bereich bezogen,

- messbar, also in quantitativer Form zu überprüfen,

- anspruchsvoll, also weit genug gesetzt,

- realistisch, also nicht zu weit gesetzt,

- terminiert, also mit einem definierten Zeitraum oder Zeitpunkt versehen.

Aufgaben der Budgetierung

Die Budgetierung hat drei Aufgaben:

1. Kontrollfunktion

   Das Budget ist ein Kontrollinstrument für Vorgaben bzw. Zielvereinbarungen. Der regelmäßige Vergleich zwischen dem Erreichten (Ist) und dem Geplanten bzw. Vereinbarten (Soll) erlaubt rechtzeitiges Gegensteuern bei unerwünschten Ergebnissen.

2. Aktionsplan

   Der Aktionsplan beinhaltet nicht die täglich anfallenden Prozesse, sondern alle einmaligen bzw. besonderen Aktionen, die in Zahlen festzulegen sind. Dies können beispielsweise Werbemaßnahmen sein. Nach Ablauf einer angemessenen Zeit ist der Erfolg der durchgeführten Maßnahmen auf Basis von Zahlenmaterial zu messen.

3. Ergebnisrechnung

   Sie hat die Aufgabe, die realisierten Ergebnisse der einzelnen Bereiche mit den geplanten Größen des Budgets zu überprüfen. Bei bedeutenden Abweichungen sind die Gründe zu untersuchen.

Die Budgetierung ist nicht zu verwechseln mit der Wirtschaftlichkeitsberechnung. Die Wirtschaftlichkeitsberechnung dient als Grundlage für Investitions- und Finanzierungsentscheidungen. Hingegen hat die Budgetierung im Wesentlichen die Aufgabe, die realisierten Ergebnisse mit den geplanten Größen zu vergleichen.

Fallbeispiel Budgetierung eines Hotels

Ablauf der Budgetierung

Die zukünftigen Erlöse und Kosten des Hotels werden sich aus den Bereichen Beherbergung, Restaurants, aus Vermietung und Verpachtung der geplanten Geschäfte, der Tennisplätze, der Konferenz- und Tagungsräume sowie der Autoabstellplätze zusammensetzen. Am Beispiel des Hotels wird nachfolgend die

Budgetierung für das Jahr nach der Eröffnung für die Bereiche Beherbergung und Restaurants durchgeführt.

Der Ablauf der Budgetierung gliedert sich sachlich wie zeitlich wie folgt:

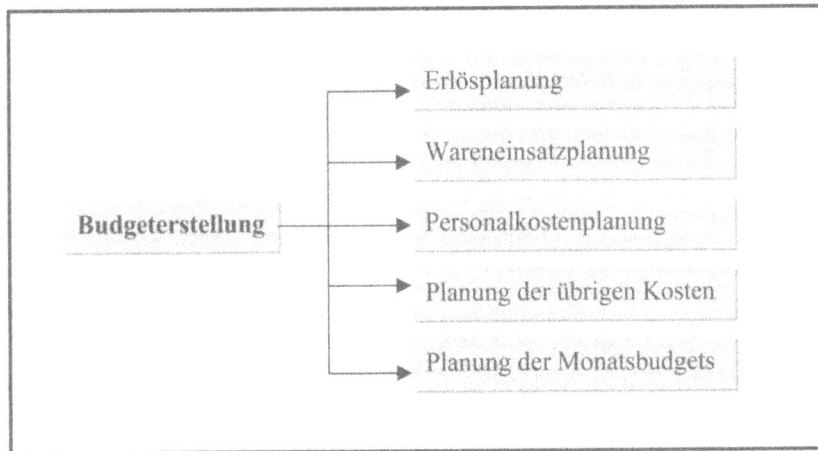

Abbildung 13: Ablauf einer Budgetierung

Erlösplanung

Bei der Planung der Erlöse wird von den geplanten Kapazitäten ausgegangen. Entscheidungen sind hinsichtlich der Öffnungszeiten und der Preispolitik zu treffen.

Festlegen der Öffnungszeiten

Hierbei werden sowohl die Öffnungstage als auch die täglichen Öffnungszeiten der verschiedenen Angebotsbereiche festgelegt. Entsprechend den dominanten Erwartungen der Zielgruppe (internationales Klientel) sind die Öffnungszeiten festzulegen. Das Hotel wird ganzjährig geöffnet sein (364 bzw. 365 Tage im Jahr).

Festlegung der
Öffnungszeiten

Die geplanten täglichen Öffnungszeiten sowie die Angebotszeiten für das warme und kalte Speisenangebot werden in das folgende Raster eingetragen.

Öffnungszeiten					
Bereiche	Öffnungs-tage	Öffnungs-zeiten	Warme Küche	Kalte Kü-che	Getränke
Hotel	Mo. – So.	24 Std.	-	-	-
Hauptre-staurant	Mo. – So.	11.00 bis 15.30 19.00 bis 24.00	11.00 bis 15.00 19.00 bis 23.00	- -	wie Öff-nungszei-ten
Schman-kerlstube	Mo. – So.	7.00 bis 2.00	11.00 bis 1.00	7.00 bis 2.00	wie Öff-nungszei-ten
Gartenpa-villon	Mo. – So.	10.00 bis 23.00	11.00 bis 15.00 18.00 bis 22.00	15.00 bis 18.00	wie Öff-nungszei-ten
Bar	Mo. – So.	18.00 bis 4.00	-	-	wie Öff-nungszei-ten
Fitness/ Sauna	Mo. – So.	7.00 bis 24.00	-	-	wie Öff-nungszei-ten
Tennis-plätze	Mo. – So.	7.00 bis 24.00	-	-	-
Hallenbad	Mo. – So.	7.00 bis 24.00	-	-	-
Geschäfte	Mo. – Sa.	9.00 bis 20.00	-	-	-

Tabelle 8: Festlegen der Hotelöffnungszeiten

Festlegen der Preispolitik

Preispolitik

Die Preispolitik ist ein Element des Instrumentariums zur Durchführung des Marketingkonzeptes. Die Festlegung des Preisniveaus erfolgt auf Basis kalkulatorischer Daten durch Anpassung branchenüblicher Kennziffern aus Betriebsvergleichen an die Wettbewerbs- und Nachfragesituation, um einen realisierbaren Ansatz zu erreichen. Eine isolierte Betrachtung von kostenorientierten Kalkulationsverfahren ist kein geeignetes Instrument zur Preisfindung, sondern nur Basis für einen kaufmännisch tragfähigen Ansatz.

Wettbewerbssituation

Die Analyse der Wettbewerbssituation weist vier annähernd vergleichbare bereits existierende Hotels im Zentrum der Stadt auf. In der quantitativen Ausstattung entsprechen diese in etwa dem Niveau des hier betroffenen Hotels, sind aber qualitativ aufgrund der modernen technischen Ausstattung des Hotels diesem unterlegen. Zudem weist das hier betroffene Hotel einen relativen Standortvorteil auf. Dies könnte ein höheres Preisniveau als das der Mitbewerber rechtfertigen. Die Mitbewerber haben jedoch einen Vorsprung durch den Bekanntheitsgrad. Weiterhin ist künftig durch Sanierungen und neue Hotels ein Rahmen auch in der exklusiven Klasse gesetzt.

Solange das Hotel noch nicht bekannt ist, sollte das Preisniveau nicht über dem vergleichbarer Häuser liegen. Nach einer entsprechenden Auslastung und dem aufgeholten Wettbewerbsvorsprung „Bekanntheitsgrad" kann eine Anpassung an die Wettbewerbs- und Nachfragesituation erfolgen. Die empirisch ermittelten Netto-Preise inklusive Frühstück der vergleichbaren Hotels schwanken je nach Saison (Low-Budget-Season bis Messepreise) zwischen 90,00 € und 180,00 € im EZ, zwischen 120,00 € und 220,00 € im DZ bei Einzelbelegung und zwischen 140,00 € und 280,00 € im DZ bei Doppelbelegung. Bei den Suiten der Junior-Kategorie schwanken die Netto-Preise je Suite und Nacht zwischen 260,00 € und 380,00 € und bei den Suiten der Premiumklasse zwischen 450,00 € und 800,00 €.

Ermittlung der Wettbewerbspreise

Zugunsten einer möglichst hohen durchschnittlichen Kapazitätsauslastung und einer Maximierung des Betriebsergebnisses ist der Einsatz von Preisdifferenzierungsmaßnahmen erforderlich. Dies liegt in den saisonalen Schwankungen, den standortbedingten Möglichkeiten und der Wettbewerbssituation begründet. Es erfolgt eine Trennung in Hauptsaison, Zwischensaison und Nebensaison.

Preisdifferenzierung

Das preisliche Niveau der Gastronomie wird auf der Basis vergleichbarer und branchenüblicher Rohaufschläge auf den Wareneinsatz und unter Berücksichtigung örtlicher und betrieblicher Besonderheiten ermittelt. Eine Preisdifferenzierung wird bei den Speisen und Getränken nicht durchgeführt; die Preise bleiben ganzjährig auf gleichem Niveau.

Festlegung des Preisniveaus

In der folgenden Tabelle wird die differenzielle Preisgestaltung für den Bereich Beherbergung abgebildet.

differenzielle Preisgestaltung

Saisonpreise Beherbergung					
Saison	Zimmerpreis in €				
	EZ	DZ Einzelbelegung	DZ Doppelbelegung	Suiten Junior-Kategorie	Suiten Premiumklasse
Hauptsaison	180,00	220,00	280,00	380.00	800,00
Zwischensaison	90,00	120,00	140,00	260,00	450,00
Nebensaison	120,00	160,00	190,00	320,00	640,00

Tabelle 9: Saisonpreise Beherbergung

Einnahmenbudget Beherbergung

Bei der Ermittlung des Einnahmebudgets Beherbergung wird von einer Zimmerauslastung von 55 % im ersten vollen Öffnungsjahr ausgegangen. Aufgrund der Preisdifferenzierung wird eine gleichmäßige Auslastung aller Zimmerkategorien über das gesamte Jahr hinweg erwartet.

Das Einnahmenbudget aus Beherbergung in Einzelzimmer errechnet sich wie folgt:

Einnahmen Einzelzimmer						
Saison	Tage	EZ	Aus-lastg. in %	Nächte	Zimmer-preis net-to in €	Einnahmen netto in €
Hauptsaison 01.05. - 30.08	123	40	55	2.706	180,00	487.080
Zwischensaison 04.01. - 30.04.	116	40	55	2.552	90,00	229.680
Nebensaison 01.09. - 03.01.	125	40	55	2.750	120,00	330.000
Gesamt	**364**	**40**	**55**	**8.008**	**130,71**	**1.046.760**

Tabelle 10: Ermittlung Einnahmenbudget aus Beherbergung in Einzelzimmer

Ermittlung des
Einnahmenbudgets

Der durchschnittliche Zimmerpreis für das EZ errechnet sich wie folgt:

Einnahmen 1.046.760 € : 8.008 Nächte = 130,71 € durchschnittlicher EZ-Preis.

Bei der Ermittlung des durchschnittlichen Doppelzimmerpreises wird ein branchenübliches Belegungsverhältnis von 35 % Doppelbelegungen und 65 % Einzelbelegungen angenommen (hoher Geschäftsreisendenanteil). Der Belegungsfaktor beträgt demnach 1,35 Personen/Doppelzimmer für das gesamte Doppelzimmerangebot.

Das Einnahmenbudget aus Beherbergung in Doppelzimmern Einzelbelegung errechnet sich wie folgt:

Einnahmen Doppelzimmer Einzelbelegung						
Saison	Tage	DZ	Gewich-tung in %	Auslas tung in %	Nächte	Zimmer-preis netto in €	Gesamtein-nahmen net-to in €
Hauptsaison 01.05. - 30.08	123	110	65	55	4.837	220,00	1.064.140
Zwischensai-son 04.01.-30.04.	116	110	65	55	4.562	120,00	547.440
Nebensaison 01.09. - 03.01.	125	110	65	55	4.916	160,00	786.560
Gesamt	364	110	65	55	14.315	167,53	2.398.140

Tabelle 11:Ermittlung Einnahmenbudget aus Beherbergung Doppelzimmer Einzelbelegung

Der durchschnittliche Zimmerpreis für das DZ bei Einzelbelegung errechnet sich wie folgt:

Einnahmen 2.398.140 € : 14.315 Nächte = 167,53 € durchschnittlicher DZ-Preis bei Einzelbelegung.

Das Einnahmenbudget aus Beherbergung in Doppelzimmern Doppelbelegung errechnet sich wie folgt:

Einnahmen Doppelzimmer Doppelbelegung						
Saison	Tage	DZ	Gewich tung in %	Aus-lastung in %	Nächte	Zimmer-preis netto in €	Gesamt-einnah-men netto in €
Hauptsaison 01.05. - 30.08	123	110	35	55	2.605	280,00	729.400
Zwischensaison 04.01. -30.04.	116	110	35	55	2.456	140,00	343.840
Nebensaison 01.09. - 03.01.	125	110	35	55	2.647	190,00	502.930
Gesamt	364	110	35	55	7.708	167,53	1.576.170

Tabelle 12: Ermittlung Einnahmenbudget aus Beherbergung Doppelzimmer Doppelbelegung

Der durchschnittliche Zimmerpreis für das DZ bei Doppelbelegung errechnet sich wie folgt:

Einnahmen 1.576.170 € : 7.708 Nächte = 204,48 € durchschnittlicher DZ-Preis bei Doppelbelegung.

Das Einnahmenbudget aus Beherbergung in Suiten der Junior-Kategorie errechnet sich wie folgt:

Einnahmen Suiten Junior-Kategorie						
Saison	Tage	Suiten	Auslas-tung in %	Näch-te	Suiten-preis netto in €	Einnahmen netto in €
Hauptsaison 01.05. - 30.08	123	5	55	338	380,00	128.440
Zwischensaison 04.01. - 30.04.	116	5	55	319	260,00	82.940
Nebensaison 01.09. - 03.01.	125	5	55	344	320,00	110.080
Gesamt	**364**	**5**	**55**	**1.001**	**130,71**	**321.460**

Tabelle 13: Ermittlung Einnahmenbudget aus Beherbergung Suiten Junior-Kategorie

Der durchschnittliche Suitpreis der Junior-Kategorie errechnet sich wie folgt:

Einnahmen 321.460 € : 1.001 Nächte = 321,14 EUR durchschnittlicher Suitpreis.

Das Einnahmenbudget aus Beherbergung in Suiten der Premiumklasse errechnet sich wie folgt:

Einnahmen Suiten Premiumklasse						
Saison	Tage	Suiten	Aus-lastung in %	Nächte	Suitenpreis netto in €	Einnahmen netto in €
Hauptsaison 01.05. -30.08	123	2	55	135	800,00	108.000
Zwischensaison 04.01. -30.04.	116	2	55	128	450,00	57.600
Nebensaison 01.09. - 03.01.	125	2	55	138	640,00	88.320
Gesamt	**364**	**2**	**55**	**401**	**130,71**	**253.920**

Tabelle 14: Ermittlung Einnahmenbudget aus Beherbergung Suiten Premiumklasse

Der durchschnittliche Suitpreis der Premiumklasse errechnet sich wie folgt:

Einnahmen 253.920 € : 401 Nächte = 633,22 € durchschnittlicher Suitpreis.

In der folgenden Tabelle werden die Einnahmen aus Beherbergung zusammengefasst dargestellt:

Zusammenstellung der Einnahmen aus Beherbergung	
Kategorie	Einnahmen in €
Einzelzimmer	1.046.760,00
Doppelzimmer Einzelbelegung	2.398.140,00
Doppelzimmer Doppelbelegung	1.576.170,00
Suiten Junior-Kategorie	321.460,00
Suiten Premiumklasse	253.920,00
Gesamt	**5.596.450,00**

Tabelle 15: Zusammenstellung der Einnahmen aus Beherbergung

Einnahmenbudget gastronomische Einrichtungen

Das Einnahmenbudget der gastronomischen Einrichtungen wird über den Sitzplatzertrag/Jahr bei ganzjähriger Öffnung (364 Betriebstage) unter Berücksichtigung der örtlichen und betrieblichen Bedingungen ermittelt. Das Einnahmenbudget aus den gastronomischen Einrichtungen errechnet sich wie folgt:

Einnahmenbudget Gastronomie

Einnahmen gastronomische Einrichtungen			
gastronomische Einrichtung	Sitzplätze	Sitzplatzertrag/Jahr in €	Einnahmen in €
Hauptrestaurant	250	6.500	1.625.000
Schmankerlstube	80	8.000	640.000
Gartenpavillon	80	4.700	376.000
Bar	120	3.000	360.000
Gesamt	**530**	**22.200**	**3.001.000**

Tabelle 16: Einnahmenbudget Gastronomie

Aus den Gesamteinnahmen dividiert durch die Betriebstage (364 Tage) errechnet sich ein durchschnittlicher Tagesumsatz (netto) in Höhe von 8.244,51 €. Wird der Tagesumsatz durch die Sitzplätze dividiert, erhält man den Warenertrag je Sitzplatz/Betriebstag in Höhe von 15,56. Bei einem geplanten Belegungsfaktor von 1,5 (Sitzplatz/Tag) wird ein durchschnittlicher Warenertrag pro Gedeck in Höhe von 10,37 € erzielt (Warenertrag je Sitzplatz/Betriebstag : Belegungsfaktor).

Warenertrag je Sitzplatz

Wareneinsatzplanung

Wareneinsatzplanung

Bei der Planung der Wareneinsätze der gastronomischen Einrichtungen wird von der geplanten Struktur der Warenumsätze hinsichtlich der Speisen- und Getränkeanteile ausgegangen. Aus den geplanten Speisen- und Getränkeumsätzen wird mit Hilfe der geplanten Rohaufschläge die Wareneinsatzquote ermittelt. Der Wareneinsatz Hotel wird auf Basis kalkulatorischer Ermittlung pauschal mit 6,00 €/Übernachtung für Frühstück und Hygieneartikel angesetzt.

Wareneinsatz Hotel

Anzahl Übernachtungen

Die Anzahl der Übernachtungen errechnet sich wie folgt:

Ermittlung der Anzahl der Übernachtungen			
Zimmerkategorie	Personen	Nächte	Übernachtungen
Einzelzimmer	1	8.008	8.008
Doppelzimmer Einzelbelegung	1	14.315	14.315
Doppelzimmer Doppelbelegung	2	7.708	15.416
Suiten Junior-Kategorie	2	1.001	2.002
Suiten Premiumklasse	2	401	802
		Gesamt	**40.543**

Tabelle 17: Ermittlung der Anzahl der Übernachtungen

Wird die Anzahl der Übernachtungen mit der Pauschale für Frühstück und Hygieneartikel multipliziert, ergibt sich der Wareneinsatz Hotel: 40.543 X 6,00 € = **243.258 €**.

Wareneinsatz gastronomische Einrichtungen

Wareneinsatz Gastronomie

Ausgehend von den Warenumsatzstrukturen werden zunächst die Speisen- und Getränkeumsätze wie folgt ermittelt:

Ermittlung der Wareneinsätze					
gastronomische Einrichtung	Umsatz in €	Speisen-anteil in %	Getränke-anteil in %	Speisenumsatz in €	Getränke-umsatz in €
Hauptrestaurant	1.625.000	70	30	1.137.500	487.500
Schmankerlstube	640.000	70	30	448.000	192.000
Gartenpavillon	376.000	40	60	150.400	225.600
Bar	360.000	0	100	0	360.000
Gesamt	**3.001.000**			**1.735.900**	**1.265.100**

Tabelle 18: Ermittlung der Wareneinsätze

Zur Ermittlung der Wareneinsatzquote der Speisen wird von einem geplanten einheitlichen Rohaufschlag in Höhe von 163 % ausgegangen, dies entspricht einer Wareneinsatzquote von 38 %. Bei der Ermittlung der Wareneinsatzquote der Getränke wird von einem geplanten einheitlichen Rohaufschlag in Höhe von 270 % ausgegangen, dies entspricht einer Wareneinsatzquote von 27 %.

Daraus ergibt sich:

Wareneinsatz Speisen	659.642 €
Wareneinsatz Getränke	341.577 €
Gesamt	**1.001.219 €**

Der gesamte Wareneinsatz ergibt sich aus der Addition Wareneinsätze gastronomischer Einrichtungen und Wareneinsatz Hotel: 1.001.219 € + 243.258 € = **1.244.477 €**.

Personalkostenplanung

Bei der Personalkostenplanung wird auf das Mitarbeiterorganigramm des Hotels zurückgegriffen. Geplant ist, mit Eröffnung des Hotels 71 Mitarbeiter fest einzustellen. Drei Monate nach der Eröffnung werden 14 Auszubildende ihre Ausbildung im Hotel aufnehmen.

Den ausgewiesenen Stellen des Mitarbeiterorganigramms werden die ortüblichen Löhne und Gehälter inklusive Arbeitgeberanteil Sozialabgaben entsprechend den Anforderungsprofilen an die Mitarbeiter zugeordnet. Aus der Addition der zugeordneten Löhne und Gehälter ergeben sich die gesamten geplanten Personalkosten. Die so budgetierten Personalkosten dürfen eine zu bestimmende Größe, beispielsweise 34 % vom Umsatz, nicht übersteigen, damit das geplante Betriebsergebnis erreicht werden kann.

Planung der übrigen Kosten

Die übrigen beeinflussbaren Kosten, wie Instandhaltungskosten, Energiekosten und Betriebs- und Verwaltungskosten, werden in Abhängigkeit vom geplanten Umsatz budgetiert. Dabei wird auf Erfahrungen bzw. Durchschnittswerte aus Betriebsvergleichen unter Berücksichtigung der örtlichen und betrieblichen Besonderheiten zurückgegriffen. Beispielsweise könnten die Betriebs- und Verwaltungskosten mit 9,9 % vom Umsatz budgetiert werden. Bei der auf einen Zeitraum von einem Jahr beschränkten kurzfristigen Budgetierung sind lediglich die umsatzabhängigen Kosten planbar. Hinzu treten bei einer längerfristigen Planung noch die kurzfristig nicht veränderbaren Kosten, wie beispielsweise Abschreibungen und Kosten für langfristig abgeschlossene Verträge.

Wareneinsatz Speisen und Getränke

Personalkostenplanung

Planung der übrigen Kosten

Planung der Monatsbudgets

Monatsbudgets

Die Planung der Monatsbudgets basiert auf der Budgetierung über einen längeren Zeitraum. In der Praxis werden Mehrjahresbudgets und Jahresbudgets erstellt. Das Monatsbudget wird aus dem Jahresbudget abgeleitet, indem der budgetierte Jahresumsatz und die budgetierten Kosten unter Berücksichtigung von saisonalen Besonderheiten auf die einzelnen Monate verteilt werden. Analog der Vorgehensweise bei der Jahresbudgetierung bildet die Planung der Umsatzerlöse den Ausgangspunkt der Monatsbudgetierung. Danach werden die Budgetwerte für den Wareneinsatz, die Personalkosten sowie die übrigen beeinflussbaren Kosten aus den Umsatzerlösen abgeleitet.

4.3   Wie Sie Ihre Liquidität planen

Liquiditätsplan

Liquidität ist die Fähigkeit des Unternehmens, den fälligen Zahlungsverpflichtungen fristgerecht nachzukommen. Gewährleistet ist die Liquidität, wenn den Auszahlungen jederzeit ausreichende Einzahlungen, Liquiditätsreserven aus früheren Monaten und/oder ein entsprechender Kreditrahmen gegenüberstehen. Rechtzeitig feststellbar ist dies mit Hilfe eines Liquiditätsplanes, der ein wichtiges Steuer- und Kontrollinstrument für Ihr Unternehmen ist. Der Liquiditätsplan sollte monatlich erstellt bzw. aktualisiert werden, damit Sie drohende Fehlbeträge rechtzeitig erkennen. Wenn Sie die Ein- und Auszahlungen Ihres Unternehmens nicht planen, gefährden Sie die Existenz Ihres Unternehmens.

Die bisher dargestellten Instrumente der Erfolgsplanung (Rentabilitätsplanung) und Budgetierung reichen nicht aus, einen ständigen Überblick über die Zahlungsfähigkeit Ihres Unternehmens zu haben. Insbesondere die Erfolgsrechnung zeigt Ihnen, ob Ihr Unternehmen erfolgreich arbeitet, aber nicht, ob der Erfolg auch liquiditätswirksam ist, also sich in der Kasse bemerkbar macht. Gerade diese Information ist für Ihr Unternehmen von existenzieller Bedeutung. Was nützt es Ihnen, wenn Sie laut Ihrer Erfolgsrechnung einen positiven Unternehmenserfolg erzielen, aber die Lieferantenrechnungen, die fälligen Steuerzahlungen und die Gehälter Ihrer Mitarbeiter nicht bezahlen können.

Liquiditätsplanung

Es ist also notwendig, neben der Erfolgsrechnung eine Liquiditätsplanung durchzuführen. In der Liquiditätsplanung werden den erwarteten Einzahlungen die erwarteten Auszahlungen gegenübergestellt. Sie zeigt Ihnen, ob die Einzahlungen in einem bestimmten Zeitraum ausreichen, die Auszahlungen dieses Zeitraumes zu finanzieren. Falls dies nicht der Fall ist, müssen Sie bei Ihrer Bank einen Kontokorrentkredit in Anspruch nehmen oder einen langfristigen Kredit aufnehmen.

Die Liquiditätsrechnung ist immer eine Planungsrechnung, da es wenig Sinn ergibt im Nachhinein festzustellen, dass die Zahlungseingänge nicht ausgereicht haben, die Zahlungsverpflichtungen rechtzeitig zu erfüllen. Im Nachhinein ist ein Abgleich der geplanten Ein- und Auszahlungen mit den tatsächlichen Ein- und Auszahlungen regelmäßig durchzuführen, um die Planungsgrundlagen zu überprüfen und gegebenenfalls anzupassen.

Liquiditätsrechnung

Den Erfolg, den Sie in Ihrer kurzfristigen Erfolgsrechnung ausweisen, ist nicht gleichzusetzen mit flüssigen Mitteln. Denn erst wenn Ihre Kunden die von Ihnen gestellten Rechnungen bezahlt haben, führt der in der Erfolgsrechnung ausgewiesene Umsatz zu Einzahlungen. Dies kann je nach Zahlungsziel und Zahlungsmoral Monate dauern. Bei den in der Erfolgsrechnung ausgewiesenen Kosten ist es ebenso. Die eingehenden Rechnungen führen je nach Zahlungsziel und Zahlungsmoral erst später zu einem Zahlungsmittelabfluss.

zeitliche Verzögerung

In jedem Unternehmen haben die Auszahlungen, die im Zusammenhang mit der Umsatzleistung stehen, einen zeitlichen Vorlauf. Denn der Umsatz wird von den Unternehmen grundsätzlich vorfinanziert, wenn die Kunden keine entsprechenden Anzahlungen leisten. Der Finanzierungsbedarf ist umso größer, je länger der Zeitraum der vollständigen Abwicklung der Aufträge bzw. die Durchlaufzeit ist.

Vorfinanzierung des Umsatzes

4.3.1   Welche Kosten sind zahlungswirksam?

Basis für die Erstellung eines Liquiditätsplanes sind die Erfolgsplanung, die Budgets, interne und externe Analysen sowie detaillierte Erwartungen. Das Schema für die Liquiditätsplanung kann aus der Erfolgsplanung abgeleitet werden. Jedoch muss zuvor jede Position auf ihre Zahlungswirksamkeit geprüft werden. Beispielsweise wird ein getätigter Umsatz nicht dem Monat zugeordnet, in dem er ausgeführt und die Rechnung gestellt wurde, sondern dem Monat, in dem der Zahlungseingang erwartet wird.

zahlungswirksame Vorgänge

Alle nicht zahlungswirksamen Größen werden **nicht** in die Liquiditätsplanung aufgenommen (z.B. Abschreibungen). Hingegen müssen alle zahlungswirksamen Vorgänge, die nicht in der Erfolgsrechnung aufgenommen werden, **zusätzlich** in der Liquiditätsplanung berücksichtigt werden (z.B. Privatentnahmen).

nicht zahlungswirksame Vorgänge

Abschreibungen sind in der Kostenrechnung kalkulatorisch, in den betriebswirtschaftlichen Auswertungen und der Gewinn- und Verlustrechnung nach steuerrechtlichen Vorschriften anzusetzen. Wird zusätzlich eine Handelsbilanz erstellt, sind die Abschreibungen gemäß den handelsrechtlichen Vorschriften anzusetzen. Abschreibungen sind aber keine Zahlungsausgänge, sie gehen daher nicht in die Liquiditätsplanung ein. Hingegen müssen aber die den Abschreibungen zugrunde liegenden Investitionen in der Liquiditätsplanung

Abschreibungen

komplett mit den auszahlungswirksamen Anschaffungskosten zu den erwarteten Zeitpunkten der Auszahlungen aufgenommen werden.

Gesamtliquidität

Zur Ermittlung der Gesamtliquidität Ihres Unternehmens ist es notwendig, **alle** Ein- und Auszahlungen, auch Privateinlagen und -entnahmen oder Kreditauszahlungen und -tilgungen, in der Liquiditätsplanung zeitraumgerecht aufzunehmen.

Die folgende Tabelle zeigt einen Vorschlag für die Darstellung einer Liquiditätsplanung. Sie wurde aus der Tabelle des Fallbeispieles Rentabilitätsprognose für ein Dienstleistungsunternehmen im Kapitel 4.1.1, Abbildung 10 entwickelt. Die meisten Positionsbezeichnungen („....-aufwendungen, ...-kosten) wurden zur besseren Verständlichkeit aus der Rentabilitätsprognose übernommen. Diese Bezeichnungen sind zwar nicht korrekt, da es sich nicht um Aufwendungen oder Kosten handelt, sondern um Auszahlungen. In der Praxis ist diese Vorgehensweise üblich. Hinter den Positionen mit denselben Bezeichnungen können sich in der Liquiditätsrechnung andere Werte als in der Rentabilitätsprognose verbergen.

Liquiditätsplanung	
Einzahlungen aus ...	
Umsatzerlösen:	
Erlöse Bereich A	
Erlöse Bereich B	
Sonstige Einzahlungen	
Auszahlungen für ...	
Fremdleistungen:	
Bereich A	
Bereich B	
Personalaufwand:	
Gehälter/Löhne inkl. Sozialabgaben	
sonst. betr. Aufwand:	
Raumkosten	
Werbe-/Messeaufwendungen	
Kraftfahrzeugaufwendungen	
Rechts- und Beratungskosten	
Sonstige Aufwendungen	
Neutrale Aufwendungen:	
Steuern auf Ertrag (Gew.st, KSt.)	
langfr. u. kurzfr. Zinsaufwand	
außerordentl. Aufwendungen	
USt.-Zahllast	
Investitionen	
Tilgungen	

Liquiditätsplanung	
Privatentnahmen	
Einzahlungen insgesamt	
Auszahlungen insgesamt	
Über-/Unterdeckung je Periode (Cashflow)	
Über-/Unterdeckung kumulativ (Cashflow)	
freie Kontokorrentlinien	

Tabelle 19: Formularvorschlag Liquiditätsplanung

4.3.2 Wann ist der Zahlungszeitpunkt?

Wenn Sie eine Liquiditätsplanung durchführen, besteht die wesentliche Herausforderung darin, festzustellen, wann die Zahlungseingänge und Zahlungsausgänge erwartet werden. Relativ einfach ist die Planung bei den Zahlungsausgängen, weil das Unternehmen die Zahlungszeitpunkte im Rahmen der vertraglichen Vereinbarungen selbst bestimmen kann. Planen Sie zum Beispiel für September den Bezug von Waren in Höhe 45.000 € brutto und haben ein Zahlungsziel von 60 Tagen vereinbart, das Sie in Anspruch nehmen werden, dann ist der Zahlungsausgang für November einzuplanen.

Zahlungszeitpunkte

Zahlungseingänge sind hingegen nur mit großer Unsicherheit planbar, da Ihre Kunden die vereinbarten Zahlungsziele nicht immer einhalten und Sie nur bedingt Einfluss auf die Zahlungsmoral Ihrer Kunden haben. Dementsprechend sollten Sie nicht bei der Planung der Zahlungseingänge mit einem Automatismus von den vereinbarten Zahlungszielen ausgehen. Sie sollten vielmehr die erwarteten Zahlungseingänge auf dem Hintergrund Ihrer Erfahrungen und Informationen realistisch einschätzen. Gehen Sie beispielsweise davon aus, dass 40 % des Umsatzes nach 10 Tagen bezahlt werden, 20 % nach 30 Tagen und 40 % nach 60 Tagen, dann sind die Zahlungseingänge entsprechend den Erwartungen auf die einzelnen Monate zu verteilen. Diese pauschale Vorgehensweise ist nur dann sinnvoll, wenn Ihre Kunden- und Umsatzstruktur einigermaßen stabil ist. Ist dies nicht der Fall, sollten Sie jede einzelne Ausgangsrechnung auf den wahrscheinlichen Zahlungszeitpunkt prüfen. Hier ist das kaufmännische Vorsichtsgebot anzuwenden, damit Sie nicht selbst in Zahlungsschwierigkeiten geraten.

Zeitpunkte der Zahlungseingänge

4.3.3 Wie Sie eine Liquiditätsplanung durchführen

In dem folgenden Fallbeispiel wird auf die Rentabilitätsprognose für ein Dienstleistungsunternehmen aus Kapitel 4.1.1, Abbildung 10, zurückgegriffen. Die Rentabilitätsprognose für die ersten vier Monate eines Wirtschaftjahres

Überleitung einer Rentabilitätsprognose in eine Liquiditätsplanung

wird in eine Liquiditätsplanung für die ersten vier Monate eines Wirtschaftsjahres übergeleitet.

**Fallbeispiel: Überleitung einer Rentabilitätsprognose in eine Liquiditäts-
planung**

In der folgenden Tabelle wird noch mal die Rentabilitätsprognose für ein
Dienstleistungsunternehmen aus Kapitel 4.1.1, Abbildung 10, dargestellt, damit Sie nicht zurückblättern müssen.

Plan-Gewinn- und Verlustrechnung				
Planperiode	**1**	**2**	**3**	**4**
Umsatzerlöse (Summe)	**65.000**	**70.000**	**80.000**	**90.000**
Erlöse Veranstaltungsservice	60.000	65.000	75.000	85.000
Erlöse Lagermiete	5.000	5.000	5.000	5.000
+/- Bestandsveränderungen	0	0	0	0
aktivierte Eigenleistungen	0	0	0	0
Betriebsleistung	**65.000**	**70.000**	**80.000**	**90.000**
Sonstige betriebl. Erträge	**0**	**0**	**0**	**0**
Betriebsertrag	**65.000**	**70.000**	**80.000**	**90.000**
-Fremdleistungen	**41.470**	**44.660**	**51.040**	**57.420**
Fremdunternehmen	26.000	28.000	32.000	36.000
Transportunternehmen	15.470	16.660	19.040	21.420
Rohertrag	**23.530**	**25.340**	**28.960**	**32.580**
- Personalaufwand (Summe)	**10.000**	**12.000**	**15.000**	**15.000**
Gehälter/Löhne inkl. Sozialabga-ben	10.000	12.000	15.000	15.000
- Abschreibungen Sachanlagen	**1.250**	**1.250**	**1.250**	**1.250**
- Sonst.betriebl.Aufwand (Sum.)	**11.750**	**12.250**	**13.500**	**12.900**
Raumkosten	1.550	1.550	1.550	1.550
Werbe-/Messeaufwendungen	300	300	350	350
Kraftfahrzeugaufwendungen	6.400	7.000	7.300	7.500
Rechts- und Beratungskosten	500	200	1.000	200
Sonstige Aufwendungen	3.000	3.200	3.300	3.300
Betriebsaufwand	**23.000**	**25.500**	**29.750**	**29.150**
Betriebsergebnis	*530*	*-160*	*-790*	*3.430*
Neutrale Erträge (Summe)	**0**	**0**	**0**	**0**
Zinserträge	0	0	0	0
außerordentl. Erträge	0	0	0	0
- Neutrale Aufwendungen (Sum.)	**1.145**	**1.145**	**1.145**	**1.145**
Steuern auf Ertrag (Gewerbesteu-er)	0	0	0	0
langfr. u. kurzfr. Zinsaufwand	1.145	1.145	1.145	1.145
außerordentl. Aufwendungen	0	0	0	0
ausgewiesenes Ergebnis	*-615*	*-1.305*	*-1.935*	*2.285*

Plan-Gewinn- und Verlustrechnung				
Planperiode	1	2	3	4
Finanzmittelüberschuß (Cash-flow)				
ausgewiesenes Ergebnis	-615	-1.305	-1.935	2.285
+ Abschreibungen	1.250	1.250	1.250	1.250
- Privatentnahmen	800	800	800	800
= Cashflow	-165	-855	-1.485	2.735

Die Überleitung der Rentabilitätsprognose in eine Liquiditätsplanung erfordert die Aufnahme von zusätzlichen Positionen in der Liquiditätsplanung. Es sind Positionen, die zahlungswirksam, aber nicht erfolgswirksam, sind. Folgende für mittelständische Unternehmen relevante Positionen wurden in der Liquiditätsplanung aufgenommen:

zahlungswirksame aber nicht erfolgswirksame Positionen

- Umsatzsteuer-Zahllast,

- Investitionen,

- Tilgungen,

- Privatentnahmen,

- Privateinlagen.

Die Notwendigkeit der Aufnahme der Position **„Umsatzsteuer-Zahllast"** ergibt sich daraus, dass Sie von Ihren Kunden Umsatzsteuer auf Ihre erbrachten Leistungen erhalten und zugleich für die fremdbezogenen Leistungen Umsatzsteuer (Vorsteuer) bezahlen. Da Sie die Umsatzsteuer von Ihren Kunden bekommen, ist diese bei den Erlösen mit aufzunehmen, denn die Umsatzsteuer ist einzahlungswirksam. Diese Finanzmittel sind in Ihrer Kasse oder auf Ihrem Konto. Zugleich zahlen Sie Umsatzsteuer (Vorsteuer) für die bezogenen Leistungen an Ihre Lieferanten. Sie ist damit auszahlungswirksam und in der Liquiditätsplanung aufzunehmen. Mit der Abgabe der Umsatzsteuervoranmeldung zahlen Sie an das Betriebsfinanzamt die Differenz (Saldo) zwischen der eingenommen und verausgabten Umsatzsteuer. Diese Differenz wird bei einem Überschuss der Umsatzsteuer über die Vorsteuer als Umsatzsteuer-Zahllast bezeichnet. Ist hingegen die Vorsteuer höher als die Umsatzsteuer, handelt es sich um einen Vorsteuer-Überschuss. Beide Fälle sind zahlungswirksam und somit in die Liquiditätsplanung aufzunehmen. In der Praxis entsteht in der Regel eine Umsatzsteuer-Zahllast, weil die Bemessungsgrundlage der Umsatzsteuer das Entgelt für Ihre erbrachten Leistungen und für die Vorsteuer das Entgelt für die von Ihnen bezogenen Leistungen ist. Das von Ihnen realisierte Entgelt ist in der Regel höher als das von Ihnen gezahlte Entgelt.

Umsatzsteuer-Zahllast

Investitionen sind in der Rentabilitätsprognose nicht zu erfassen, sie sind nicht erfolgswirksam. Sie führen aber vor, mit und/oder nach Investitionsbeginn zu

Investitionen

einem Abfluss von liquiden Mitteln. Daher ist der Abfluss von liquiden Mitteln aufgrund von Investitionen in die Liquiditätsplanung aufzunehmen.

Tilgung von Krediten

Ebenso wie Investitionen sind **Tilgungen** von Krediten nicht erfolgswirksam, sie sind erfolgsunwirksam. Eine Tilgung eines Kredites führt jedoch zu einem Abfluss von liquiden Mitteln und ist damit in der Liquiditätsplanung zu erfassen.

Privatentnahmen, Privateinlagen

Privatentnahmen und **Privateinlagen** sind nicht betrieblich verursacht und damit dürfen sie auch nicht in der Rentabilitätsprognose aufgenommen werden. Sie beeinflussen nicht den Erfolg eines Unternehmens, aber die Liquidität. Privatentnahmen aus dem Unternehmen vermindern und Privateinlagen in das Unternehmen erhöhen die Liquidität.

freie Kontokorrentlinien

Des Weiteren werden die freien Kontokorrentlinien in die Liquiditätsplanung aufgenommen, damit Sie auf einen Blick erkennen können, ob und in welcher Höhe ein Liquiditätsengpass besteht. Besteht ein Liquiditätsengpass, erlangen die Finanzdispositionen wegen der existenziellen Bedeutung der Liquidität einen besonderen Stellenwert. In diesem Fall hat das Liquiditätsziel Vorrang vor dem Rentabilitätsziel. Maßnahmen zur Bewältigung der Liquiditätskrise können in der Beschaffung von zusätzlichen liquiden Mitteln bei Kreditinstituten oder Gesellschaftern, in der Senkung bzw. Verzögerung von Auszahlungen sowie in der Beschleunigung von Einzahlungen bestehen.

Planung der Einzahlungen

Planung der Einzahlungen

Im Fallbeispiel wird unterstellt, dass die Umsätze erfahrungsgemäß einen Monat nach Fakturierung als Zahlung eingehen. Dies bedeutet eine zeitliche Verzögerung gegenüber der Erfolgsrechnung um einen Monat. In dem ersten Monat gehen die Zahlungen aus dem letzten Monat des Vorjahres ein. Im Fallbeispiel sind dies ausstehende Einzahlungen in Höhe von 68.165 €. Die Erlöse werden in zwei Bereiche aufgespalten, damit Sie die Entwicklungen der Einzahlungen der unterschiedlichen Bereiche kontrollieren können.

Sie erwirtschaften keine weiteren Einzahlungen.

Planung der Auszahlungen

Planung der Auszahlungen

Sie bezahlen Ihre eingehenden Rechnungen unverzüglich, so dass die in der Rentabilitätsprognose abgebildeten Werte um die anfallende Umsatzsteuer erhöht werden. In dem ersten Monat des Jahres übernehmen Sie die Werte aus der Rentabilitätsprognose und erhöhen diese um die zu zahlende Umsatzsteuer.

Personalkosten

Die **Personalkosten** werden in gleichen Beträgen pro Monat ausgezahlt. Ausnahmen sind Überstundenvergütungen und Sonderzahlungen wie Urlaubs- und Weihnachtsgeld. Hinsichtlich der Überstundenvergütung ist es empfehlens-wert, auf Erfahrungswerte über die saisonale Verteilung der Arbeitsleistung zurückzugreifen.

Abschreibungen werden nicht in die Liquiditätsplanung aufgenommen, da sie zu keiner Auszahlung führen. Die hinter jeder Abschreibung stehende Investition führt hingegen zu einer Auszahlung. In unserem Fallbeispiel werden in dem genannten Zeitraum keine Auszahlungen für Investitionen getätigt. Alle übrigen Aufwendungen aus der Rentabilitätsprognose werden in dem Monat dargestellt in dem die Auszahlung vorgenommen wird.

Abschreibungen

Die folgende Tabelle bildet aus dem Fallbeispiel den Liquiditätsplan ab.

Planperiode	1	2	3	4
Einzahlungen aus ...				
Umsatzerlösen/Lagermiete:	**68.165**	**77.350**	**83.300**	**95.200**
Erlöse Veranstaltungsservice	62.215	71.400	77.350	89.250
Erlöse Lagermiete	5.950	5.950	5.950	5.950
Sonstige Einzahlungen	0	0	0	0
Auszahlungen für ...				
Fremdleistungen:	**43.000**	**49.349**	**53.145**	**60.738**
Fremdunternehmen	28.000	30.940	33.320	38.080
Transportunternehmen	15.000	18.409	19.825	22.658
Personalaufwand:	**10.000**	**12.000**	**15.000**	**15.000**
Gehälter/Löhne inkl. Sozialabgab.	10.000	12.000	15.000	15.000
sonst. betr. Aufwand:	**13.983**	**14.578**	**16.066**	**15.352**
Raumkosten	1.845	1.845	1.845	1.845
Werbe-/Messeaufwendungen	357	357	417	417
Kraftfahrzeugaufwendungen	7.616	8.330	8.687	8.925
Rechts- und Beratungskosten	595	238	1.190	238
Sonstige Aufwendungen	3.570	3.808	3.927	3.927
Neutrale Aufwendungen:	**1.145**	**1.145**	**1.145**	**1.145**
Steuern auf Ertrag (Gew.st, KSt.)	0	0	0	0
langfr. u. kurzfr. Zinsaufwand	1.145	1.145	1.145	1.145
außerordentl. Aufwendungen	0	0	0	0
USt.-Zahllast	**1.934**	**1.785**	**2.143**	**2.250**
Investitionen	**0**	**0**	**0**	**0**
Tilgungen	**0**	**0**	**0**	**0**
Privatentnahmen	**800**	**800**	**800**	**800**
Privateinlagen	**0**	**0**	**0**	**0**
Einzahlungen insgesamt	**68.165**	**77.350**	**83.300**	**95.200**
Auszahlungen insgesamt	**70.862**	**79.657**	**88.299**	**95.285**
Über-/Unterdeckung je Periode	**-2.697**	**-2.307**	**-4.999**	**-85**
Über-/Unterdeckung kumulativ	**-2.697**	**-5.004**	**-10.003**	**-10.088**
freie Kontokorrentlinien	14.156	11.849	6.850	6.765

Tabelle 20: Liquiditätsplan

5 Wie Sie Ihre Leistungen richtig kalkulieren

5.1 Welche Aufgaben hat die Kostenrechnung?

Aufgabe der Kosten- und Erlösrechnung, kurz auch nur Kostenrechnung oder manchmal verkürzend auch Kalkulation genannt, ist die Bereitstellung von Informationen zur Planung, Steuerung und Kontrolle des Betriebsgeschehens. Auf der Grundlage der Informationen der Kosten- und Erlösrechnung können Sie dann Entscheidungen auf einer gesicherten Grundlage treffen.

Aufgaben der Kostenrechnung

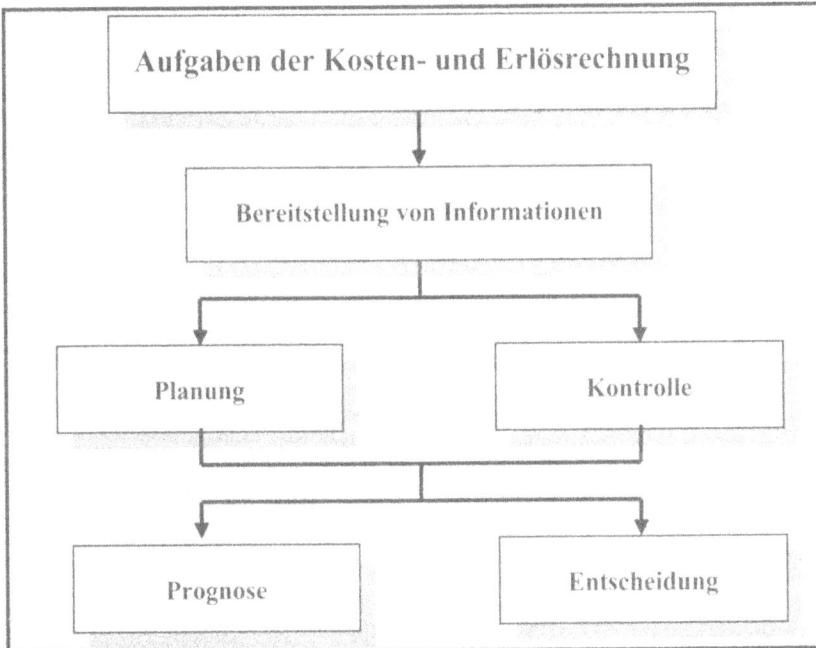

Abbildung 14: Aufgaben der Kosten- und Erlösrechnung

5.2   Welche Kostenrechnungssysteme gibt es?

Anwendbar ist die Kostenrechnung überall dort, wo Produktionsfaktoren im weitesten Sinne zur betrieblichen Leistungserstellung verbraucht werden. Da die betriebliche Leistungserstellung in der Regel unter Bedingungen des Wettbewerbs um Kunden/Kundengruppen stattfindet, entsteht für Sie die Notwendigkeit zur marktnahen Kalkulation und vor allem zur Kostenkontrolle. Oftmals können Sie den Preis, den Sie kalkuliert haben, nicht am Markt durchsetzen. Dann stellt sich für Sie die Frage, ‚was darf das Produkt am Markt kosten'? Die Kosten müssen Sie dann dem Marktpreis anpassen.

Die Mindestform jeder Kostenrechnung ist die traditionelle Vollkostenrechnung. Um aber Entscheidungsgrundlage für Unternehmen, z.B. hinsichtlich der Kostensenkung oder Preispolitik sein zu können, wurde die traditionelle Vollkostenrechnung weiter entwickelt zur Teilkostenrechnung (Deckungsbeitragsrechnung), zur Prozesskostenrechnung, zur Zielkostenrechnung und anderen Kostenrechnungssytemen.

Zur zahlenmäßigen Darstellung Ihrer betrieblichen Leistungserstellung und Verwertung können Sie sich für ein oder mehrere beliebig kombinierbare Kostenrechnungssysteme entscheiden. Die Wahl Ihres Kostenrechnungssystems richtet sich danach, welche Aufgaben Sie an das System stellen.

Kostenrechnungssysteme werden unterschieden nach dem Zeitbezug bzw. nach dem Umfang der verrechneten Kosten. Wenn man Kostenrechnungssysteme nach dem Zeitbezug unterscheidet, dann kommt man zu drei Unterteilungen:

- Ist-Kostenrechnung

- Normal-Kostenrechnung

- Plan-Kostenrechnung

Ist-Kostenrechnung: Werden die in der Vergangenheit angefallenen Kosten erfasst und auf die in derselben Periode erstellten Leistungen verteilt, spricht man von einer Ist-Kostenrechnung. Man kann sich vorstellen, dass bei diesem Kostenrechnungssystem eine einfache Frage im Raum steht:

Welche Kosten sind angefallen?

Das hört sich zunächst einfach an. Im Prinzip verlangt es aber vom Unternehmer, dass die Kosten nach ihrer Art unterteilt sind (Kostenarten) und in ihrem Anfall pro Abrechnungsperiode (z.B. Monat) genau beziffert sind. Es verlangt also genau genommen schon eine mehr oder weniger bestehende Kostenrechnung. Dem Vorteil der Ist-Kostenrechnung, die Kosten möglichst so zu erfassen, wie sie tatsächlich angefallen sind, steht allerdings ein erheblicher Nachteil gegenüber. Preis- oder Mengenabweichungen machen in jeder Abrechnungsperiode die Berechnung neuer Kalkulations- und Verrechnungssätze notwendig. Gleichzeitig sind bei saisonalen Schwankungen bei einer Kostenart innerbetriebliche Vergleiche kaum mehr sinnvoll.

Um diese beiden Hauptnachteile der Ist-Kostenrechnung nun auszugleichen, kann das System der **Normal-Kostenrechnung** angewendet werden. **Normalkosten** bedeuten dabei, dass die Kosten für eine Kostenart beziffert werden, die normalerweise anfallen. Im einfachsten Fall handelt es sich also um Durchschnittskosten in einer bestimmten Kostenart, die aus den Aufzeichnungen vergangener Perioden gewonnen werden.

Normal-Kostenrechnung

Die Kostenkontrolle mit Hilfe von Normalkosten kann allerdings auch bedeuten, dass auf dem ‚Schlendrian‘ vergangener Perioden aufgebaut wird, weil die Durchschnittskosten dann den ‚durchschnittlichen Schlendrian‘ vergangener Abrechnungsperioden wiedergeben.

Kostenkontrolle

Es hat sich herausgestellt, dass es für die vorausschauende Planung von Kosten besser ist, mit einer zukunftsgerichteten Plan-Kostenrechnung zu arbeiten.

Die **Plan-Kostenrechnung** ermöglicht die Vorkalkulationen auf der Grundlage von echten Zukunftswerten. Durch die spätere Gegenüberstellung von Plan- und Ist-Kosten werden Abweichungen sichtbar, die nach entsprechender Analyse erkennen lassen, wo und in welcher Höhe es zu Kostenüber- bzw. -unterdeckungen gekommen ist und wer dafür verantwortlich ist bzw. gemacht werden kann.

Plan-Kostenrechnung

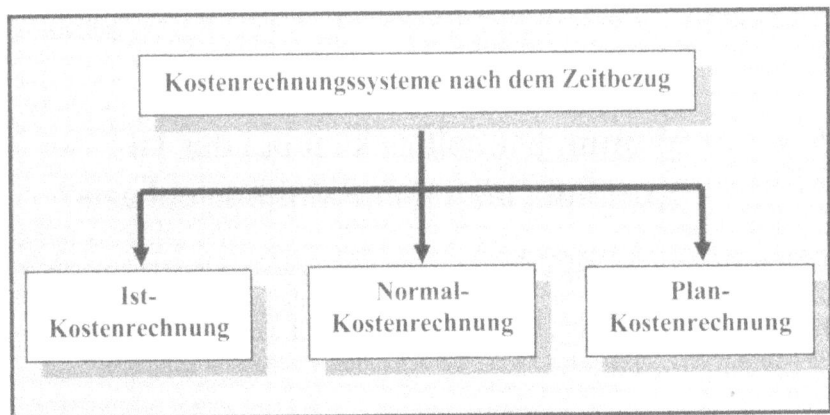

Abbildung 15: Kostenrechnungssysteme nach dem Zeitbezug

Neben die Kostenrechnungssysteme, die sich nach dem Zeitbezug ergeben, tritt eine zweite Unterscheidung, die die Kostenrechnungssysteme nach dem Umfang der verrechneten Kosten unterteilt:

- Vollkostenrechnung

- Teilkostenrechnung

Vollkostenrechnung, Teilkostenrechnung

Wird nur ein Teil der Kosten auf die Produkte verrechnet, während der Rest direkt in die Betriebsergebnisrechnung übernommen wird, liegt eine Teilkostenrechnung vor; es wird eben nur ein Teil der entstandenen Kosten auf die Produkte verrechnet. Im Gegensatz dazu verteilt die Vollkostenrechnung alle Kosten auf die Produkte.

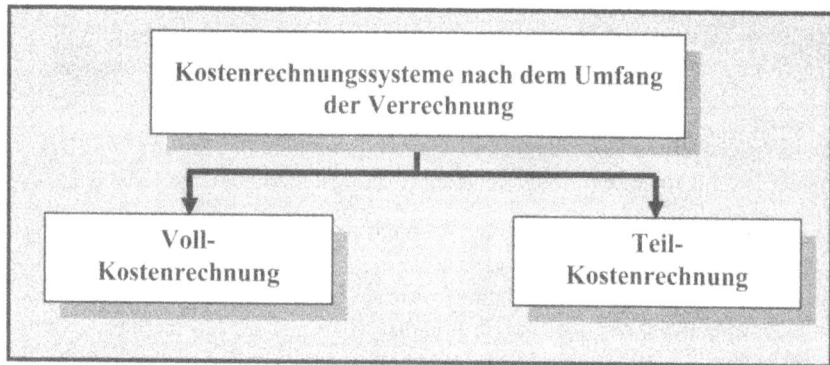

Abbildung 16: Kostenrechnungssysteme nach der Verrechnung

5.3   Worum handelt es sich bei der Ist-Kostenrechnung auf Vollkostenbasis?

Ist-Kostenrechnung auf Vollkostenbasis

Ist-Kostenrechnung auf Vollkostenbasis heißt: Dieses Kostenrechnungssystem erfasst und verarbeitet die tatsächlich angefallenen Kosten (eben Ist-Kostenrechnung), die im Umfang voll und ganz auf die Kostenträger (Produkte, Kunden usw.) weiter berechnet werden (eben Vollkostenrechnung).

5.3.1   Die Dreistufigkeit der Vollkostenrechnung

Die Vollkostenrechnung ist undenkbar ohne die ‚Dreifaltigkeit der Vollkostenrechnung'. Die Dreifaltigkeit ist zwar nicht heilig, aber immerhin systematisch und teilt sich in folgende Bestandteile auf:

- Kostenartenrechnung,

- Kostenstellenrechnung,

- Kostenträgerrechnung,

Die Vollkostenrechnung, die alle im Rahmen der betrieblichen Tätigkeit einer abgelaufenen Periode angefallenen Kosten erfasst und den Leistungen (Kostenträgern) zuzurechnen versucht, läuft wegen unterschiedlicher Problemstellungen stufenweise ab.

Die nachfolgende Abbildung veranschaulicht die Dreistufigkeit der Vollkostenrechnung:

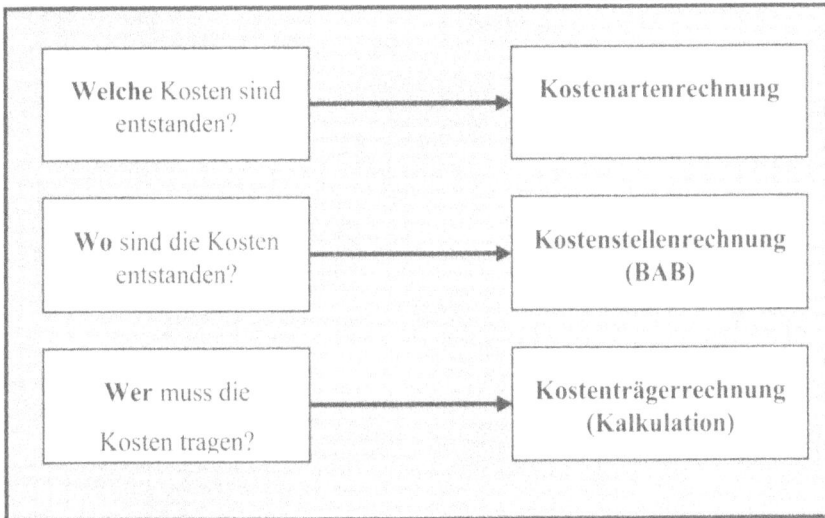

Abbildung 17: Dreistufigkeit der Vollkostenrechnung

Welche Aufgabe hat die Kostenartenrechnung?

Aufgabe der Kostenartenrechnung ist es, die Kosten zum Zweck einer verursachungsgerechten Weiterverrechnung zu gliedern und entsprechend dieser Gliederung zu erfassen.

Aufgabe der Kostenartenrechnung

Für den Inhalt einer Kostenart gilt, dass nur jeweils ein Kostentreiber bestimmend sein darf (Prinzip der Reinheit), damit die Zurechnung der Kosten an Hand vorliegender Belege zweifelsfrei und schnell erfolgen kann (Prinzip der Einheitlichkeit). So sollten in Personalkosten wirklich nur personalbezogene Kosten einfließen, die vom Kostentreiber ‚Beschäftigte' abhängig sind. Fremdleistungskosten sollten immer von auswärtigen Firmen in Rechnung gestellt werden, wobei dann der Kostentreiber die Vergabe von Aufträgen an auswärtige Firmen ist.

Prinzip der Reinheit und Einheitlichkeit

Gliederung der
Kostenartenrechnung

Die Gliederung der Kosten kann nach verschiedenen Kriterien erfolgen. Dabei kann man sich an den betriebswirtschaftlichen Auswertungen (BWAs) des Steuerberaters orientieren oder selbst die Finanzbuchhaltungsdaten auswerten.

Einzelkosten,
Gemeinkosten

Schon bei der Bestimmung und Bezifferung der Kosten des Unternehmens im Rahmen der Kostenartenrechnung wird vorentschieden, ob sich eine bestimmte Kostenart einem/einer bestimmten Produkt/Dienstleistung direkt zuordnen lässt oder nicht. Entsprechend entstehen Beträge in verschiedenen Kostenarten, die sich sofort und ohne weitere Überlegungen einem Produkt der Unternehmung direkt zurechnen lassen. Solche Kosten heißen **Einzelkosten** eines Kostenträgers (Produkt/Dienstleistung). Diejenigen Beträge, die sich nicht direkt einem Produkt/einer Dienstleistung zurechnen lassen, sind nicht dem Produkt einzeln zurechenbar (also keine Einzelkosten) und können z.B. nur mehreren Produkten zusammen/gemeinsam zugerechnet werden. Es handelt sich also um **Gemeinkosten**. Die nachfolgende Abbildung stellt die Zusammenhänge dar.

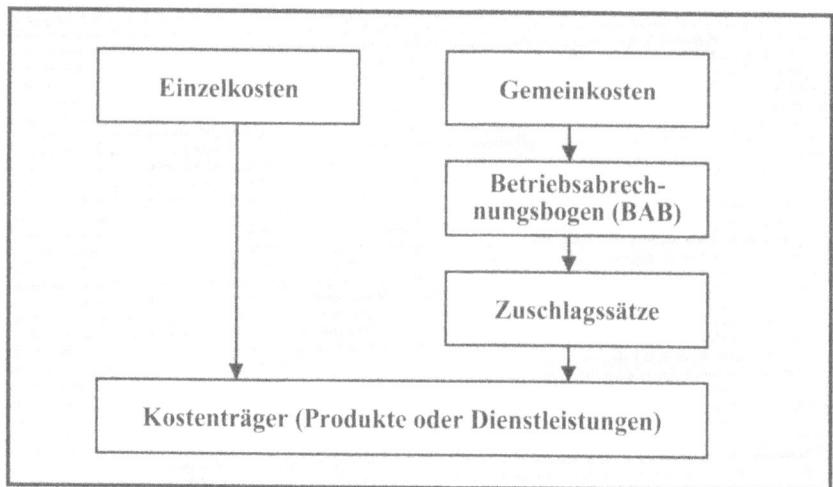

Abbildung 18: Verrechnung von Einzel- und Gemeinkosten

Die Abbildung zeigt, dass die Einzelkosten (z.B. Fertigungsmaterial oder Fertigungslöhne) direkt auf das Produkt ‚kalkuliert' werden, während man die Gemeinkosten (z.B. das Meistergehalt) einem Verteilungssystem zuführt, nämlich dem Betriebsabrechnungsbogen.

Verursachungsprinzip

Die Zurechnung von Kosten zu einer Zurechnungseinheit (Kostenträger z.B. Produkt/Dienstleistung) erfolgt im Idealfall nach dem Verursachungsprinzip. Dabei werden dem Kostenträger nur die Kosten(-arten) zugerechnet, die er tatsächlich verursacht hat. Ob man die Zurechnung richtig vorgenommen hat, kann man durch ein Gedankenspiel prüfen:

Fallbeispiel: Verursachungsprinzip

Das Verursachungsprinzip ist dann ‚rein' eingehalten, wenn ein Wegfall des Kostenträgers einen Wegfall der verursachungsgerecht zugeordneten Kostenarten bedeutet.

Stellen Sie sich die Schuhproduktion eines Schuhherstellers vor. Bestimmt kann man das Leder, aus dem ein Paar Schuhe als Produkt bestehen, verursachungsgerecht den Schuhen zuordnen. Nun prüfen Sie: Wenn das Paar Schuhe wegfällt, müssen die Kosten für das anteilige Leder wegfallen. Prüfen Sie selbst: So ist es! Übrigens stellt das Leder für das Paar Schuhe zugleich Einzelkosten dar.

Wenn sich alle Kosten, die in einem Unternehmen entstehen, so leicht wie in dem Beispiel zuordnen ließen, dann wäre die Kostenartenrechnung sehr einfach. Es gibt aber auch Kostenarten, die sich nur bedingt einem Kostenträger zurechnen lassen. Für sie können dem Kostenträger dann die Kosten zugerechnet werden, die er durchschnittlich zu tragen hat (Durchschnittsprinzip).

Fallbeispiel: Durchschnittsprinzip

Stellen Sie sich in der Schuhfabrik nun zwei Kostenstellen für die Fertigung der Schuhe vor. In der Kostenstelle A wird das Leder eingefärbt und zugeschnitten und in der Kostenstelle B wird es zu Schuhen weiter verarbeitet. Den zwei Kostenstellen mit den gewerblichen Mitarbeitern ist ein Industriemeister übergeordnet. Wie soll nun das Meistergehalt den Kostenstellen zugeordnet werden? Man würde es auf die zwei Kostenstellen aufteilen, also nach dem Durchschnittsprinzip verfahren.

Durchschnittsprinzip

Nach dem jeweils geeigneten Verteilungsmaßstab werden den Kostenstellen und -trägern nur die aus der Kostenartenrechnung übernommenen Kosten zugerechnet, die sie tatsächlich verursacht haben (Verursachungsprinzip). Demgegenüber werden beim Durchschnittsprinzip die Kosten auf die Stellen und Träger in jeweils gleicher Höhe (= Durchschnitt) verteilt.

Die Einzelkosten aus dem ersten Beispiel lassen sich stück- oder auftragsbezogen zuordnen. Die auftragsbezogene Zurechnung erfolgt ersatzweise in den Branchen, die auftragsbezogen kalkulieren (z.B. Maschinenbau, aber auch Designbüro o.ä.). Dies bedeutet in der Kostenrechnungspraxis einfach, dass ein Auftrag eine Nummer erhält, und dieser Nummer nun alle mit dem Auftrag zusammenhängenden Kosten zugerechnet werden.

Sondereinzelkosten

Im Gegensatz zu den üblichen Einzelkosten, die grundsätzlich pro Leistungseinheit (etwa Stück, kg, m, qm, l, cbm) entstehen, können **Sondereinzelkosten** durch einen bestimmten Auftrag verursacht werden, und zwar in der Fertigung (z.B. Sonderausführung, Modellbau, Spezialwerkzeuge und Vorrichtungen) oder beim Vertrieb (z.B. Spezialverpackung, Zölle, Sonderfrachten, Provisionen, Lizenzgebühren).

Gemeinkosten

Alle übrigen Kosten, die den Leistungseinheiten nicht direkt zugerechnet werden können oder aus Gründen der Wirtschaftlichkeit nicht sollen, sind **Gemeinkosten**.

Wie werden kalkulatorische Kosten ermittelt?

kalkulatorische Kosten

Zur Erstellung der Grundlagen für eine exakte Kalkulation der betrieblichen Leistungen ist eine Ermittlung von kalkulatorischen Kosten erforderlich, da die Finanzbuchführung (Geschäftsbuchführung) andere Zielsetzungen verfolgt als die mengen- und wertmäßige Erfassung des leistungszweckbezogenen Ressourcenverbrauchs. Deshalb müssen bestimmte Aufwendungen der Finanzbuchführung in der Kostenrechnung anders verrechnet werden. Es sind dies die so genannten Anderskosten (aufwandsungleiche Kosten). Darüber hinaus sind in der Kostenrechnung auch Kosten zu verrechnen, denen überhaupt kein Aufwand in der Finanzbuchhaltung entspricht. Diese aufwandslosen Kosten werden auch als Zusatzkosten bezeichnet. Anderskosten und Zusatzkosten werden unter dem Begriff der kalkulatorischen Kosten zusammengefasst.

Aufgaben der kalkulatorischen Kosten

Durch die Verrechnung kalkulatorischer Kosten erreichen Sie einerseits eine möglichst genaue Erfassung der entstandenen Kosten und andererseits eine möglichst gleichmäßige Verrechnung der Kosten. Die Kostenrechnung wird mit der Verrechnung von kalkulatorischen Kosten von Zufallsschwankungen befreit. Dadurch verbessern Sie die Vergleichsmöglichkeiten und erhöhen die Genauigkeit der Kalkulation.

Anderskosten

Unter kostenrechnerischen Gesichtspunkten sind vor allem Abschreibungen und Zinsen in der Kostenrechnung anders (Anderskosten) anzusetzen als in der Finanzbuchführung.

Abschreibungen

Die Höhe der Abschreibung hängt in der Finanzbuchführung von den handels- und steuerrechtlichen Bestimmungen ab, in der Kostenrechnung geht es um eine möglichst genaue Erfassung des tatsächlichen Wertverzehrs.

kalkulatorische Zinsen

Die in der Finanzbuchführung erfassten Zinsaufwendungen hängen unter anderem von der Höhe des Fremdkapitals ab. Sie entsprechen den tatsächlich gezahlten bzw. in Rechnung gestellten Zinsen für das aufgenommene Fremdkapital. Da Sie als Unternehmer (Gesellschafter) auch für das von Ihnen eingebrachte Eigenkapital eine Verzinsung beanspruchen, müssen in den Verkaufspreisen die Zinsen für das gesamte betriebsnotwendige Kapital eingerechnet werden. Die kalkulatorischen Zinsen erfassen die Verzinsung des gesamten betriebsbedingten Kapitals, und zwar unabhängig davon, ob es sich um Eigen- oder Fremdkapital handelt.

Unter kostenrechnerischen Gesichtspunkten könnte es notwendig sein, Unternehmerlohn und Miete in der Kostenrechnung zusätzlich (Zusatzkosten) zum Ansatz zu bringen.

Kalkulatorischer Unternehmerlohn ist immer dann in der Kostenrechnung anzusetzen, wenn für die Arbeitsleistung eines Unternehmers (Einzelunternehmen) bzw. Gesellschafters (mitarbeitender Gesellschafter einer Personengesellschaft) kein Aufwand in der Finanzbuchführung erfasst werden darf. Es fehlt daher ein entsprechender Posten in der Finanzbuchführung. Vergleichbare Betriebe zahlen aufgrund ihrer Rechtsform (z.B. GmbH, GmbH & Co. KG) Geschäftsführergehälter, die in der Finanzbuchführung als Aufwand gebucht werden. Es ist daher – sowohl unter dem Gesichtspunkt einer exakten Kostenerfassung als auch unter dem Gesichtspunkt der Vergleichbarkeit der Kostenstrukturen unterschiedlicher Unternehmen – unerlässlich, die unternehmerische Tätigkeit als Kosten zu erfassen.
kalkulatorischer Unternehmerlohn

Gelegentlich stellt ein Unternehmer Räume des Privatvermögens auch für betriebliche Zwecke zur Verfügung. Würde er solche Räume anmieten, müsste Miete gezahlt werden. Obwohl keine Mietzahlungen anfallen, ist es unter kostenrechnerischen Gesichtspunkten notwendig, in der Kostenrechnung eine der ortsüblichen Miete entsprechende kalkulatorische Miete anzusetzen. Hierbei handelt es sich um Zusatzkosten, da ein entsprechender Aufwandsposten in der Finanzbuchführung fehlt.
kalkulatorische Miete

Wie werden kalkulatorische Abschreibungen ermittelt?

In der Kostenrechnung werden **kalkulatorische Abschreibungen** angesetzt. Sie weichen in folgenden Punkten von den **bilanziellen Abschreibungen** ab:
kalkulatorischer und bilanzielle Abschreibungen

1. Die bilanziellen Abschreibungen der Finanzbuchhaltung werden ausschließlich nach steuerrechtlichen Gesichtspunkten vorgenommen. Um in den ersten Nutzungsjahren möglichst hohe Beträge abzuschreiben und damit den steuerlichen Gewinn möglichst niedrig zu halten, wird in der Finanzbuchhaltung meistens die **kürzeste steuerrechtlich zulässige betriebsgewöhnliche Nutzungsdauer** unterstellt. In der Kostenrechnung gilt – zur Erreichung einer gewissen Konstanz bei der Kalkulation – der Grundsatz der Stetigkeit des Kostenansatzes. Des Weiteren ist der tatsächliche Wertverzehr zu erfassen. Aus diesen Gründen wird in der Kostenrechnung nach **Leistungseinheiten** abgeschrieben oder der Berechnung der Abschreibungsbeträge die **tatsächlich zu erwartende betriebsgewöhnliche Nutzungsdauer** zugrunde gelegt.

2. In der Finanzbuchhaltung gilt das **Nominalwertprinzip**. Für die Abschreibungen bedeutet dies, dass sie von den Anschaffungs- oder Herstellungskosten berechnet werden. Hingegen ist in der Kostenrechnung das **Substanzerhaltungsprinzip** anzuwenden. Am Ende der Nutzungsdauer eines
Nominalwertprinzip, Substanzerhaltungsprinzip

Anlagegutes muss ein gleichwertiges Anlagegut gekauft werden können. Die Anschaffungskosten des Anlagegutes müssen über die Höhe der Verkaufspreise erwirtschaftet worden sein. Da Anlagegüter Preisschwankungen unterliegen, müssen sich die Abschreibungen in der Kostenrechnung – mit der Zielsetzung der **Substanzerhaltung** – an den **Wiederbeschaffungskosten** orientieren.

3. Im Gegensatz zur Finanzbuchhaltung werden in der Kostenrechnung nur Abschreibungen auf betriebsnotwendige Anlagegüter vorgenommen. Abschreibungen auf Wohnhäuser gehen beispielsweise nicht in die Kostenrechnung ein.

Fallbeispiel: kalkulatorische Abschreibungen

Die bilanziellen Abschreibungen des Unternehmens setzen sich aus den folgenden drei Positionen zusammen: Abschreibungen auf Sachanlagen in Höhe von 124.845 €, steuerliche Sonderabschreibungen 49.698 € und Sofortabschreibung GWG (Geringwertige Wirtschaftsgüter) 24.305 €, also insgesamt 198.848 €. Steuerliche Sonderabschreibungen sind kalkulatorisch nicht zu berücksichtigen, da sie allein aufgrund von steuerlichen Bestimmungen gebildet werden dürfen, also in keinerlei Verbindung zum leistungszweckbezogenen Ressourcenverbrauch stehen. In der Finanzbuchführung können selbständig bewertbare Wirtschaftsgüter mit einer betriebsgewöhnlichen Nutzungsdauer von über einem Jahr im Jahr der Anschaffung vollständig abgeschrieben, d.h. als Aufwand in der Gewinn- und Verlustrechnung ausgewiesen werden, wenn die Anschaffungskosten 150 € netto nicht überschreiten. Im vorliegenden Fall wurden Wirtschaftsgüter in Höhe von 24.305 € als Geringwertige Wirtschaftsgüter (GWG) ausgewiesen und im Jahr der Anschaffung vollständig abgeschrieben. Den bilanziellen Abschreibungen auf Sachanlagen in Höhe von 124.845 € liegt die Anschaffung von einem Mischfuttertransporter, einem Personenkraftwagen, Bürogeräten, sowie Maschinen in Höhe von insgesamt 624.225 € zugrunde. Diese Wirtschaftsgüter wurden linear auf fünf Jahre abgeschrieben, was einen jährlichen Abschreibungsaufwand von 124.845 € verursachte.

Wiederbeschaffungswert Während in der Finanzbuchführung das sog. Nominalwertprinzip gilt, d.h., dass die Wirtschaftsgüter nur mit dem Wert angesetzt werden dürfen, der auch tatsächlich bezahlt wurde, ist in der Kostenrechnung die Inflation bei der Berechnung der Abschreibungen zu berücksichtigen. Der gesamte Abschreibungsbetrag während der betriebsgewöhnlichen Nutzungsdauer ist also nicht der ‚historische' Anschaffungswert (das wäre das ‚Nominalwertprinzip' der Finanzbuchführung), sondern der Wert, der vermutlich in fünf Jahren für die Wiederbeschaffung ausgegeben werden muss. Diese Überlegung resultiert aus dem Erfordernis, durch die kalkulatorischen Abschreibungen die notwendigen Mittel zur Wiederbeschaffung im Geldkreislauf der Unternehmung zu behalten und sie z.B. nicht als Gewinn an den/die Eigentümer der Unternehmung auszuschütten. Damit wird zugleich das Ziel der Substanzerhaltung für das Unternehmen verfolgt.

Für die Praxis ist es ausreichend, die abnutzbaren Wirtschaftsgüter des Anlagevermögens mit einem durchschnittlichen Inflationsfaktor für die betriebsgewöhnliche Nutzungsdauer hochzurechnen. In dem hier vorliegenden Fall sind Anschaffungskosten in Höhe von 624.225 € für die Sachanlagen aufgewendet worden. Des Weiteren wurden 24.305 € für Geringwertige Wirtschaftgüter aufgewendet. Dies ergibt einen Anschaffungswert von 648.530 €, wobei aus Vereinfachungsgründen Geringwertige Wirtschaftsgüter, die in früheren Jahren angeschafft wurden und im Betriebsvermögen verblieben sind, nicht berücksichtigt werden. Bei einem unterstellten durchschnittlichen Inflationswert von 3 % p.a. ergibt sich folgende Faktorreihe:

Jahr	1.	2.	3.	4.	5.
Faktor	1,000	1,061	1,093	1,126	1,159

Entsprechend dieser Faktorreihe (Aufzinsungsfaktoren), die man Formelsammlungen für verschiedene Inflationswerte entnehmen kann, ergibt sich bei einer betriebsgewöhnlichen Nutzungsdauer von fünf Jahren ein prognostizierter Wiederbeschaffungswert von 648.530 € X 1,159 = 751.646 €.

Die kalkulatorischen Abschreibungen sind mit 20 % von 751.646 € = 150.329 € anzusetzen. Der Differenzbetrag zwischen der bilanziellen Abschreibung von 124.845 € p.a. und der kalkulatorischen Abschreibung von jährlich 150.329 €, also 25.484 €, muss als Korrekturposten zu den bilanziellen Abschreibungen angesetzt werden.

Wie werden kalkulatorische Zinsen ermittelt?
Die Eigen- und Fremdkapitalausstattung von Unternehmen ist sehr unterschiedlich. Bei Betriebsvergleichen würde sich ein falsches Bild ergeben, wenn lediglich die Fremdkapitalzinsen in der Kostenrechnung angesetzt würden. Des Weiteren würde der Zinsentgang für das eingesetzte Eigenkapital in der Kalkulation nicht berücksichtigt werden.

Aus diesen Gründen werden die gesamten betriebsbedingten Zinsen, die auf Basis des betriebsnotwendigen Kapitals (also unter Einbeziehung des Eigenkapitals) ermittelt werden, in der Kostenrechnung erfasst.

betriebsbedingte Zinsen

Für die Berechnung der kalkulatorischen Zinsen wird der Zinssatz, der bei anderweitiger vergleichbarer Kapitalanlage (gleicher Risikostruktur und -höhe) zu erzielen wäre, zugrunde gelegt.

Zinssatz

Fallbeispiel: kalkulatorische Zinsen

Opportunitätskosten

Bei den kalkulatorischen Zinsen entwickeln Betriebswirte die folgende Frage-stellung: Sind die Ressourcen (z.B. das betriebsnotwendige Kapital), die zur Verfügung stehen, unter Renditegesichtspunkten optimal eingesetzt? Wenn Sie für eine Art des Ressourceneinsatzes andere Verwendungsmöglichkeiten ha-ben, dann werden die Renditen (Erträge) dieser anderen Verwendungsmög-lichkeiten als Kosten angesetzt, um die eigene Verwendungsmöglichkeit einem beständigen, kritischen ‚Renditetest' zu unterziehen. So setzen Betriebswirte entgangene Erträge einer nicht realisierten Entscheidungsalternative als Kosten an (Opportunitätskosten). Entgangene Erträge sind also für Betriebswirte Kos-ten, um auf diese Weise dem ‚wahren Gewinn' näher zu kommen. Kalkulatori-sche Zinsen werden also angesetzt für das im Betrieb arbeitende betriebsnot-wendige Kapital, das man hätte anderweitig investieren können.

betriebsnotwendiges Kapital

Als Basisgröße für die kalkulatorischen Zinsen wird das zur Erreichung des Betriebszwecks notwendige Kapital (betriebsnotwendiges Kapital) zugrunde gelegt. Es ist der abstrakte Gegenwert des betriebsnotwendigen Vermögens.

Das betriebsnotwendige Kapital wird wie folgt berechnet:

Position	€	€
betriebsnotwendiges Anlagevermögen:		
nicht abnutzbares Anlagevermögen	0	
abnutzbares Anlagevermögen	2.519.340	2.519.340
+ betriebsnotwendiges Umlaufvermögen:		
Vorräte	274.226	
Forderungen	247.494	
liquide Mittel	79.687	601.407
./. Abzugskapital		
Anzahlungen von Kunden	0	
Verbindlichkeiten aus Lieferungen u. Leistungen	170.644	170.644
(soweit zinslos)		
= betriebnotwendiges Kapital		2.950.103

Tabelle 21: Ermittlung des betriebsnotwendigen Kapitals

Zur Berechnung der kalkulatorischen Zinsen wird das betriebsnotwendige Ka-pital mit dem Zinssatz, der bei anderweitiger vergleichbarer Kapitalanlage (gleicher Risikostruktur und -höhe) zu erzielen wäre, verzinst. Für die Berech-nung der kalkulatorischen Zinsen wurde der Zinssatz in Höhe von 10 vom Hundert zugrunde gelegt, der bei vergleichbaren Kapitalanlagen mit ähnlicher Risikostruktur und -höhe zurzeit erzielbar wäre.

Die kalkulatorischen Zinsen betragen somit 295.010 €, die gezahlten Zinsen 51.070 €. Es entstehen zusätzliche Kosten in Höhe von 243.940 €.

Wie wird die kalkulatorische Miete ermittelt?
Statt Mietzahlungen fallen bei Unternehmen, deren Geschäfts-, Lager- und Fabrikgebäude sich in ihrem Eigentum befinden, folgende Aufwendungen an:

Aufwendungen für Geschäftsräume

* Abschreibungen auf Gebäude,

* Instandhaltungsaufwendungen,

* Grundsteuerzahlungen,

* Hypothekenzinsen,

* Versicherungsprämien,

* Betriebskosten.

Nun könnte das Unternehmen die im Eigentum befindlichen Räume vermieten. Dann hätte es Mieteinkünfte. Bei einer Selbstnutzung entgehen ihm die Mieteinkünfte. Diese entgangenen Mieteinkünfte sollten als kalkulatorische Miete angesetzt werden.

kalkulatorische Miete

Aus Vereinfachungsgründen wird in vielen Unternehmen auf die Erfassung einer kalkulatorischen Miete verzichtet. Begründet wird dies damit, dass die wesentlichen Bestandteile der Gebäudekosten, nämlich die Gebäudeabschreibungen und die Hypothekenzinsen durch die kalkulatorischen Abschreibungen und die Hypothekenzinsen durch die kalkulatorischen Zinsen bereits in die Kostenrechnung eingeflossen sind.

In der Kostenrechnung kann auf den Ansatz einer kalkulatorischen Miete nicht verzichtet werden, wenn der Einzelunternehmer oder Personengesellschafter dem Unternehmen Räume oder Gebäude unentgeltlich zur Verfügung stellt. Denn dann würde kein leistungsbedingter Werteverzehr erfasst werden. Grundsätzlich ist die ortsübliche Miete als kalkulatorische Miete anzusetzen.

kein Ansatz von kalkulatorischer Miete

Wie wir der kalkulatorische Unternehmerlohn ermittelt?
Bei Kapitalgesellschaften erhalten die Vorstandsmitglieder bzw. die Geschäftsführer für ihre leitende Tätigkeit Gehälter, die in die Kostenrechnung eingehen. Unternehmer, die in Einzelunternehmen oder Personengesellschaften leitend tätig sind, dürfen hingegen aus steuerrechtlichen Gründen keine Gehälter beziehen. Sie haben die Möglichkeit, Privatentnahmen zu tätigen.

kalkulatorischer Unternehmerlohn

In der Kostenrechnung müssen alle Kosten berücksichtigt werden, die aus dem leistungsbedingten Verzehr von Sachgütern und Dienstleistungen resultieren. Hierzu gehört auch die dispositive Arbeit des Unternehmers in Einzelunterneh-

Zusatzkosten

men und Personengesellschaften. Die Arbeitsleistungen des Unternehmers sind deshalb als kalkulatorische Zusatzkosten in der Kostenrechnung anzusetzen.

Höhe des kalkulatorischen Unternehmerlohns

Die Höhe des kalkulatorischen Unternehmerlohnes sollte sich an den Opportunitätskosten orientieren, d.h. es ist das Gehalt anzusetzen, das der Unternehmer bei einer vergleichbaren Tätigkeit in einem anderen Unternehmen bekommen würde. Dabei ist von dem Aufgabengebiet des Unternehmers, der Größe des Unternehmens und der Gehaltsstruktur am Standort des Unternehmens auszugehen. Entsprechend diesem ermittelten Betrag wird das Betriebsergebnis verringert.

Fallbeispiel: kalkulatorischer Unternehmerlohn

Notwendigkeit des Ansatzes von kalkulatorischem Unternehmerlohn

Im hier vorliegenden Fall handelt es sich um eine Personengesellschaft mit einem geschäftsführenden Gesellschafter. Der betrieblich bedingte Verbrauch der Arbeitskraft des geschäftsführenden Gesellschafters wird bei Einzelunternehmen und Personengesellschaften nicht als Aufwand in Form von Gehalt in der Finanzbuchhaltung und damit in der Gewinn- und Verlustrechnung erfasst. Unter dem Gesichtspunkt des betriebsbedingten Verbrauchs der Arbeitskraft des geschäftsführenden Gesellschafters ist dieser Verbrauch als kalkulatorischer Unternehmerlohn in der Kostenrechnung zu erfassen. Notwendig ist dieser Ansatz, um den betriebsbedingten Ressourceneinsatz in der Kostenrechnung wertmäßig abbilden und in die Kalkulation einfließen lassen zu können. Mit dem Ansatz wird des Weiteren die Vergleichbarkeit der Kostenstrukturen und der Kostenhöhen unterschiedlicher Unternehmen hergestellt.

Die Höhe sollte sich an den Opportunitätskosten orientieren, d.h. es sollte das Gehalt als kalkulatorischer Unternehmerlohn angesetzt werden, das der geschäftsführende Gesellschafter bei einer vergleichbaren Tätigkeit in einem anderen Unternehmen bekommen würde.

Höhe des kalkulatorischen Unternehmerlohns

Ausgehend von dem Aufgabengebiet des geschäftsführenden Gesellschafters und der Größe des Unternehmens sowie der Gehaltsstruktur am Standort des Unternehmens wurde der kalkulatorische Unternehmerlohn mit 240.000 € p.a. zum Ansatz gebracht. Entsprechend diesem Betrag wird das Betriebsergebnis verringert.

5.3.2   Wie Sie die Kostenarten auf Kostenstellen verrechnen

Welche Aufgaben hat die Kostenstellenrechnung?

Aufgaben der Kostenstellenrechnung

Die kostenrechnerische Arbeit der **Kostenstellenrechnung** besteht darin, die nach Arten gegliederten Kosten auf die Betriebsbereiche zu verteilen, in denen sie angefallen sind. Mit der Einrichtung einer Kostenstellenrechnung sollen Sie vor allem in die Lage versetzt werden, eine **Kostenkontrolle** an den Stellen durchzuführen, an denen die Kosten entstehen und zu beeinflussen sind. Die

Kostenstellenrechnung können Sie mit Hilfe des Betriebsabrechnungsbogens (BAB) durchführen.

Der **Betriebsabrechnungsbogen** hat allgemein formuliert folgende Aufgaben:

- Verteilung der primären Gemeinkosten auf die Kostenstellen nach dem Verursachungsprinzip,

- Durchführung der innerbetrieblichen Leistungsverrechnung,

- Bildung von Kalkulationssätzen (Ist-Zuschlagssätze),

- Kostenkontrolle (Gemeinkostenkontrolle).

Sie verrechnen nur **Gemeinkosten** im Betriebsabrechnungsbogen, denn die **Einzelkosten** können Sie den Kostenträgern verursachungsgemäß zurechnen. Bei der Kostenstellenrechnung geht es Ihnen also darum, die Kosten, die Sie nicht direkt den Kostenträgern (Produkte/Dienstleistungen) zurechnen können, hilfsweise in eine Art ‚kostenrechnerische Mischmaschine‘ zu gießen. Damit verbinden Sie die Hoffnung, dass Sie Kosten, die einem Kostenträger nicht direkt zurechenbar sind (Kostenträgergemeinkosten), doch ‚irgendwie‘ später auf die Kostenträger verteilen können.

Diese ‚Verteilungs- oder Mischmaschine‘ ist der Betriebsabrechnungsbogen (BAB). Er ist das Bindeglied zwischen der **Kostenarten**- und der **Kostenträgerechnung** (Kalkulation). Mit Hilfe des Betriebsabrechnungsbogens (BAB) verteilen Sie die Gemeinkosten auf die betrieblichen Kostenstellen und von dort aus über Zuschlagssätze auf die Produkte/Leistungen.

Die nachfolgende Abbildung verdeutlicht dies:

Aufgaben des Betriebsabrechnungs-bogens

Verrechnung von Gemeinkosten

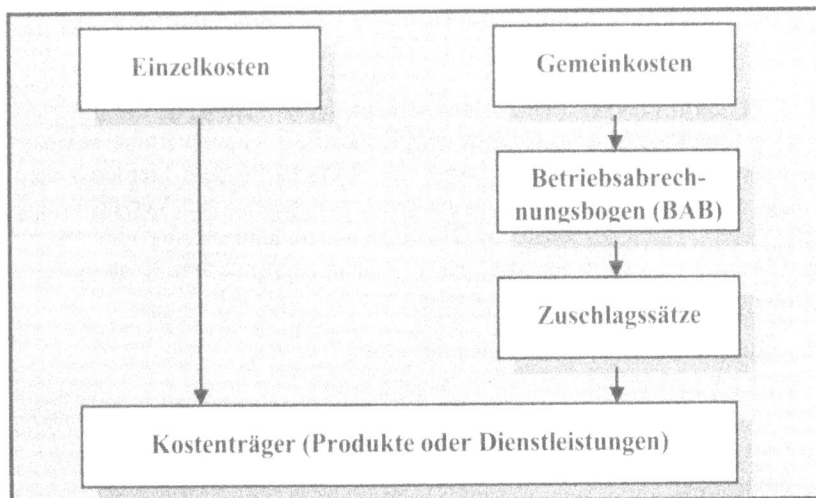

Abbildung 19: Verrechnung der Kostenarten auf Kostenträger

Wie werden Kostenstellen gebildet?

Kostenstellen

Um einen Betriebsabrechnungsbogen erstellen zu können, müssen Sie Ihr Unternehmen in selbständige Abrechnungseinheiten unterteilen, in so genannte Kostenstellen. Den Kostenstellen sollten Sie unbedingt einen Kostenverantwortlichen zuordnen, mit dem Sie später die Kostenstellenbudgets schriftlich vereinbaren. Das ist dann schon ein erster Schritt in Richtung Kostenmanagement.

Grundsätze der
Kostenstellenbildung

Es haben sich zwei Grundsätze für die Einteilung eines Unternehmens in Kostenstellen herausgebildet:

- Jede Kostenstelle soll ein selbständiger Verantwortungsbereich sein, damit Kompetenzüberschneidungen vermieden werden.

- Es sollen möglichst genaue Maßgrößen der Kostenverursachung existieren, um eine fehlerhafte Kostenkontrolle zu vermeiden.

Fallbeispiel: Kostenstellen einrichten

Kostenstellenbildung

Bei dem hier betroffenen Unternehmen handelt es sich um eine Tischlerei. Die zwei Grundsätze der Kostenstellenbildung lassen sich bei dem betroffenen Handwerksbetrieb nur teilweise gleichzeitig realisieren. Aufgrund des Produktionsprogramms und -verfahrens sind die Bezugsgrößen im Fertigungsbereich sachlogisch vorgegeben, die einer Kostenstellenbildung nach Verantwortungsbereichen entgegenstehen. Die Unterteilung des Fertigungsbereiches analog des Produktionsprogramms und -verfahrens ist zwar differenzierter als die verantwortungsgemäße Gliederung, widerspricht aber aufgrund der geringen Betriebsgröße dem Gebot der Wirtschaftlichkeit.

Es ist bei dem hier betroffenen Handwerksbetrieb zweckmäßig, die Unterteilung des Betriebes in Kostenstellen entsprechend der Verantwortungsbereiche vorzunehmen, weil neben dem Gebot der Wirtschaftlichkeit hierdurch dem Prinzip der Übereinstimmung von Aufgabe, Kompetenz und Verantwortung weitgehend entsprochen wird. Damit korrespondiert zugleich eine Verstärkung des Kostenbewusstseins der Mitarbeiter. Zudem kann mit dem Kostenverantwortlichen ein Kostenstellenbudget vereinbart werden.

Es werden folgende Kostenstellen eingerichtet:

Kostenstelle:	Bezeichnung:
Kostenstelle 1:	Werkstatt
Kostenstelle 2:	Montage
Kostenstelle 3:	Kundendienst
Kostenstelle 4:	Verwaltung + Vertrieb (V + V)

Kostenstelle 5:	Material
Kostenstelle 6:	Handel
Kostenstelle 7:	Fremdleistung

Nach der Art der Abrechnung müssen die Kostenstellen in Hauptkostenstellen und Hilfskostenstellen unterteilt werden. Im vorliegenden Kostenstellenplan sind alle Kostenstellen außer der Kostenstelle Verwaltung und Vertrieb Hauptkostenstellen. Die Kostenstelle Verwaltung und Vertrieb ist im hier vorliegenden Fall eine Hilfskostenstelle.

Hauptkostenstellen, Hilfskostenstellen

Hilfskostenstellen geben ihre Leistungen im Unterschied zu Hauptkostenstellen nicht unmittelbar an die betrieblichen Produkte und Dienstleistungen, sondern als innerbetriebliche Leistungen an andere Kostenstellen ab.

Hilfskostenstellen

Aus der Unterscheidung in Haupt- und Hilfskostenstellen folgt, dass die Hilfskostenstellen mit Verteilungsschlüsseln oder mit Verrechnungssätzen für innerbetriebliche Leistungen auf die Hauptkostenstellen umgelegt werden müssen. Die Hauptkostenstellen werden mit Kalkulationssätzen (Zuschlagssätzen) für die Absatzleistungen des Betriebes abgerechnet.

Welche Arbeitsschritte sind zur Erstellung eines Betriebsabrechnungsbogens erforderlich?

Die folgenden Arbeitsschritte sind zur Erstellung eines Betriebsabrechnungsbogens notwendig:

Betriebsabrechnungsbogen, Arbeitsschritte

1. Zunächst übernehmen Sie die **primären Gemeinkosten** (noch nicht verrechnete bzw. umgelegte Gemeinkosten) aus der Kostenartenrechnung sowie die kalkulatorischen Kosten in die linke Spalte des BAB, wobei Sie entsprechend der betriebswirtschaftlichen Auswertung Ihres Steuerberaters die unterschiedlichen Kosten zu Kostenarten zusammenfassen können.
2. Die Summen der einzelnen Kostenarten verteilen Sie auf die einzelnen **Hilfs- und Hauptkostenstellen**, die diese Gemeinkosten verursacht haben. Die Verteilung der Gemeinkosten auf die Hauptkosten- und Hilfskostenstellen erfolgt nach Verteilungsschlüsseln. Eine Aufnahme der Verteilungsschlüssel in den BAB ist zwar nicht zwingend, bietet aber den Verteil, dass die Verteilung im BAB leicht nachvollziehbar ist.
3. Als nächstes müssen Sie die **innerbetriebliche Leistungsverrechnung (IBLV)** durchführen, das heißt die Gemeinkosten der Hilfskostenstellen auf jene Hauptkostenstellen, die die Leistungen empfangen haben, umlegen. Die Gemeinkosten der Hilfskostenstellen können Sie mit Hilfe von Verteilungsschlüsseln oder über Verrechnungssätze auf die Hauptkostenstellen verteilen. Nach Abschluss der Verteilung ist für jede Hauptkostenstelle die Summe der gesamten Gemeinkosten ersichtlich. An dieser Stelle wird eine Rechenkontrolle durchgeführt. Die Summe der gesamten Gemeinkosten aller Hauptkos-

tenstellen muss gleich der Summe aller primären Gemeinkosten sein, die zu Beginn in der Kostenartenrechnung ermittelt wurde.

4. In einem nächsten Schritt ermitteln Sie **Kalkulationssätze,** indem Sie die Gesamt-Gemeinkosten einer Hauptkostenstelle in Beziehung zu einer geeigneten Bezugsgröße setzen und in einer Prozentzahl ausdrücken. Geeignete Bezugsgrößen können beispielsweise Fertigungslöhne, Materialeinzelkosten, Herstellkosten und andere sein. Sie benötigen die Kalkulationssätze, um die Gemeinkosten der einzelnen Hauptkostenstellen verursachungsgerecht auf jene Kostenträger zu verteilen, die diese Kostenstellen beansprucht haben.

Im Folgenden wird ein Betriebsabrechnungsbogen dargestellt.

Kostenarten	Werte für BAB	Verteilungsschlüssel							Kostenstellen						
		Werkstatt	Montage	Kundendienst	V+V	Material	Handel	Fremdleistung	Werkstatt	Montage	Kundendienst	V+V	Material	Handel	Fremdleistung
gesamter Personalaufwand	300.805														
- Fertigungslö.	-184.720														
=	116.085														
- Gehälter	29.167				10	50	40					2.917	14.584	11.667	
= Personalzusatzkosten	86.918	20	40	10	10	5	12	3	17.384	34.767	8.692	8.692	4.346	10.430	2.608
Abschreibungen	30.848	35	15	10	10	15	15		10.797	4.627	3.085	3.085	4.627	4.627	
Hilfsstoffe	4.322	100							4.322						
Miete	39.600	65			10	15	10		25.740			3.960	5.940	3.960	
Gas, Strom, Wasser	4.400	75			15	7	3		3.300			660	308	132	
Grundstücksaufwand	2.800	75			25				2.100			700			
Versicherungen, Beiträge	9.500				90	10						8.550	950		
Instandhaltung BGA	4.400	75			25				3.300			1.100			
Fahrzeugkosten	58.971		30	25	15	18	10	2		17.691	14.743	8.846	10.615	5.897	1.179
Werbekosten	5.900				90	10						5.310	590		
Kosten der Warenabgabe	6.000				100							6.000			
Bürokosten	10.000				65	10	22	3				6.500	1.000	2.200	300
Beratung, Buchführung	14.600				80	5	15					11.680	730	2.190	
Mieten für Einrichtungen	7.400				100							7.400			
Werkzeuge, Kleingeräte	4.000	40	30	30					1.600	1.200	1.200				
sonstiger Betriebsbedarf	11.000	100							11.000						
Zinsen	6.070	30	25	15	10	10	10		1.821	1.518	911	607	607	607	
Gewerbesteuer	1.905				57	35	8					1.086	667	152	
kalkul. Wagnisse	12.000				100							12.000			
kalkulat. Zinsen	13.000	30	25	15	10	10	10		3.900	3.250	1.950	1.300	1.300	1.300	
kalkulat. Unternehmerlohn	48.000				36	50	12	2				17.280	24.000	5.760	960
betriebswirt-	30.000				100							30.000			

Kostenarten	Werte für BAB	Verteilungsschlüssel							Kostenstellen						
		Werkstatt	Montage	Kundendienst	V + V	Material	Handel	Fremdleistung	Werkstatt	Montage	Kundendienst	V + V	Material	Handel	Fremdleistung
schaftl. Gewinn															
Zwischensumme I	440.801								85.263	63.053	30.580	137.672	68.723	50.463	5.047
- verrechnete Azubis	7.851	55	25	20					4.318	1.963	1.570	-			
- verrechnete Kfz-Kosten	30.000		75	25					-	22.500	7.500	-			
Zwischensumme II	402.950								80.945	38.590	21.510	137.672	68.723	50.463	5.047
Umlage Verwaltung		20	65	15					27.534	89.487	20.651	137.672	-	-	
= Gesamt-Gemeinkosten	402.950								108.480	128.077	42.160	-	68.723	50.463	5.047
- verrechnete Gemeinkosten	37.851														
= Fertigungsgemeinkosten	365.099														
Fertigungslöhne	184.720								70.951	84.819	27.520	Einsatz	287.696	84.234	44.815
Fertigungsstd.	25.775								9.900	11.835	3.840				
Stundensätze in €	21,33								18,12	17,99	18,15				
Zuschlagssätze in %	197,65								152,89	151,00	153,20	-	23,89	59,91	11,26

Tabelle 22: Betriebsabrechnungsbogen

Wie werden die primären Gemeinkosten verursachungsgerecht verteilt?
Das Problem der Verteilung der primären Gemeinkosten im Betriebsabrechnungsbogen besteht für Sie darin, dass Sie nicht immer ohne weiteres erkennen können, welche Kostenstelle in welcher Höhe die Kosten verursacht hat. Sie müssen dann eine indirekte Verteilung mit Hilfe von Umlageschlüsseln vornehmen. Die Genauigkeit der Kostenrechnung hängt dann wesentlich von der richtigen Wahl der Kostenschlüssel ab, d.h. die Wahl der Bezugsgrößen muss nach dem Prinzip der Kostenverursachung vorgenommen werden. Wird das Prinzip der Verursachung bei der Verteilung der primären Gemeinkosten verletzt, dann ermitteln Sie nicht verursachungsgerechte Kalkulationssätze (Zuschlagssätze). Über die Kalkulationssätze ermitteln Sie die Selbstkosten und letztlich die Angebotspreise Ihrer Produkte. Einige Angebotspreise werden Sie zu niedrig ansetzen, wiederum andere zu hoch kalkulieren. Fehlkalkulationen können dazu führen, dass Sie sich mit Ihren Angebotspreisen aus dem Mark katapultieren.

Fallbeispiel: Verursachungsgerechte Verteilungsschlüssel bestimmen

Es handelt sich um einen kleinen Handwerksbetrieb. Die typischen Gemeinkostenarten für „kleine" und mittlere Unternehmen sind in der linken Spalte

Verteilung der primären Gemeinkosten

Verteilungsschlüssel

der unten abgedruckten Tabelle aufgelistet. Es stellt sich für Sie die Frage, wie
können die primären Gemeinkosten verursachungsgerecht auf die Kostenstellen verteilt werden. Verursachungsgerecht heißt in diesem Zusammenhang,
dass die einzelnen Kostenstellen in Höhe des Verbrauchs der Leistungen belastet werden. Oftmals lässt sich der Verbrauch der Leistungen aber nicht genau feststellen, wie beispielsweise bei dem Verbrauch der Arbeitskraft der an-
gestellten Mitarbeiter. Hier müssen Sie hilfsweise einen annähernd richtigen
Verteilungsschlüssel finden. Als annähernd richtig kann die organisatorische
Zuordnung der Mitarbeiter zu den Kostenstellen angenommen werden. Sollten
Mitarbeiter für mehrere Kostenstellen Leistungen erbringen, dann ist es aus
Wirtschaftlichkeitsgründen oftmals nur möglich, die Leistungsabgabe an die
verschiedenen Kostenstellen zu schätzen. In diesen Fällen kann eine Befra-
gung der betroffenen Mitarbeiter und der Kostenstellenleiter hilfreich sein, ei-
nen annähernd richtigen Verteilungsschlüssel zu finden.

In dem hier betroffenen Handwerksbetrieb sind folgende Verteilungsgrundla-
gen zur Anwendung gekommen:

Kostenart	Verteilungsgrundlagen
Gehälter	Gehaltslisten
Personalzusatzkosten	Gehaltslisten, Lohnlisten, Zeiterfassungsbögen
Abschreibungen	Wert des Anlagevermögens
Hilfsstoffe	Entnahmescheine
Miete	qm der Kostenstellen
Gas, Strom, Wasser	qm der Kostenstellen
Grundstücksaufwand	qm der Kostenstellen
Versicherungen, Beiträge	Schätzung
Instandhaltung BGA	direkte Zuordnung der anfordernden Kostenstelle
Fahrzeugkosten	Laufleistung
Werbekosten	90 % Verwaltung und Vertrieb, 10 % Handel
Kosten der Warenabgabe	direkte Zuordnung zur Kostenstelle Verwaltung und Vertrieb
Bürokosten	Schätzung: 65 % Verwaltung und Vertrieb, 10 % Material, 22 % Handel, 3 % Fremdleistungen
Beratung, Buchführung	Schätzung: 80 % Verwaltung und Vertrieb, 5 % Material, 15 % Handel
Mieten für Einrichtungen	direkte Zuordnung der anfordernden Kostenstelle
Werkzeuge, Kleingeräte	direkte Zuordnung der anfordernden Kostenstelle
sonstiger Betriebsbedarf	direkte Zuordnung der anfordernden Kostenstelle
Zinsen	Wert des Anlagevermögens
Gewerbesteuer	Schätzung: 57 % Verwaltung und Vertrieb, 35 % Material, 8 % Handel
kalkulatorische Wagnisse	direkte Zuordnung zur Kostenstelle Verwaltung und Vertrieb

kalkulatorische Zinsen	Wert des Anlagevermögens
kalkul. Unternehmerlohn	Verwendung der Arbeitszeit
Betriebswirtschaftl. Ge-winn	direkte Zuordnung zur Kostenstelle Verwaltung und Vertrieb

Tabelle 23: Verteilungsschlüssel für primäre Gemeinkosten

Wie werden innerbetriebliche Leistungen verrechnet?

Da Sie die Kostenwerte des Betriebsabrechnungsbogens für die Kostenträger-rechnung (Kalkulation) benötigen, aber nur die Hauptkostenstellen ihre Kosten an die Kostenträger weitergeben können, müssen Sie die Allgemeinen Kosten-stellen und die Hilfskostenstellen auflösen. Auflösen können Sie die Allge-meinen Kostenstellen und die Hilfskostenstellen nur dann, wenn Sie die Kos-ten dieser Kostenstellen auf die Hauptkostenstellen verteilen. Sie müssen also die sekundären Gemeinkosten, das sind die Kosten, die sich aus mehreren Kos-tenarten zusammensetzen und zunächst nur den Allgemeinen Kostenstellen und den Hilfskostenstellen zugeordnet werden konnten, auf die empfangenden Kostenstellen verteilen. *(Randnotiz: sekundäre Gemeinkosten)*

Eine **innerbetriebliche Leistungsverrechnung** müssen Sie also immer dann durchführen, wenn Ihr Betrieb neben seinen Absatzleistungen auch Leistungen erstellt, die er selbst auch wieder verbraucht. Da die innerbetrieblichen Leis-tungen in der Periode ihrer Erstellung auch verbraucht werden, müssen Sie ei-ne sofortige Verrechnung zwischen der leistenden und den empfangenden Kostenstellen im Rahmen der innerbetrieblichen Leistungsverrechnung vor-nehmen. *(Randnotiz: innerbetriebliche Leistungsverrechnung)*

In mittleren und größeren Betrieben bedient man sich zur Verteilung der se-kundären Gemeinkosten üblicherweise des Treppenverfahrens. Dies ist ein Verfahren, das die innerbetrieblichen Leistungen stufenweise auf die empfan-genden Kostenstellen verteilt. Allerdings ist die stufenweise Verteilung der se-kundären Gemeinkosten nur in eine Richtung möglich. Daraus folgt, dass Sie mit diesem Verfahren keinen Leistungsaustausch der Allgemeinen Kostenstel-len und der Hilfskostenstellen untereinander durchführen können. *(Randnotiz: Treppenverfahren)*

Wenn Sie das Treppenverfahren zur innerbetrieblichen Leistungsverrechnung anwenden und die Allgemeinen Kostenstellen und die Hilfskostenstellen un-tereinander Leistungen austauschen, dann müssen Sie die Reihenfolge der zu verrechnenden Hilfskostenstellen nach dem Merkmal der Höhe der empfange-nen Leistungen festlegen. Mit der Kostenstelle, die die wenigsten Leistungen von anderen Kostenstellen empfängt, müssen Sie die Verteilung beginnen. Die Kostenstelle, die die meisten Leistungen erhält, verrechnen Sie zum Schluss. Bevor Sie jedoch die Hilfskostenstellen auflösen (verrechnen), müssen Sie die Kosten der Allgemeinen Kostenstellen umlegen, weil diese Kostenstellen nicht nur Leistungen an Hauptkostenstellen, sondern auch an Hilfskostenstellen abgeben.

Wenn die **Hilfskostenstellen** untereinander Leistungen im großen Umfang austauschen, ist das Treppenverfahren nicht geeignet, den Leistungsaustausch annähernd verursachungsgerecht im Betriebsabrechnungsbogen zahlenmäßig darzustellen. Es wird eine komplizierte simultane innerbetriebliche Leistungsverrechnung notwendig.

In „kleinen" Betrieben ist in der Regel nur die Hilfskostenstelle Verwaltung und Vertrieb, wie in unserem Beispiel, vorhanden. Daher können Sie die Verrechnung der Hilfskostenstelle Verwaltung und Vertrieb mit Hilfe der Umlage durchführen. Eine Anwendung des Treppenverfahrens oder eine simultane innerbetriebliche Leistungsverrechnung sind nicht erforderlich.

Die Aufgabe der innerbetrieblichen Leistungsverrechnung besteht dann, wenn nur eine Hilfskostenstelle vorhanden ist, in der verursachungsgerechten Umlage der Leistungen der Hilfskostenstelle auf die Hauptkostenstellen, d.h. es müssen verursachungsgerechte Umlageschlüssel gefunden werden. Der im oben dargestellten Betriebsabrechnungsbogen angewandte Umlageschlüssel für die Gemeinkosten der Hilfskostenstelle Verwaltung und Vertrieb basiert auf Schätzungen des Ressourcenverbrauchs für die Hauptkostenstellen.

Wie werden Zuschlagssätze gebildet?

Nach der Durchführung der **innerbetrieblichen Leistungsverrechnung** haben Sie alle entstandenen Gemeinkosten auf die Hauptkostenstellen umgelegt. Als nächster Arbeitsschritt im Betriebsabrechnungsbogen müssen Sie Kalkulationssätze bilden, mit deren Hilfe Sie die Gemeinkosten auf die Kostenträger nach dem Verursachungsprinzip verrechnen. Sie müssen also verursachungsgerechte Beziehungen zwischen Gemeinkosten und Bezugsgrößen herzustellen. Da es sich bei den Kostenstellen in kleinen Betrieben in der Regel um lohnintensive Bereiche handelt, ist es sinnvoll, die Löhne als Bezugsgröße für die Bildung von Kalkulationssätzen zu wählen. Sie sollten darauf achten, dass die Kalkulationssätze nicht deutlich über 100 von Hundert liegen, weil dann Ungenauigkeiten bei der Gemeinkostenverteilung zu gravierenden Fehlern in der Kalkulation führen könnten. In diesem Fall sollten Sie dann prüfen, ob Maschinenstundensätze oder Stunden als Bezugsbasis bessere Ergebnisse liefern würden.

Die eigentliche Aufgabe des Betriebsabrechnungsbogens ist neben der Budgetierungsfunktion die Berechnung von Ist-Zuschlagssätzen zur Kalkulation von Produkten (Kostenträger). Mit Hilfe dieser Zuschlagssätze versuchen Sie die Gemeinkosten hilfsweise auf die Kostenträger zu verteilen, obwohl die Gemeinkosten den Kostenträgern nicht direkt zurechenbar sind. Damit Sie Zuschlagssätze berechnen können, benötigen Sie Bezugsgrößen. Üblicherweise werden Einzelkosten als Bezugsgrößen gewählt und in den Betriebsabrechnungsbogen aufgenommen, obwohl sie streng genommen im Betriebsabrechnungsbogen nichts verloren haben, denn eigentlich besteht der Betriebsabrechnungsbogen nur aus Gemeinkosten. Um aber die Bezugsgrößen schnell zur Hand zu haben, werden Einzelkosten in den Betriebsabrechnungsbogen aufgenommen. Der Grundgedanke, der hinter der Wahl von Einzelkosten als Bezugsgrößen steht, ist: Ein Produkt, das viele Einzelkosten verursacht hat, dem wird über einen Prozentsatz (Ist-Zuschlagssatz) ein entsprechender Anteil an den Gemeinkosten zugeschlagen, daher auch Zuschlagssatz. Verursachungsgerecht ist dieses Verfahren nur dann, wenn zwischen den entsprechenden Einzelkosten (Bezugsgröße) und den entsprechenden Gemeinkosten ein proportionales Verhältnis besteht.

Die Ist-Gemeinkostenzuschlagssätze ermitteln Sie, indem Sie die Gemeinkosten der einzelnen Hauptkostenstellen durch die Bezugsgröße der jeweiligen Hauptkostenstelle dividieren.

Die Ist-Gemeinkostenzuschlagssätze werden üblicherweise wie folgt ermittelt:

$$\text{Ist- Materialgemeinkostenzuschlag} = \frac{\text{Materialgemeinkosten} \times 100}{\text{Fertigungsmaterial}}$$

Ist-Materialgemeinkostenzuschlag

$$\text{Ist- Fertigungsgemeinkostenzuschlag} = \frac{\text{Fertigungsgemeinkosten} \times 100}{\text{Fertigungslöhne}}$$

Ist-Fertigungsgemeinkostenzuschlag

$$\text{Ist- Verwaltungsgemeinkostenzuschlag} = \frac{\text{Verwaltungsgemeinkosten} \times 100}{\text{Herstellkosten des Umsatzes}}$$

Ist-Verwaltungsgemeinkostenzuschlag

$$\text{Ist- Vertriebsgemeinkostenzuschlag} = \frac{\text{Vertriebsgemeinkosten} \times 100}{\text{Herstellkosten des Umsatzes}}$$

Ist-Vertriebsgemeinkostenzuschlag

Die **Herstellkosten des Umsatzes** ermitteln Sie wie folgt:

Herstellkosten des Umsatzes

	Fertigungsmaterial
+	Materialgemeinkosten
+	Fertigungslöhne
+	Fertigungsgemeinkosten
=	Herstellkosten der Erzeugung
+	Bestandsminderung
-	Bestandsmehrung
=	Herstellkosten des Umsatzes

Oftmals werden in der betrieblichen Praxis als Bezugsgrößen für die Verwaltungs- und Vertriebskostenzuschläge die Herstellkosten der Erzeugung verwendet.

5.3.3   Wie kalkulieren Sie Ihre Produkte/Leistungen richtig?

Für Sie als Unternehmer ist es wichtig zu wissen, wofür die Kosten des Unternehmens entstanden sind. Die Zurechnung der Kosten auf die einzelne Leistungseinheit, nämlich auf ein Produkt oder eine Dienstleistung, bezeichnet man als Kostenträgerrechnung oder auch als Kalkulation.

Kalkulation

Kalkulation, lateinisch „calculare", lässt sich am besten mit dem deutschen Wort „Berechnung" übersetzen. Es gilt, die Kosten zu „berechnen", die die Kostenträger verursacht haben und die Kosten den Kostenträgern verursachungsgerecht zuzurechnen. Die zentrale Fragestellung der Kalkulation lautet also: Wofür sind die Kosten angefallen?

Aufgaben der Kalkulation

Die Kalkulation soll folgende Aufgaben erfüllen:

1. Lieferung von Unterlagen für preispolitische Entscheidungen. In der Kalkulation soll die kurz- und langfristige Preisuntergrenze bestimmt werden. Es kann auch darum gehen, den „Selbstkostenpreis" oder die gewinnmaximale Preisstellung zu ermitteln.

2. Lieferung von Daten für kurzfristige Entscheidungen und Planungsrechnungen. Hierbei geht es um die Frage, ob eine Leistung bzw. Ware aus dem Sortiment (Angebot) genommen werden soll, ob eine Leistung bzw. eine Ware ins Sortiment (Angebot) aufgenommen werden soll.

Gewinnbeitrag pro Produkt

Es ist für Sie ebenso wichtig zu wissen, welche Beiträge Ihre einzelnen Produkte oder Produktgruppen zum Gesamtergebnis leisten. Hierzu müssen Sie ebenso wie bei der Kalkulation die von Ihrem Unternehmen verursachten Kosten den Produkten bzw. Produktgruppen zurechnen. Den Gewinnbeitrag pro Produktgruppe oder pro Produkt können Sie ermitteln, indem Sie die erzielten Erlöse eines Produktes bzw. einer Produktgruppe vermindern um die Kosten des betreffenden Produktes bzw. der betreffenden Produktgruppe. Die Analyse von Kosten wird im Folgenden mit dem Begriff Kostenanalyse angedeutet.

Aufgaben der Kostenanalyse

Mit der Kostenanalyse wird beabsichtigt, Einsicht zu erlangen in:

1. die Höhe der Gewinnbeiträge der diversen Produktgruppen/Produkte;

2. die Kostenstruktur der diversen Produktgruppen/Produkte;

3. die Verursacher der Kosten innerhalb des Unternehmens;

4. das Verhalten der Kosten bei zu- oder abnehmender Produktion einer bestimmten Produktgruppe bzw. eines bestimmten Produktes.

Die hieraus gewonnenen Informationen sind für Ihre Entscheidungen von großer Bedeutung. Wird die oben genannte Kostenanalyse gründlich durchgeführt, dann ist es relativ einfach, auf Basis der strategischen Ausgangspunkte die erwarteten Kosten auf kurze Sicht den Produktgruppen bzw. Produkten zuzurechnen (Kalkulation).

Wie Sie Ihren Angebotspreis ermitteln

Vor Beginn der Leistungserstellung führen Sie in Ihrem Unternehmen Vor- bzw. Plankalkulationen durch. Grundsätzlich liefern Ihnen Plankalkulationen Informationen für Preisverhandlungen, Angebotserstellung und Entscheidungen über die Ablehnung oder Annahme von Aufträgen.

Angebotspreisermittlung

Die in einer Abrechnungsperiode errechneten Ist-Gemeinkostenzuschlagssätze stellen die Grundlage für die Vorkalkulation der nächsten Periode dar. Es ist für Sie betriebswirtschaftlich sinnvoll, die Zuschlagssätze der Vorkalkulation aufgrund der Ist-Zuschlagssätze und der Erwartungen als Normalkostenzuschläge vorzugeben, wodurch Sie am Ende der nächsten Abrechnungsperiode überprüfen können, ob Kostenüberdeckungen oder Kostenunterdeckungen vorliegen.

Vorkalkulation

Die Zuschlagssätze dienen Ihnen zur Kalkulation der Leistungen. Als Kalkulationsverfahren wird die so genannte Zuschlagskalkulation verwendet.

Zuschlagssätze

Die Zuschlagskalkulation wird überwiegend im produzierenden, gewerblichen Bereich angewendet. Herkömmliche Anwendungsbereiche der Zuschlagskalkulation sind Produktionsbetriebe mit sehr heterogenem Produktionsprogramm, also Unternehmen mit Sorten- und Einzelfertigung. Handwerks- und Dienstleistungsbetriebe erbringen oftmals ebenfalls ihre Leistungen in Einzel- und/oder Sortenfertigung, so dass die Zuschlagskalkulation als ein klassisches Anwendungsgebiet für Handwerks- und Dienstleistungsbetriebe angesehen werden kann.

Zuschlagskalkulation

Die Zuschlagskalkulation basiert auf der Trennung der Gesamtkosten des Betriebes in Kostenträgereinzelkosten und Kostenträgergemeinkosten. Kostenträgereinzelkosten können den Absatzobjekten (Kostenträgern) direkt zugerechnet werden. Alle übrigen Kosten, die den Absatzobjekten nicht direkt zugerechnet werden können oder aus Gründen der Wirtschaftlichkeit nicht sollen, sind Kostenträgergemeinkosten.

Kostenträgereinzelkosten, Kostenträgergemeinkosten

Bei der Zuschlagskalkulation werden zunächst die Kostenträgereinzelkosten der Absatzobjekte (z.B. Materialeinsatz) berechnet. Auf die Kostenträgereinzelkosten werden dann prozentuale Zuschläge für die Kostenträgergemeinkosten und den Gewinn aufgeschlagen.

Nach der Art und Feinheit der Gemeinkostenzuschläge werden die verschiedensten Formen der Zuschlagskalkulation unterschieden. Im Folgenden werden zwei für Industrie-, Handwerks- und auch Dienstleistungsbetriebe bedeutsame Hauptgruppen dargestellt und erläutert, nämlich die einfache und die differenzierte Zuschlagskalkulation.

einfache und differenzierte Zuschlagskalkulation

Wie wird die einfache Zuschlagskalkulation durchgeführt?

einfache
Zuschlagskalkulation

Die einfache Zuschlagskalkulation wird vor allem in Handwerks- und kleinen Dienstleistungsbetrieben angewendet. Der entscheidende Vorteil der einfachen Zuschlagskalkulation besteht für „kleine" Betriebe darin, dass eine detaillierte Kostenstellenrechnung nicht notwendig ist, da ja die Gemeinkosten weitgehend undifferenziert auf die Absatzobjekte verrechnet werden. Gegen die einfache Zuschlagskalkulation wird kritisch eingewendet, dass eine weitgehende verursachungsgerechte Beziehung zwischen wenigen Bezugsgrößen und den Gemeinkosten in der Praxis nicht vorhanden ist.

Verfahren der einfachen
Zuschlagskalkulation

Bei der einfachen Zuschlagskalkulation werden die Gemeinkosten eines Betriebes durch gleiche Gemeinkostenzuschläge auf alle Produkte verrechnet, d.h. die Gemeinkostenzuschlagssätze werden nicht nach Produkten differenziert. Die Gemeinkostenzuschläge ermitteln Sie, indem Sie die Gemeinkosten auf bestimmte Einzelkosten beziehen. Die Zuschlagsgrundlage für die Verrechnung der Gemeinkosten sollten Einzelkostenarten sein, die die Gemeinkostenentwicklung hauptsächlich beeinflussen. In einem Handwerksbetrieb sind das in der Regel die Materialeinzelkosten oder die Lohneinzelkosten; in Dienstleistungsbetrieben sind dies in der Regel die Lohneinzelkosten. Mit Hilfe dieser Zuschlagsgrundlagen lassen sich die Material- und Fertigungsgemeinkosten weitgehend verursachungsgerecht den Absatzobjekten zurechnen. Anders ist es bei den Verwaltungs- und Vertriebsgemeinkosten. Hier lässt sich keine annähernd verursachungsgerechte Zuschlagsgrundlage finden. Als Zuschlagsgrundlage werden in der Praxis der Kostenrechnung die Herstellkosten des Umsatzes oder die Herstellkosten der Erzeugung verwendet.

Kalkulationsschema

Das Kalkulationsschema der einfachen Zuschlagskalkulation ist so aufgebaut, dass Sie zu den jeweiligen Einzelkosten des Material- und Fertigungsbereiches mit Hilfe von Zuschlagssätzen Materialgemeinkosten und Fertigungsgemeinkosten hinzurechnen können. Die Verwaltungs- und im Allgemeinen auch die Vertriebskosten schlagen Sie auf die Gesamtsumme dieser Herstellkosten ebenfalls durch einen Zuschlagssatz auf.

In einigen Bereichen fallen Einzelkosten der Fertigung und Einzelkosten des Vertriebs, also Kosten, die dem Absatzobjekt direkt zugerechnet werden können, wie z.B. Modelle oder Vertriebsprovisionen, an. Diese so genannten Sondereinzelkosten der Fertigung schlagen Sie neben den Fertigungsgemeinkosten den Fertigungseinzelkosten zu. Das Ergebnis sind die Fertigungskosten. Addieren Sie die Material und Fertigungskosten, dann erhalten Sie die Herstellkosten. Die Sondereinzelkosten des Vertriebs (SEKV) schlagen Sie neben den Verwaltungs- und Vertriebsgemeinkosten den Herstellkosten zu. Das Ergebnis sind die Selbstkosten. Den Selbstkosten schlagen Sie einen Gewinn entweder prozentual oder absolut (in €) zu. Als Ergebnis der einfachen Zuschlagskalkulation ergibt sich der Angebotspreis.

Das Kalkulationsschema der einfachen Zuschlagskalkulation ist wie folgt aufgebaut:

Materialeinzelkosten		
+ Materialgemeinkosten	=	Materialkosten
Fertigungseinzelkosten		
+ Fertigungsgemeinkosten		
+ Sondereinzelkosten Fertigung	=	Fertigungskosten
	=	Herstellkosten
+ Verwaltungsgemeinkosten		
+ Vertriebsgemeinkosten		
+ Sondereinzelkosten Vertrieb		
	=	Selbstkosten
+ Gewinn		
	=	Angebotspreis (ohne USt.)

Tabelle 24: Kalkulationsschema der einfachen Zuschlagskalkulation

Fallbeispiel: Einfache Zuschlagskalkulation durchführen

Ein Handwerksbetrieb hat eine Anfrage erhalten und folgende dem Auftrag direkt zurechenbare Kosten zur Angebotsabgabe ermittelt: Materialeinzelkosten 2.000 €, Lohnkosten 4.000 € und Vertriebsprovision 500 €.

Ermittlung des Angebotspreises

Folgende Kalkulationssätze wurden im Betriebsabrechnungsbogen ermittelt: Materialgemeinkostenzuschlagssatz 23,89 %, Fertigungsgemeinkostenzuschlagssatz 153 % und Verwaltungs- und Vertriebsgemeinkostenzuschlagssatz 10 %. Der Unternehmer plant einen Gewinn in Höhe von 2.000 € zu erzielen.

Die Kalkulation des Auftrages stellt sich wie folgt dar:

Materialeinzelkosten (MEK)	2.000,00	2.000,00	
+ Materialgemeinkosten (MGK) in %	23,89 %	477,80	
+ Fertigungseinzelkosten (FEK)	4.000,00	4.000,00	
+ Fertigungsgemeinkosten (FGK) in %	153 %	6.115,60	
= Herstellkosten (HK)		12.593,40	**12.593,40**
Verwaltungs- und Vertriebsgemeinkosten (VVGK)			
+ in %		10,00 %	1.259,34
+ Sondereinzelkosten des Vertriebs (SEKV)		500,00	500,00
= Selbstkosten (SK)			**14.352,74**
+ Gewinn			2.000,00
= Angebotspreis			**16.352,74**

Tabelle 25: Einfache Zuschlagskalkulation: Ermittlung des Angebotspreises

Wie wird die differenzierte Zuschlagskalkulation durchgeführt?

differenzierte Zuschlagskalkulation

Die differenzierte Zuschlagskalkulation hat eine detailliertere Kostenstellenrechnung als die einfache Zuschlagskalkulation zur Grundlage. In der Kostenstellenrechnung werden die Gemeinkosten auf die Unternehmensbereiche verteilt, die sie verursacht haben. Damit das Verursachungsprinzip annähernd realisiert werden kann, ist eine detaillierte Kostenstellenbildung notwendig. Denn die Einflussgrößen der unterschiedlichen Gemeinkostenarten können sehr unterschiedlich sein. Daher ist es oftmals notwendig, entsprechend der Einflussgrößen der Gemeinkosten Kostenstellen zu bilden, wodurch differenziert nach den unterschiedlichen Kostenstellen Zuschläge auf unterschiedlichen Bezugsgrößen gebildet werden können.

Einer Leistung, die verschiedene Unternehmensbereiche beansprucht, wird in jeder Stufe der Inanspruchnahme einer Kostenstellenleistung ein anteiliger Verrechnungssatz zur Abdeckung der Gemeinkosten zugerechnet. Nimmt eine Leistung bestimmte Betriebsbereiche nicht in Anspruch, dann wird diese Leistung auch nicht zur anteiligen Verrechnung der Gemeinkosten dieser Kostenstellen herangezogen.

Bei der differenzierten Zuschlagskalkulation werden also die Gemeinkosten differenziert nach verschiedenen Kostenstellen und Bezugsgrößen als Zuschlag auf die Einzelkosten verrechnet. Damit ist die differenzierte Zuschlagskalkulation das Verfahren, das die verursachungsgerechte Verteilung der Gemeinkosten auf die einzelnen Leistungen annähernd erreichen kann.

Verursachungsprinzip

Damit das Verursachungsprinzip annähernd realisiert werden kann bzw. die Unmöglichkeit der vollständigen Realisierung des Verursachungsprinzips dem Unternehmer bewusst ist, sind folgende Punkte zu beachten:

anlagebedingte Kosten

1. Anlagebedingte Kosten (fixe Kosten) werden bei einer differenzierten Zuschlagskalkulation auf Vollkostenbasis zumindest zum Teil willkürlich auf die Leistungen verteilt. Es ist unmöglich, anlagebedingte Kosten den Kostenträgern verursachungsgerecht zuzurechnen, denn anlagebedingte Kosten fallen unabhängig von der Erbringung von Leistungen an.

Beschäftigungsgrad

2. Gemeinkostenzuschlagssätze gelten nur für einen bestimmten Beschäftigungsgrad (Leistungsmenge/Auslastungsgrad). Ändert sich der Beschäftigungsgrad, müssen alle Zuschlagsätze dem neuen Beschäftigungsgrad angepasst werden, da sich die Gemeinkosten nicht proportional zur Veränderung der Beschäftigung verhalten.

3. In einigen Unternehmensbereichen (z.B. Verwaltung und Vertrieb) sind verursachungsgerechte Bezugsgrößen für die Gemeinkosten nicht vorhanden.

Das Kalkulationsschema der differenzierten Zuschlagskalkulation ist wie folgt aufgebaut:

Materialeinzelkosten			Materialkosten
+ Materialgemeinkosten	=		
Fertigungseinzelkosten Schlosserei			
+ Fertigungsgemeinkosten	=	Fertigungskosten Schlosserei	
Fertigungseinzelkosten Dreherei			
+ Fertigungsgemeinkosten	=	Fertigungskosten Dreherei	
Fertigungseinzelkosten Montage			
+ Fertigungsgemeinkosten	=	Fertigungskosten Montage	+ Fertigungskosten
			+ Sondereinzelkosten der Fertigung
			= Herstellkosten
			+ Verwaltungsgemeinkosten
			+ Vertriebsgemeinkosten
			+ Sondereinzelkosten Vertrieb
			= Selbstkosten
+			+ Gewinn
			= Barverkaufspreis
			+ Kundenskonto
			= Angebotspreis

Tabelle 26: Kalkulationsschema der differenzierten Zuschlagskalkulation

Fallbeispiel: Differenzierte Zuschlagskalkulation durchführen

Für einen Auftrag fallen folgende Einzelkosten an: Fertigungsmaterial 6.000 €, Fertigungslöhne der Schlosserei 5.000 €, Fertigungslöhne der Dreherei 4.000 € Fertigungslöhne der Montage 7.000 €, Sondereinzelkosten der Fertigung 1.300 €, Sondereinzelkosten des Vertriebs 800 €.

Folgende Kalkulationssätze wurden im Betriebsabrechnungsbogen ermittelt: Materialgemeinkostenzuschlagssatz 13,80 %, Fertigungsgemeinkostenzuschlagssatz Schlosserei 46,60 %, Fertigungsgemeinkostenzuschlagssatz Dreherei 38,70 %, Fertigungsgemeinkostenzuschlagssatz Montage 33,50 %, Verwaltungsgemeinkostenzuschlagssatz 3,60 % und Vertriebsgemeinkostenzuschlagssatz 1,60 %.

Gewinnzuschlagssatz: 20 %, Kundenskonto: 1 %

Die Kalkulation des Auftrages stellt sich wie folgt dar:

		€	€	€	€
	Materialeinzelkosten	6.000,00			
+	Materialgemeink. 13,80 %	828,00			
=	Materialkosten			6.828,00	
	Fertigungseinzelk. Schlo.	5.000,00			
+	Fertigungsgemeink. 46,60%	2.330,00			
=	Fertigungsk. Schlosserei		7.330,00		
	Fertigungseinzelk. Dreh.	4.000,00			
+	Fertigungsgemeink. 38,70 %	1.548,00			
=	Fertigungskosten Dreherei		5.548,00		
	Fertigungseinzelkosten Montage	7.000,00			
+	Fertigungsgemeink. Montage 33,50 %	2.345,00			
=	Fertigungskosten Montage		9.345,00		
	Sondereinzelk. der Fertigung		1.300,00		
=	Fertigungskosten			23.523,00	
	Herstellkosten				30.351,00
+	Verwaltungsgemeink. 3,60 %				1.092,64
+	Vertriebsgemeinkosten 1,60 %				485,62
+	Sondereinzelkosten des Vertriebs				800,00
=	Selbstkosten				32.729,26
+	Gewinnzuschlag 20 %				6.545,85
=	Barverkaufspreis				39.275,11
+	Kundenskonto 1 %				396,72
=	Angebotspreis				39.671,83

Tabelle 27: Ermittlung des Angebotspreises

Wie Sie Ihre Nachkalkulation auf Vollkostenbasis durchführen?

Die Nachkalkulation von Aufträgen dient der Erfolgskontrolle und wird – wie der Name schon sagt – nachträglich durchgeführt. Bei der Nachkalkulation ermitteln Sie die tatsächlich angefallenen Kosten (Ist-Kosten) eines Auftrages und stellen diese den geplanten Kosten aus der Vorkalkulation gegenüber. Mit der Nachkalkulation vergleichen Sie also in einem Plan- / Ist-Vergleich die eingetretenen Kosten mit den geplanten Kosten, so dass eine Kostenkontrolle ermöglicht wird. Eine laufende Nachkalkulation bildet für Sie eine der Datengrundlagen für die Vor- bzw. Plankalkulation von Leistungen.

Nachkalkulation

Zunächst erfassen Sie den erzielten Erlös. Bei Inanspruchnahme von Skonto durch den Auftraggeber vermindern Sie den erzielten Erlös entsprechend der Skonto-Inanspruchnahme. Von dem bereinigten Erlös subtrahieren Sie die Einzel- und Gemeinkosten. Das Ergebnis ist der Gewinn aus der nachkalkulierten Leistung. Danach ermitteln Sie den Lohnerlös pro Stunde, indem Sie den Lohnerlös durch die Bearbeitungszeit in Stunden dividieren.

Durchführung der Nachkalkulation

An dieser Stelle ist es für Sie sinnvoll, einen Vergleich des geplanten Gewinns mit dem erreichten Gewinn durchzuführen. Bei dem Vergleich der Nachkalkulation mit der Vorkalkulation wird für Sie erkennbar, wodurch die Abweichung entstanden ist.

Abweichungen

In einem nächsten Schritt subtrahieren Sie von dem Lohnerlös pro Stunde den Stundenverrechnungssatz auf Vollkostenbasis, d.h. es sind alle Kosten in diesem Verrechnungssatz enthalten. Das Ergebnis ist der Gewinn bzw. Verlust pro Stunde. Den tatsächlich erzielten Gewinn bzw. Verlust pro Stunde multiplizieren Sie mit der tatsächlichen Bearbeitungszeit; das Ergebnis ist der Gesamtgewinn bzw. Gesamtverlust des Auftrages.

Fallbeispiel: Nachkalkulation auf Vollkostenbasis durchführen

Es wurde ein Auftrag ausgeführt. Für die erbrachten Leistungen wurden 3.400 € Erlöse netto (ohne USt.) erzielt. Der Auftragnehmer hat das angebotene Skonto für vorzeitige Zahlung in Höhe von 3 % in Anspruch genommen. Der Auftrag hat 2.000 € Materialkosten als Einzelkosten verursacht; der ermittelte Materialgemeinkostenzuschlagssatz beläuft sich auf 23,89 %. Die gesamte Bearbeitungszeit des Auftrages belief sich auf 50 Stunden. Der Stundenverrechnungssatz auf Vollkostenbasis ohne einen Gewinnaufschlag beträgt 30,00 €.

Nachkalkulation eines
Auftrages

Die Nachkalkulation des Auftrages stellt sich wie folgt dar:

erzielter Erlös (ohne USt.)			3.400,00
./. Skonto in %	3,00 %	102,00	3.298,00
./. Material (MEK inkl. Verschnitt)	2.000,00	2.000,00	1.298,00
./. Materialgemeinkosten in %	23,89 %	477,80	820,20
= Lohnerlös			**820,20**
Bearbeitungszeit in Std.	50,00		
= Lohnerlös pro Stunde			**16,40**
./. Stundenverrechnungssatz (Vollkosten)			30,00
= Zusatzgewinn/ -verlust pro Stunde			**- 13,60**
x Bearbeitungszeit in Std.			- 680,00
= Zusatzgewinn/ -verlust des Auftrages			**- 680,00**

*Tabelle 28: Differenzierte Zuschlagskalkulation: Nachkalkulation eines Auf-
trages*

Abweichungsanalyse

In dem hier dargestellten Fallbeispiel ist ein Lohnerlös pro Stunde in Höhe von
16,40 € erzielt worden, der um 13,60 € niedriger als der geplante Stundenverrechnungssatz ohne Gewinnaufschlag in Höhe von 30,00 € ist. Bei dem Vergleich der Nachkalkulation mit der Vorkalkulation können Sie erkennen, wodurch die negative Abweichung entstanden ist. Da der Auftrag mit dem Stundenverrechnungssatz von 30 € plus einem angemessenen Gewinnaufschlag
kalkuliert wurde, ist es offensichtlich, dass der Verlust aus diesem Auftrag
aufgrund der höheren tatsächlichen Bearbeitungszeit gegenüber der geplanten
entstanden ist.

Auftragsvergleich

In der folgenden Tabelle wird ein Vergleich von verschiedenen Aufträgen auf
Vollkostenbasis durchgeführt. Als Maßstab zur Beurteilung der durchgeführten Aufträge eignet sich die Kennziffer Gewinn bzw. Verlust je Stunde. Mit
Hilfe dieser Kennziffer lassen sich die gewinn- bzw. verlustbringenden Aufträge unschwer erkennen.

Kunde	Auf-trags-Nr.	Netto-erlöse	Mat.-Einzel-kosten	Mat.-Gemein-kosten-Zuschlag in €	Lohn-erlös	ver-brauchte produk-tive Stunden	Lohn-erlös je Stunde	Voll-kosten-satz je Stunde	Zusatz-Gewinn/Verlust
Müller	111	1.143,00	590,00	118,00	435,00	7,50	58,00	57,29	0,71
Huber	112	8.356,00	2.155,00	431,00	5.770,00	115,00	50,17	57,29	-7,12
Frey	113	4.582,00	1.680,00	336,00	2.566,00	40,00	64,15	57,29	6,86
Schäfer	114	3.498,00	724,00	114,80	2.659,20	42,00	63,31	57,29	6,02

Tabelle 29: Auftragsvergleich

5.4   Worum handelt es sich bei der Ist-Kostenrechnung auf Teilkostenbasis?

Die Teilkostenrechnung ist aus der Kritik an der Vollkostenrechnung entstanden. Sie verzichtet auf eine Schlüsselung von Gemeinkosten nach nicht dem Verursachungsgedanken entsprechenden Schlüsseln. *(Teilkostenrechnung)*

Offenbar gibt es Kosten, die wie Mieten, Abschreibungen und Gehälter nicht abhängig von der Produktionsmenge sind. Da diese Kosten gleich bleiben („fix"), nennt man sie in der Kostenrechnung folgerichtig **fixe Kosten** oder Fixkosten. *(fixe Kosten)*

Die Kosten, die abhängig von der Produktionsmenge sind, verändern sich mit unterschiedlichen Produktionsmengen, sie sind also variabel, daher heißen sie in der Kostenrechnung auch **variable Kosten**. Sehr oft sind die Fixkosten gleichzeitig **Gemeinkosten**, also die Kosten, die in den Betriebsabrechnungsbogen eingehen. *(variable Kosten)*

Beispiel: Fixkosten sind gleichzeitig Gemeinkosten

Ein Dienstleistungsunternehmen hat monatliche Mietaufwendungen in Höhe von 3.000 €. Versuchen Sie doch einmal die Miete genau jeden Kostenträger (Produkt/Dienstleistung) zuzurechnen. Es wird nicht funktionieren. Also sind die Mietaufwendungen Gemeinkosten, weil sie sich den Kostenträgern nicht zurechnen lassen. Gleichzeitig fällt die Miete an, ob Produkte hergestellt werden oder nicht, der Vermieter will (zu Recht) seine Miete haben. Also sind die Mietaufwendungen unabhängig von der Beschäftigung und damit Fixkosten. Dies ist ein Beispiel für eine Gemeinkostenart, die zugleich Fixkosten darstellt.

Diese Überlegungen sind genau die, die der **Teilkostenrechnung** zugrunde liegen. Die Teilkostenrechnung versucht, Fehlentscheidungen und Fehldispositionen dadurch zu vermeiden, dass Fixkosten (die fast immer zugleich Gemeinkosten sind) nicht auf die Kostenträger verteilt werden. *(keine Verrechnung von Fixkosten)*

Es wird ein anderer Weg gegangen. Die Fixkosten werden als Block behandelt, die nicht weiter verteilt (proportionalisiert), sondern von allen Kostenträgern zusammen ‚gedeckt' werden müssen. Entsprechend heißen auch die Beiträge der Kostenträger zur Deckung der Fixkosten **Deckungsbeiträge**. *(Deckungsbeiträge)*

Charakterisiert ist die Teilkostenrechnung durch eine strikte Trennung in (in Bezug auf die Beschäftigung) fixe und variable Kosten, die in der Kostenartenrechnung vorzunehmen ist. Lediglich variable Kosten werden der Kostenträgereinheit direkt zugerechnet.

In der Praxis der kleinen und mittleren Unternehmen wird die Teilkostenrechnung nur in der Form der Deckungsbeitragsrechnung angewendet.

5.4.1   Was ist eine Deckungsbeitragsrechnung?

Deckungsbeitrags-
rechnung

Die Deckungsbeitragsrechnung ist ein Teilkostenrechnungssystem, das nicht nur keine Fixkosten verteilt, sondern auch auf das Schlüsseln variabler, den Leistungen nicht direkt zurechenbarer Gemeinkosten verzichtet.

Die Teilkostenrechnung in Form der Deckungsbeitragsrechnung versucht, Fehlentscheidungen und Fehldispositionen dadurch zu vermeiden, dass Fixkosten (die fast immer zugleich Gemeinkosten sind) nicht auf die Kostenträger verteilt werden.

Kritik
Vollkostenrechnung

Nach der Kostenträgerstückrechnung auf Vollkostenbasis liefert bereits das erste abgesetzte Stück des Kostenträgers einen Gewinn, sofern der Verkaufspreis über den Stückkosten liegt. Folgerichtig wäre die Gewinnsumme umso größer, je mehr Stück verkauft werden, ohne dass aber ein Verlust entstehen kann.

Dies ist insoweit falsch, als bei geringer Menge entsprechend wenig Kosten (Fixkosten oft gleich Gemeinkosten) "verdient" werden. Die Menge bzw. der Beschäftigungsgrad, bei der die Kosten gerade gedeckt sind, lässt sich mit Hilfe der Vollkostenrechnung somit nicht bestimmen.

Abhängig davon, wie die Fixkosten behandelt werden, lassen sich die ein- und mehrstufige Deckungsbeitragsrechnung unterscheiden.

Was ist eine einstufige Deckungsbeitragsrechnung?

einstufige Deckungs-
beitragsrechnung

Bei der einstufigen Deckungsbeitragsrechnung bleiben die Fixkosten als Block bestehen. Der Mangel der Gemeinkostenzurechnung und weitere damit zusammenhängende Probleme vermeiden Sie dadurch, indem Sie nur einen Teil der Kosten den Kostenträgern direkt zurechnen, nämlich die problemlosen Einzelkosten. Die Restkosten behandeln Sie gesondert.

Stückdeckungsbeitrag

Die einstufige Deckungsbeitragsrechnung ist geradezu genial einfach. Der Stückdeckungsbeitrag wird wie folgt berechnet:

> **Preis - variable Stückkosten = Deckungsbeitrag/Stück**

Fallbeispiel: Absolute Deckungsbeiträge berechnen

Ein Unternehmen stellt die Produkte A, B und C her. Die Netto-Verkaufspreise betragen für das Produkt A je Stück 14,53 €, für das Produkt B je Stück 6,83 € und für das Produkt C je Stück 8,65 €. Die variablen Stückkosten belaufen sich für das Produkt A auf 8,00 €, für das Produkt B auf 4,60 € und für das Produkt C auf 3,80 €.

Es werden die Stückdeckungsbeiträge der verschiedenen Produkte berechnet. Die Einzelkosten sind zugleich die variablen Kosten, weil sie mit jeder zusätzlich produzierten Einheit anfallen.

Die Stückdeckungsbeiträge ermitteln Sie wie folgt:

Ermittlung von
Stückdeckungsbeiträgen

	A	B	C
Netto-Verkaufspreis	14,53 €	6,83 €	8,65 €
./. variable Stückkosten:	8,00 €	4,60 €	3,80 €
= Stückdeckungsbeitrag/db	6,53 €	2,23 €	4,85 €

Tabelle 30: Ermittlung von Stückdeckungsbeiträgen

Der Stückdeckungsbeitrag gibt Ihnen an, in welcher Höhe das verkaufte Produkt pro Stück einen Beitrag zur Deckung der Fixkosten leistet.

Die nachfolgende Abbildung veranschaulicht die Grundlage der Denkweise der Deckungsbeitragsrechnung.

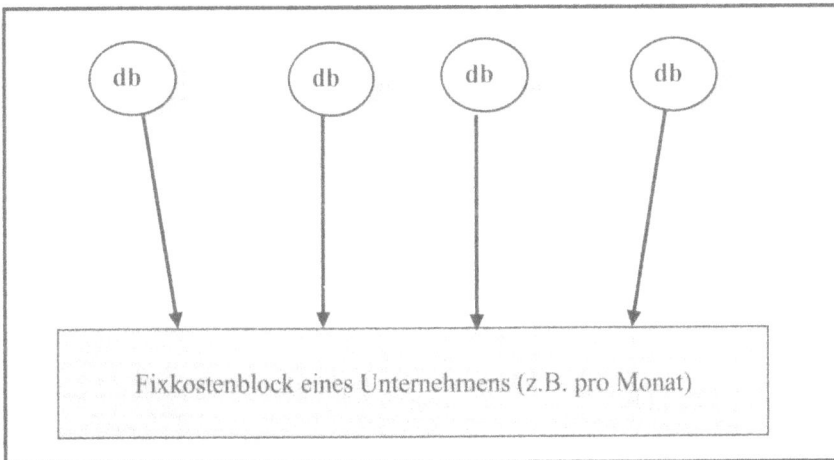

Deckungsbeitrag

Abbildung 20: Denkweise der Deckungsbeitragsrechnung

Wie Sie das Betriebsergebnis ermitteln
Der Deckungsbeitrag je Kostenträger muss nun seinen Beitrag zur Deckung der Fixkosten leisten. Die Summe der Deckungsbeiträge je Produkt wird dabei als Deckungsbeitrag (DB) bezeichnet.

Betriebsergebnis

Ebenso einfach, wie Sie den Deckungsbeitrag eines Kostenträgers ermitteln können, können Sie auch das Betriebsergebnis (BE) berechnen. Die Berechnung nehmen Sie wie folgt vor:

Summe der Deckungsbeiträge der einzelnen Leistungen/Angebotsbereiche
./. unaufgeteilter Fixkostenblock
= Betriebsergebnis (Gewinn / Verlust)

Tabelle 31: Formel zur Berechnung des Betriebsergebnisses

Preisuntergrenze

Ein Gewinn kann somit erst entstehen, wenn der Fixkostenblock durch Deckungsbeiträge gedeckt ist. Demnach können Sie in begründeten Fällen bei einzelnen Produkten auf Deckungsbeiträge verzichten, d. h. die variablen Stückkosten bilden für Sie stets die (kurzfristige) Preisuntergrenze.

Bei relativ niedrigen Preisen für Zusatzgeschäfte, die bei Unterbeschäftigung für Sie sinnvoll sein können, ergibt sich jedoch für Sie die Gefahr, dass auch der Markt für die meist kostendeckenden Basisgeschäfte ruiniert wird. Vorübergehend können Sie auch auf die Deckung eines Teils oder aller nicht ausgabenwirksamen Kosten (z.B. kalkulatorische Abschreibung) verzichten.

Fallbeispiel: Betriebsergebnis berechnen

Wir gehen von dem Fallbeispiel „Berechnung der absoluten Deckungsbeiträge" aus. Es wird für den Monat Mai das Betriebsergebnis ermittelt. Folgende Absatzmengen wurden im Monat Mai realisiert: Produkt A 10.000 Stück, Produkt B 5.000 Stück und Produkt C 12.000 Stück. Im Monat Mai sind insgesamt 162.345 € Fixkosten entstanden.

Ermittlung des Betriebsergebnisses

Das Betriebsergebnis errechnen Sie wie folgt:

	Produkt A	Produkt B	Produkt C	
Stückpreis	14,53 €	6,83 €	8,65 €	
./. variable Stückkosten	8,00 €	4,60 €	3,80 €	
= Stückdeckungsbeitrag	6,53 €	2,23 €	4,85 €	
Absatzmenge	10.000	5.000	12.000	
Gesamt-DB je Produkt:	65.300 €	11.150 €	58.200 €	134.650 €
./. K(fix)				162.345 €
=Betriebsergebnis				./. 27.695 €

Tabelle 32: Ermittlung des Betriebsergebnisses

Interpretation des Betriebsergebnisses

Das Betriebsergebnis zeigt ein negatives Ergebnis; es wurde ein Verlust in Höhe von 27.695 € erwirtschaftet. Zwar erreichen die einzelnen Kostenträger Stückdeckungsbeiträge von 6,53 €, 2,23 € und 4,85 €. Aber der Gesamtdeckungsbeitrag in Höhe von 134.650€ (65.300 € + 11.150 € + 58.200 €) ist nicht in der Lage, die Gemeinkosten (Fixkosten) zu decken.

In dieser Situation nun zu der Schlussfolgerung zu gelangen, die Produktion und den Absatz ganz einzustellen, ist eine klassische Fehlentscheidung der Vollkostenrechnung. Eine Produktionseinstellung würde gar keine Deckungsbeiträge bedeuten. Keine Deckungsbeiträge zu den Fixkosten (Gemeinkosten wie Miete usw.) bedeutet aber einen sicheren Verlust von mindestens 162.345 €. So gesehen, hat sich die Produktion unter Verlust-Minimierungs-Gesichtspunkten gelohnt. Ob sich die Aufrechterhaltung der Produktion unter Verlust-Minimierungs-Gesichtspunkten tatsächlich lohnt, bedarf einer gesonderten Analyse, in der die voraussichtliche Entwicklung der Deckungsbeiträge und die Abbauhemmnisse der fixen Kosten einbezogen werden müssen.

Welche Produkte/Produktgruppen sollten gefördert werden?

Ein weiteres Anwendungsgebiet der einstufigen Deckungsbeitragsrechnung ist die Optimierung des Produktionsprogramms. Wie aber soll die Optimierung des Produktionsprogramms entschieden werden? Im Sinne der Deckungsbeitragsrechnung stellt sich die Frage, welche Produkte in einem Käufermarkt besonders förderungswürdig sind. Unter Förderungswürdigkeit versteht man die Zuteilung von Werbebudgets oder andere besondere Verkaufsförderungsmaßnahmen.

Optimierung des Produktionsprogramms

Mit der Deckungsbeitragsrechnung fällt die Antwort einfach aus, und die ‚Förderungswürdigkeit' ist schnell berechnet. Stellen Sie sich die Fixkosten/Gemeinkosten aus dem Fallbeispiel „Berechnung des Betriebsergebnisses" in Höhe von 162.345 € als Bleikugel vor, die Ihr Unternehmen von Monat zu Monat mitschleppen und erst durch die Stückdeckungsbeiträge verdienen müsste, bevor Ihr Unternehmen von der Verlust- in die Gewinnzone wechseln kann. Dann sind **die** Produkte aus Ihrem Sortiment förderungswürdig, die helfen, die Gewinnzone **schnell** zu erreichen. Der Punkt zwischen Verlust- und Gewinnzone wird in der Teilkostenrechnung ‚**Break-Even-Point**' (BEP) genannt. Als Entscheidungsregel bedeutet das: Wählen Sie die Produkte nach der Höhe ihres Deckungsbeitrags aus. Das Produkt mit dem höchsten absoluten Deckungsbeitrag ist dann am förderungswürdigsten, das mit dem zweitgrößten Deckungsbeitrag nimmt den zweiten Platz ein. Entsprechend folgen die nachrangigen Produkte.

Förderwürdigkeit von Produkten

Das wird an dem Fallbeispiel „Berechnung der absoluten Deckungsbeiträge" verdeutlicht:

	A	B	C
Netto-Verkaufspreis	14,53 €	6,83 €	8,65 €
./. variable Stückkosten:	8,00 €	4,60 €	3,80 €
= Stückdeckungsbeitrag/db	6,53 €	2,23 €	4,85 €

Nun ist auch die Reihenfolge der ‚Förderungswürdigkeit' im Sinne des Marketings offensichtlich. Produkt A ist der Kostenträger mit dem höchsten Deckungsbeitrag von 6,53 €. Er wird gefolgt von Produkt C mit 4,85 € und das Schlusslicht bildet das Produkt B mit 2,23 € Stückdeckungsbeitrag.

Sie müssen alles daran setzen, das Produkt A über die Verkaufsförderung zu ‚pushen', weil es wegen des hohen absoluten Deckungsbeitrags die „Cashcow" ist.

Was ist eine stufenweise Deckungsbeitragsrechnung?

stufenweise
Deckungsbeitrags-
rechnung

Gegen die einstufige Deckungsbeitragsrechnung lässt sich vorbringen, dass die gesamten Fixkosten als Block behandelt werden. Dies ist in manchen Fällen zu global, was dazu geführt hat, die Fixkosten aufzuspalten und stufenweise zu verrechnen, um so zu einer stufenweisen Deckungsbeitragsrechnung zu kommen.

Fixkostendeckungs-
rechnung

Bei diesem auch als Fixkostendeckungsrechnung bezeichneten Verfahren erfolgt für jeweils eine Bezugsgröße (etwa Produkte, Nielsen-Gebiete oder Kunden) eine Spaltung des Fixkostenblocks in jeweils mehrere Schichten. Die nachfolgende Abbildung zeigt das Prinzip der mehrstufigen Deckungsbeitragsrechnung, bezogen auf Produkte.

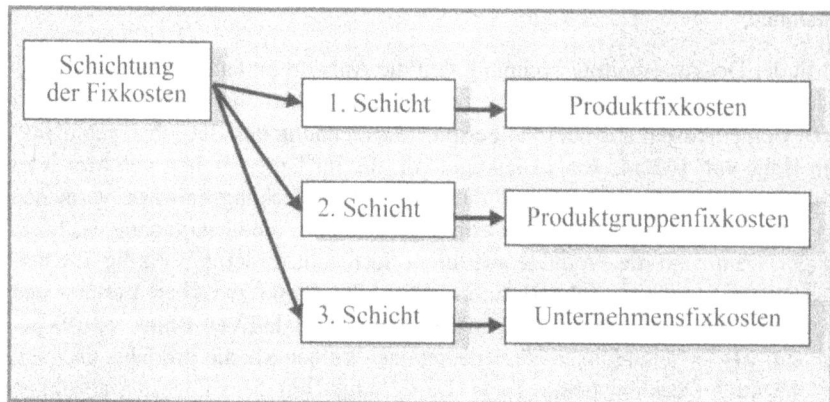

Abbildung 21: Stufenweise Deckungsbeitragsrechnung

Die stufenweise Deckungsbeitragsrechnung ist wie folgt aufgebaut:

Schema der stufenweisen Deckungsbeitragsrechnung

	Summe der Erlöse der Leistungen
-	variable Kosten der Produkte
=	**Deckungsbeitrag I**
-	Produktfixkosten
=	**Deckungsbeitrag II**
-	Produktgruppenfixkosten
=	**Deckungsbeitrag III**
-	Unternehmensfixkosten
=	**Betriebsergebnis**

Tabelle 33: Aufbau stufenweise Deckungsbeitragsrechnung

Fallbeispiel: Stufenweise Deckungsbeitragsrechnung durchführen

Durchführung der stufenweisen Deckungsbeitragsrechnung

Es handelt sich um ein Unternehmen, das vier Produkte (A, B, C, D) herstellt. In der vergangenen Periode wurden von den einzelnen Produkten hergestellt und verkauft:

Produkt	A	B	C	D
Produktion/Verkauf in Stück	5.000	10.000	8.000	20.000

Der Verkaufspreis betrug jeweils:

Preis in €/Stück	3,20	6,50	8,30	2,50

Die variablen Kosten betrugen:

variable Kosten/Stück	2,10	4,90	7,10	1,20

An Produktfixkosten (Patente, Spezialwerkzeuge) sind angefallen:

Produktfixkosten	2.000	6.000	3.000	8.000

Die Produktgruppe I umfasst die Produkte A und B, die Produktgruppe II die Produkte C und D.

An Produktgruppenfixkosten sind angefallen:

6.000 € für die Produktgruppe I und 9.000 € für die Produktgruppe II.

An fixen Kosten, die sich nicht weiter aufgliedern lassen (= Unternehmensfixkosten) sind 15.000 € angefallen.

Die Deckungsbeiträge I, II, III und das Betriebsergebnis werden wie folgt ermittelt:

		Produktgruppe I		Produktgruppe II	
		A	B	C	D
	Erlöse	16.000	65.000	66.400	50.000
-	variable Kosten	10.500	49.000	56.800	24.000
=	**Deckungsbeitrag I**	**5.500**	**16.000**	**9.600**	**26.000**
-	Produktfixkosen	2.000	6.000	3.000	8.000
=	**Deckungsbeitrag II**	**2.500**	**10.000**	**6.600**	**18.000**
-	Produktgruppenfixkosten	6.000		9.000	
=	**Deckungsbeitrag III**	**6.500**		**15.600**	
-	Unternehmensfixkosten	15.000			
=	**Betriebsergebnis**	**7.100**			

Tabelle 34: Ermittlung der Deckungsbeiträge I, II, III und des Betriebsergebnisses

Wie kann die mehrstufige Deckungsbeitragsrechnung an die Unternehmensorganisation angepasst werden?

Anpassung an die Aufbauorganisation

Das retrograde Vorgehen – ausgehend von Erlösen werden Kosten schichtweise abgezogen – setzt voraus, dass dem zu betrachtenden Objekt auch Erlöse zugeordnet werden können. Die Zahl der Schichten sollte sich an der Unternehmensgröße sowie der Aufbauorganisation orientieren. Der Nutzen der Fixkostendeckungsrechnung wächst mit den Möglichkeiten klar abgegrenzte Segmente (eventuell mit eigenen Erlösen) zu bilden und ist demzufolge vom Grad der Arbeitsteilung/Spezialisierung abhängig. Die Kostenstellenbildung sollte sich an der Aufbauorganisation orientieren.

Deckungsbeitragshierarchie

Die Deckungsbeitragshierarchie der stufenweisen Deckungsbeitragsrechnung zeigt Ihnen, welche Bezugsobjekte welche Fixkostenschichten allein oder im Verbund mit anderen beanspruchen. Damit wird deutlich, welche Kostenschichten von welchen Erträgen zu decken sind. Im Vergleich zur Vollkostenrechnung verzichtet sie jedoch auf die problematische Schlüsselung von Kosten. Die Ansatzpunkte der von Ihnen zu treffenden Entscheidungen werden offen gelegt, wie z.B. die Entscheidung für die Aufgabe einer Leistungsgruppe oder einer Abteilung (bei einer Stufungshierarchie entlang der Aufbauorganisation).

Als betriebsinternes Abrechnungssystem muss sich die Kostenrechnung an die bestehende Aufbauorganisation koppeln bzw. sollte sich an dieser orientieren. Deshalb sollten Sie auch die Kostenerfassung und die Verrechnung entsprechend der Aufbauorganisation durchführen.

Ein Aufbau der mehrstufigen Deckungsbeitragsrechnung entlang der Aufbau-organisation könnte für „kleine" und mittlere Unternehmen wie folgt vorge-nommen werden:

Anpassung der mehrstufigen Deckungsbeitrags-rechnung

Summe Erlöse der Leistungen
./. direkt den Leistungen zurechenbare Einzelkosten
= DB I (Leistungsdeckungsbeitrag)
./. direkt einer Kostenstelle zurechenbare Kosten
DB II (Kostenstellendeckungsbeitrag)
./. direkt einer Abteilung zurechenbare Kosten
= DB III (Abteilungsdeckungsbeitrag)
./. direkt dem Unternehmen zurechenbare Kosten
= DB IV (Erfolgsbeitrag des Unternehmens)

Tabelle 35: Anpassung einer mehrstufigen Deckungsbeitragsrechnung an die Aufbauorganisation

Zunächst erscheint die Durchführung der mehrstufigen Deckungsbeitragsrech-nung problemlos. Allerdings hat dieses Verfahren, in einem anderen Gewand, die gleichen Probleme zu bewältigen wie die Vollkostenrechnung, denn es müssen eventuell die Fixkosten mit Verteilungsschlüsseln den einzelnen Schichten zugerechnet werden. Es stellt sich wie bei der Vollkostenrechnung die Frage, wie die Fixkosten zuzurechnen sind, die oft Gemeinkosten sind, und daher schon aus ihrer Wesensart heraus, dem einzelnen Produkt nicht oder nicht ohne Willkür zugerechnet werden können. Genau an diesem Punkt liegt in der Praxis das Problem, das mit den Instrumenten der Vollkostenrechnung zu lösen ist.

Wie werden Teilkosten-Stundensätze kalkuliert?

Handwerksbetriebe, Dienstleistungsunternehmen und Industrieunternehmen mit Einzelfertigung kalkulieren ihre Aufträge in der Regel mit Hilfe von Stun-denverrechnungssätzen. Diese Betriebe können auch die Teilkostenrechnung zur Kalkulation ihrer Aufträge mit den Vorteilen der Teilkostenrechnung an-wenden.

Stundenverrechnungs-sätze

Die gegenüber den Auftraggebern zu kalkulierenden Stundensätze auf Teilkos-tenbasis beinhalten zum einen den Deckungsbeitrag, der zur Finanzierung der von den Aufträgen unabhängigen fixen Kosten beiträgt. Zum anderen soll der Deckungsbeitrag Ihnen einen angemessenen Gewinn ermöglichen. Der zu kal-kulierende Stundensatz muss des Weiteren die variablen Kosten pro Stunde abdecken.

Stundensätze auf Teilkostenbasis

Die erforderliche Höhe des Deckungsbeitrages ist vor allem davon abhängig, wie viele verrechenbare Stunden im Berechnungszeitraum zur Deckung der

Höhe des Deckungsbeitrages

gesamten Fixkosten beitragen können. Der pro Stunde zu verrechnende Deckungsbeitrag ist somit von Ihrem Auslastungsgrad der verfügbaren Gesamt-
kapazität abhängig.

Teilkosten-Stundensatz Ihr Ausgangspunkt zur Ermittlung des Teilkosten-Stundensatzes ist die Berechnung der verrechenbaren Stunden. Unterscheiden Sie zunächst zwischen
den verfügbaren produktiven Stunden und den verrechenbaren Stunden. Während die produktiven Stunden die Summe aller im Betrieb geleisteten Arbeits-
stunden bezeichnen, sind mit verrechenbaren Stunden ausschließlich die Stunden gemeint, die direkt einem Auftrag zugeordnet und somit auch den jeweiligen Auftraggebern in Rechnung gestellt werden können. Bei der Berechnung
der verrechenbaren Stunden müssen Sie also berücksichtigen, dass nicht alle
Mitarbeiter in der Auftragsbearbeitung eingesetzt sind und die in der Auftragsbearbeitung tätigen Mitarbeiter einen Teil der Anwesenheitszeit mit „unpro-
duktiven" Arbeiten (z.B. Auftragsvorbereitung) beschäftigt sind.

Personalkapazität Die Ermittlung der Personalkapazität ist bei der Kalkulation von Leistungen
immer dann erforderlich, wenn die Kosten für Dienstleistungen oder Leistun-
gen der Einzelfertigung ermittelt werden. Denn in diesen Fällen ist eine andere
Zurechnung der Kosten als über die verbrauchte produktive Zeit nur sehr
schwierig und mit einem hohen Arbeitsaufwand, z.B. über die Erfassung und
Bewertung von Prozessen, möglich. Bei der Ermittlung der Personalkapazität
wird hier die in der Praxis übliche Berechnung durchgeführt.

Fallbeispiel: Personalkapazität ermitteln

Ermittlung der Personalkapazität In einem ersten Schritt tragen Sie die Kalendertage des Berichtsjahres ein,
dann die Samstage/Sonntage. Durch die Subtraktion der Samstage/Sonntage
von den Kalendertagen ergeben sich die Arbeitstage. Danach tragen Sie die
tägliche Arbeitszeit, hier 8,0 Stunden, ein. Multipliziert mit den Arbeitstagen
ergibt sich die bezahlte Arbeitszeit, die für weitere Berechnungen als Bezugsbasis (100 %) dient.

Von den ermittelten Arbeitstagen ziehen Sie die Feiertage, Urlaubstage,
Krankheitstage usw. ab. Das Ergebnis sind die Anwesenheitstage, die in Anwesenheitsstunden umgerechnet werden. Diese Anwesenheitsstunden dienen
als Ausgangsbasis für die Berechnung der extern verrechenbaren Arbeitszeit.
Der direkt verrechenbare Zeitanteil ist betriebsindividuell zu ermitteln und in
Prozent der Anwesenheitszeit auszudrücken. Die verrechenbare Arbeitszeit
wird in Stunden ausgewiesen.

Im unteren Teil der folgenden Tabelle werden die Ergebnisse (Personalkapazi-
tät, Jahreskapazität, Anwesenheitszeit, verrechenbare Zeit) des Betriebes zu-
sammengefasst dargestellt. Des Weiteren müssen Sie den durchschnittlichen
Stundenlohn inklusive der Nebenkosten der produktiv Beschäftigten ermitteln.
Multipliziert mit der verrechenbaren Zeit ergibt sich der Fertigungslohn des
Betriebes, den Sie mit einem Aufschlag an die Auftrageber verrechnen.

alle Angaben pro Kopf im Produktivbereich					
Kalendertage	365		Tg./Jahr	%	%
./. Samstage/Sonntage	104		Tg./Jahr		
Arbeitstage	261		Tg./Jahr		
x Tagesarbeitszeit	8,0		Std./Tag		
= bezahlte Arbeitszeit	2.088		Std./Tag	100	

	Vollzeit-kräfte	Auszu-bildende			
Arbeitstage	261	261	Tg./Jahr		
./. gesetzliche Feiertage	10	10	Tg./Jahr		
./. tarifvertragl. Urlaub	30	30	Tg./Jahr		
./. Krankheitstage	10	10	Tg./Jahr		
./. Weiterbildung	3	30	Tg./Jahr		
./. Schultage		40	Tg./Jahr		
= Anwesenheitstage	208	141	Tg./Jahr		

	Vollzeit-kräfte	Auszu-bildende		Vollzeit-kräfte	Auszu-bildende
x Tagesarbeitszeit	8	8	Std./Tag		
= Anwesenheitszeit	1.664	1.128	Std./Jahr	79,7%	54,0%
x direkt verr. Zeitanteil	90%	60%	%		
= verr. Arbeitszeit	1.498	677	Std./Jahr	71,7%	32,4%

	Voll-zeitkr.	Azubis	gesamt		
Personalkapazität	58,9	8,7	67,6	Mitarb.	%
Jahreskapazität	122.983	18.166	141.149	Std./Jahr	100%
Anwesenheitszeit	98.010	9.814	107.824	Std./Jahr	76,4%
verrechenbare Zeit	88.232	5.890	94.122	Std./Jahr	66,7%
Fertigungslohn/Std.	20,00	4,00			
Fertigungslohn-Betrieb	1.764.640	23.560	1.788.200		

Tabelle 36: Ermittlung der Personalkapazität

Fallbeispiel: Deckungsbeitrage pro Stunde ermitteln

Nachdem Sie die Personalkapazität ermittelt haben, können Sie mit der eigentlichen Kalkulation beginnen. Zunächst müssen Sie die ermittelten Zuschlagssätze für Fertigungsmaterial, Handelswaren und Fremdleistungen in die unten abgedruckte Berechnungstabelle eintragen. Die Aufnahme dieser Zuschlagssätze in die Berechnungtabelle dient lediglich der Übersichtlichkeit, da sie bei der Ermittlung des Teilkosten-Stundensatzes nicht berücksichtigt werden, sondern lediglich bei der Kalkulation von Aufträgen. Des Weiteren müssen Sie die gesondert zu verrechnenden Kosten (z.B. Fahrzeugkosten) ermitteln. Diese

Kosten sind aus den übrigen Kosten herauszurechnen, um eine mehrfache Verrechnung zu vermeiden.

Teilkosten-Stundensatz

Nach diesen Vorarbeiten beginnen Sie die eigentliche Berechnung des Teilkosten-Stundensatzes. Dem Mittellohn der „produktiv" Beschäftigten rechnen Sie die übrigen variablen Kosten hinzu. Das Ergebnis sind die variablen Kosten (Grenzkosten) pro verrechenbare Stunde. Diese Kosten pro verrechenbare Stunde müssen mindestens über den Stundenverrechnungssatz gedeckt werden, ansonsten verschlechtert sich Ihr Betriebsergebnis mit der Annahme eines derartigen Auftrages. Daher werden die Grenzkosten (zusätzliche Kosten) auch als äußerste Preisuntergrenze angesehen, die nur in wenigen Ausnahmefällen zur Anwendung kommen sollte.

Grenzkosten

Den so genannten Grenzkosten rechnen Sie in einem nächsten Schritt die ausgabenwirksamen Fixkosten pro Stunde, wie z.B. Miete, Personalkosten der kaufmännischen Mitarbeiter und Zinsen, hinzu. Dieser Stundenverrechnungssatz deckt alle Ihre ausgabenwirksamen Kosten (Deckungskosten 1) ab. Mit diesem Stundenverrechnungssatz verbessern oder verschlechtern Sie die Liquidität Ihres Betriebes nicht. Alle betriebsbedingten Ausgaben werden über diesen Stundenverrechnungssatz finanziert.

Deckungskosten 1 und 2

Für Sie ist es betriebswirtschaftlich nicht ausreichend, lediglich die Deckungskosten 1 über den verrechenbaren Stundensatz zu erwirtschaften. Mit diesem Stundensatz würde Ihr Unternehmen ein negatives betriebswirtschaftliches Ergebnis erzielen. Denn Sie müssen auch die nicht ausgabenwirksamen Fixkosten, wie z.B. die Abschreibungen und die kalkulatorischen Zinsen erwirtschaften, damit Ihr Unternehmen langfristig überleben kann. Rechnen Sie die nicht ausgabenwirksamen Fixkosten den Deckungskosten 1 hinzu, ergeben sich die Deckungskosten 2. Ein Stundensatz in Höhe der Deckungskosten 2 deckt alle Kosten Ihres Unternehmens ab, d.h. es entsteht weder ein betriebswirtschaftlicher Gewinn noch ein Verlust.

Deckungsbeitrag pro Stunde

Da Ihr Unternehmen zum Überleben mittel- bis langfristig einen betriebswirtschaftlichen Gewinn erwirtschaften muss, müssen Sie auf die Deckungskosten 2 einen angemessenen Gewinn aufschlagen. Erst jetzt ist für Sie der verrechenbare Stundensatz in der Höhe ausreichend, um Ihr Unternehmen langfristig erfolgreich führen zu können. Werden von diesem Verrechnungssatz die variablen Kosten/Std. subtrahiert, ergibt sich der Deckungsbeitrag pro Stunde.

Die folgende Tabelle veranschaulicht die Ermittlung des Deckungsbeitrages pro Stunde:

Kapazität in Stunden:	25.775,00	
- Verrechnungssatz Vollkräfte		22,76
Zuschlagssätze in % auf:		
- Fertigungsmaterial	23,89%	
- Handelswaren	59,91%	
- Fremdleistungen	11,26%	
Festgelegte Verrechnungen:		
Verrechnung Azubi		
Anzahl Azubi-Stunden	677,00	
Verrechnungspreis Azubi/Std.	12,00	
Verrechnungspreis Azubi ges.	8.124,00	
Verrechnung Kfz-Kosten		
Anzahl km	25.000,00	
Verrechnungspreis €/km	0,60	
Verrechnungspreis Kfz-Kosten gesamt	15.000,00	
Fertigungslohn (Mittellohn)	12,00	52,72%
+ übrige variable Kosten	4,42	19,42%
= Grenzkosten = äußerster Kampfpreis	16,42	72,14%
+ ausgabenwirksame Fixkosten*	2,60	11,42%
= Deckungskosten 1	19,02	83,57%
+ nicht ausgabenwirksame Fixkosten**	1,63	7,16%
= Deckungskosten 2	20,65	90,73%
+ betriebswirtschaftlicher Gewinn	2,11	9,27%
= Vollkosten/Std.	22,76	100,00%
- variable Kosten/Std.	16,42	72,14%
= Deckungsbeitrag/Std.	6,34	27,86%
* ohne Zuschläge, Verrechnungen, Abschreibungen und kalk. Zinsen		
** Abschreibungen und kalk. Zinsen		

Tabelle 37: Ermittlung Deckungsbeitrag pro Stunde

Maschinen-Stundensatz

Wie Sie Ihre Maschinen- bzw. Geräte-Stundensätze auf Teilkostenbasis ermitteln

Bei einer Rechnung mit Maschinenstundensätzen auf Teilkostenbasis müssen Sie die Maschinenkosten in fixe und variable Bestandteile aufspalten. Diejenigen Kosten, die in ihrer Höhe von Maschinenlaufzeiten abhängen, sind variable Maschinenkosten. Die Maschinenkosten, die unabhängig von der Laufzeit der Maschine entstehen, sind fixe Maschinenkosten.

Durch Division der gesamten Maschinenkosten durch die Laufzeit der Maschine in Stunden ermitteln Sie den Vollkosten-Stundensatz. Diesen Satz verwenden Sie bei der Produktkalkulation auf Vollkostenbasis, um die gesamten Maschinenkosten, die während der Verweildauer des Produktes „in der Maschine" angefallen sind, festzustellen und dem Produkt zuzurechnen.

Grenzkosten

Dividieren Sie die variablen Maschinenkosten durch die Laufzeit der Maschine in Stunden, erhalten Sie die variablen Maschinenkosten pro Stunde als Ergebnis. Dieser Maschinen-Stundensatz entspricht den Grenzkosten.

Berechnung des Maschinen-Stundensatzes

Ausgangspunkt für die Berechnung des Maschinen-Stundensatzes ist der Anschaffungswert der Maschine. Da Sie über den Maschinen-Stundensatz die Maschine nach Ablauf der betriebsgewöhnlichen Nutzungsdauer wieder beschaffen können müssen, um keinen Substanzverlust zu erwirtschaften, ist es für Sie notwendig, den Wiederbeschaffungswert für die weiteren Berechnungen anzusetzen. Von dem Wiederbeschaffungswert ziehen Sie den Restwert der Maschine ab. Auf Grundlage dieser Größe errechnen Sie dann die kalkulatorische Abschreibung pro Jahr.

In einem nächsten Schritt ermitteln Sie die kalkulatorischen Zinsen. Sie sollten den so genannten Opportunitätszinssatz ermitteln, d.h. den Zinssatz, der bei einer alternativen Anlage mit ähnlichem Risiko erzielt werden könnte. Als Kapital setzen Sie das durchschnittlich gebundene Kapital an, im folgenden Fallbeispiel 60.000 € : 2 = 30.000 €. Die auf dieser Datengrundlage errechneten kalkulatorischen Zinsen setzen Sie ebenso wie die kalkulatorischen Abschreibungen als fixe Kosten an.

Ferner ermitteln Sie alle weiteren anlage- und betriebsbedingten Kosten der Maschine und spalten diese in fixe und variable Bestandteile auf. Die Gesamtsumme der jährlichen Maschinenkosten dividieren Sie durch die geplanten jährlichen Maschinenstunden; das Ergebnis ist der Maschinen-Stundensatz. Die variablen und fixen Maschinenkosten pro Stunde sind entsprechend zu ermitteln.

Fallbeispiel: Maschinen-Stundensätze ermitteln

Maschinen-Stundensätze auf Vollkosten- und Teilkostenbasis werden wie folgt ermittelt:

Bezeichnung der Maschine:		fixe Kosten		variable Kosten	
lfd. Nr. Kostenarten	Gesamtk.	in %	in €	in %	in €
1 Anschaffungswert	60.000,00				
2 Preisindex in %	40,00%				
3 Wiederbeschaffungswert	84.000,00				
4 Restwert	4.000,00				
5 betriebl. Nutzungsd. in J.	10,00				
6 kalk. Abschreibungen	8.000,00		8.000,00		
7 kalkulatorische Zinsen:					
8 Zinssatz in %	8,00%				
9 kalkul. Zinsen in €	2.400,00		2.400,00		
10 Energiekosten in €	1.500,00				1.500,00
11 Instandh. u. Werkzeugk.	2.200,00	50,00	1.100,00	50,00	1.100,00
12 Raumkosten	1.440,00		1.440,00		
13 sonstige Kosten	800,00	50,00	400,00	50,00	400,00
14 Gesamt	16.340,00		13.340,00		3.000,00
15 Maschinenstunden/Jahr	500,00				
16 Maschinenstundensatz	32,68		26,68		6,00

Tabelle 38: Ermittlung Maschinen-Stundensätze auf Vollkosten- und Teilkostenbasis

5.4.2   Wie Sie Ihre Gewinnschwelle (Break-Even-Point) berechnen?

Welchen Nutzen können Sie von der Break-Even-Analyse erwarten?
Für Sie ist es häufig schwierig bzw. unmöglich, die Wirkungen Ihrer betriebli- chen Entscheidungen auf die künftige Gewinnsituation abzuschätzen. Hier hilft die Gewinnschwellenanalyse, **Break-Even-Analyse** genannt, weiter. Die Break-Even-Analyse bietet Ihnen ein einfaches Instrumentarium zur Bewälti- gung von Entscheidungssituationen.

Break-Even-Analyse

Die Break-Even-Analyse wird kaum angewendet, obwohl sie zu den ältesten Methoden der Erfolgsanalyse gehört.

Sie sollten sich nicht von Gewinnen oder Verlusten überraschen lassen. Daher müssen Sie Kosten, Umsatzerlöse, Preise und Gewinn kontrollieren und für die Zukunft planen. Hierbei hilft Ihnen die Break-Even-Analyse zumindest zur groben Abschätzung der Auswirkungen von Datenänderungen (z.B. Personalkostenveränderungen, Veränderung des externen Stundenverrechnungssatzes, Umsatzrückgang) auf die Gewinnsituation. Mit Hilfe der Break-Even-Analyse können Sie folgende Fragen beantworten.

Fragestellungen der Break-Even-Analyse

- Wie wirkt sich eine Umsatzerhöhung oder Umsatzminderung auf den Gewinn aus?

- Bei welcher Umsatzhöhe wird die Gewinnschwelle (Gesamtkosten = Umsatz) erreicht?

- Wie wirkt sich eine Umsatzstrukturveränderung (sales mix) auf den Gewinn aus?

- Welche Umsatzerhöhung ist notwendig, um einen geplanten Gewinn zu erreichen?

- Wie wirkt sich eine Kostenänderung auf den zukünftigen Gewinn aus?

- Welche Umsatzerhöhung ist notwendig, um eine Kostenerhöhung auszugleichen?

Welche Grundbegriffe der Gewinnschwellenrechnung Sie kennen sollten

Break-Even-Point

Die Gewinnschwellenrechnung ist eine Rechnung, bei der Kosten, Umsatz und Gewinn zueinander ins Verhältnis gesetzt werden. Als Break-Even-Punkt (BEP), Break-Even-Point oder Gewinnschwelle wird die Absatzmenge bezeichnet, bei der die Erlöse gerade ausreichen, die fixen Kosten der Periode und variablen Kosten der abgesetzten Produkte zu decken.

fixe und variable Kosten

Zur Ermittlung der Umsatzhöhe, bei der der Gewinn gleich Null ist, müssen Sie die Kosten in fixe und variable Bestandteile zerlegen. Gerade diese Kostenaufteilung bereitet oftmals wegen der Umsatzzusammensetzung (Umsatzmix) Probleme.

fixe Kosten

Die fixen Kosten fallen unabhängig von der Leistungserbringung an. Sie ergeben sich aus der Bereitstellung einer bestimmten Kapazität. Die variablen Kosten sind Kosten, die sich mit der Leistungsmenge verändern. Normalerweise steigen (sinken) die variablen Kosten bei einer Erhöhung (Einschränkung) der Leistungsmenge.

Entsprechend der obigen Definition von Fixkosten werden die anlagebedingten Kosten als fix (Kapazitätsvorhaltung) betrachtet. Die betriebsbedingten Kosten werden weitgehend von der veränderlichen Betriebsleistung bestimmt. Daher werden die betriebsbedingten Kosten als variable Kosten (veränderliche Kosten) behandelt.

Bei der Bestimmung des **Break-Even-Point** (Gewinnschwelle) müssen Sie wissen, in welchem Verhältnis sich die variablen Kosten zu einer Änderung der Leistungsmenge (Umsatzleistung) verändern. Das Verhältnis der variablen Kosten zur Leistungsmenge (Umsatzleistung) wird durch die Produktionsfunktion bestimmt. Bei gegebener Technik und Herstellungsverfahren liegt in der Regel eine annähernd **limitationale Produktionsfunktion** vor. Dies bedeutet, die Produktionselemente (Material, menschliche Arbeit) können nur in einem ganz bestimmten Verhältnis zueinander kombiniert werden. So erfordert z.B. die Verdoppelung der Umsatzleistung eine annähernde Verdoppelung der menschlichen Arbeit und des Materialeinsatzes. Daraus folgt, dass eine annähernd **lineare Kostenfunktion** vorhanden ist.

limitationale Produktionsfunktion

Der Break-Even-Point (Gewinnschwelle) zeigt das Umsatzvolumen, das ausreicht, die Gesamtkosten (fixe und variable Kosten) abzudecken. Hier beginnt die Gewinn- bzw. Verlustzone bei steigendem bzw. fallendem Umsatz.

Aussagen Break-Even-Point

In der folgenden Abbildung wird dieser Zusammenhang grafisch dargestellt:

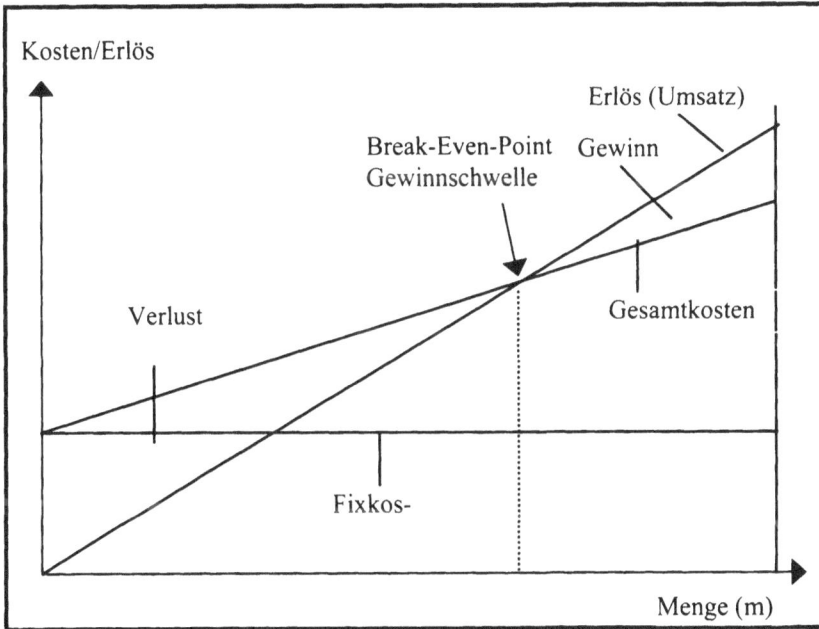

Abbildung 22: Break-Even-Point

Aus obiger Abbildung können Sie ersehen:

- bis zu welchem Umsatz das Unternehmen Verlust macht, d.h. ab welchem Umsatz die fixen Kosten nicht mehr durch den Umsatz gedeckt werden,

- bei welchem Umsatz das Unternehmen weder Gewinn noch Verlust macht (Break-Even-Point),

- ab welchem Umsatz das Unternehmen Gewinne erzielen kann und

- bei welchem Umsatz das Unternehmensziel erreicht wird.

Wie Sie Ihre Gewinnschwelle (Break-Even-Point) errechnen
Rechnerisch lässt sich der Break-Even-Punkt nach Mengeneinheiten (Break-Even-Menge), Geldeinheiten (Break-Even-Umsatz) oder in Prozent vom erzielten Deckungsbeitrag (Break-Even-Point in %) ermitteln.

Wie wird die Break-Even-Menge errechnet?

Break-Even-Menge

Die **Break-Even-Menge** bezeichnet die Anzahl eines Produktes/einer Dienstleistung, die gerade ausreicht, die Fixkosten des Unternehmens zu decken. Sie benötigen soviel Gesamtdeckungsbeitrag (DB), dass der Fixkostenblock gedeckt ist.

Die Absatzmenge, die Sie benötigen, damit Ihr Unternehmen eine ‚schwarze Null' schreibt, wird wie folgt berechnet:

$$\text{Break-Even-Menge} = \frac{\text{gesamte Fixkosten}}{\text{Stückdeckungsbeitrag}}$$

Fallbeispiel: Break-Even-Menge berechnen

Das hier betroffene Unternehmen stellt ein Produkt her. Die gesamten Fixkosten betrugen im Abrechnungszeitraum 312.055 €. Es wurden für den Abrechnungszeitraum folgende Daten ermittelt:

Verkaufspreis	12,54 €
- variable Stückkosten	7,00 €
= Stückdeckungsbeitrag	5,54 €

Entsprechend der Berechnungsformel ergibt sich:

$$\text{Break-Even-Menge} = \frac{312.055}{5,54} = 56.327,61 \text{Stück}$$

Um die Gewinnschwelle zu erreichen, müsste das Unternehmen also mindestens 56.328 Stück produzieren und verkaufen.

Wie Sie den Break-Even-Umsatz errechnen

Die Gewinnschwelle erreichen Sie bei Deckung der Gesamtkosten durch die Betriebsleistung (Umsatzerlöse), d.h. Sie müssen Betriebsleistungen (Umsatzerlöse) erbringen, die den Gesamtkosten in ihrer Höhe entsprechen. In diesem Fall ist Ihr Gewinn / Verlust gleich 0 €. Der Break-Even-Umsatz bezeichnet also den Umsatz, der gerade ausreicht, um neben den variablen Kosten die Fixkosten zu decken.

Break-Even-Umsatz

Sie berechnen Ihren Break-Even-Umsatz wie folgt:

$$\text{Break-Even-Umsatz} = \frac{\text{gesamte Fixkosten x 100}}{\text{DB in \% des Umsatzes}}$$

Bei der Ermittlung des Break-Even-Umsatzes stellen Sie den Deckungsbeitrag in Prozent (%) vom Umsatz und die fixen Kosten in € dar.

Fallbeispiel: Break-Even-Umsatz berechnen

Ein Handwerksbetrieb hatte in der abgelaufenen Abrechnungsperiode Fixkosten in Höhe von 309.619 €. Der Deckungsbeitrag betrug in dieser Periode 366.431 €. In der Periode wurden Umsatzerlöse in Höhe von 1.077.738 € erzielt.

Ermittlung des Break-Even-Umsatzes

Zunächst ist der Deckungsbeitrag in % zu errechnen. Der Deckungsbeitrag in % wird wie folgt ermittelt:

1.077.738 € Umsatz   =   100 %

366.431 € Deckungsbeitrag   =   X %

$$X = \frac{366.431 \text{€ x } 100}{1.077.738 \text{€}} = 34{,}0\%$$

Der Deckungsbeitrag, ausgedrückt in % vom Umsatz, beträgt 34,0 %. Jetzt multiplizieren Sie die gesamten Fixkosten mit 100 und dividieren das Ergebnis durch den Deckungsbeitrag in % des Umsatzes.

Entsprechend der Berechnungsformel ergibt sich:

$$X = \frac{309.619 \text{€ x } 100}{34{,}0} = 910.644{,}11 \text{€}$$

Die Gewinnschwelle wird bei einer Umsatzleistung von rd. 910.644 € erreicht.

Wie Sie den Break-Even-Point (BEP) in % errechnen

Der **Break-Even-Point in %** gibt Ihnen an, bei wie viel % des erzielten Deckungsbeitrages Ihre fixen Kosten vollständig gedeckt sind.

Break-Even-Point

Sie ermitteln den Break-Even-Point in % wie folgt:

$$\text{Break-Even-Point} = \frac{\text{gesamte Fixkosten x 100}}{\text{DB in } €}$$

Fallbeispiel: Break-Even-Point in % berechnen

Ermittlung des Break-Even-Point

Ausgehend von den Daten aus dem Fallbeispiel „Berechnung des Break-Even-Umsatzes" wird der Break-Even-Point in % ermittelt. Es geht also darum zu ermitteln, bei wie viel % des erzielten Deckungsbeitrages die gesamten fixen Kosten gedeckt sind.

Entsprechend der Berechnungsformel ergibt sich:

$$\text{BEP in \%} = \frac{309.619\,€ \times 100\,\%}{366.431} = 84,5\,\%$$

Der Break-Even-Point in % liegt bei dem Fallbeispiel bei rd. 84,5 %, d.h. die fixen Kosten werden bei 84,5 % des erzielten Deckungsbeitrages vollständig gedeckt. Damit ist der Break-Even-Point auf einem relativ sicheren Niveau. Geringe Umsatzrückgänge würden das Unternehmen in seiner Existenz nicht gefährden.

6 Wie können Sie Ihre Kosten senken?

Ein wichtiges Gestaltungsziel für Unternehmen, insbesondere in dynamischen Wettbewerbsmärkten, ist die Steuerung von Kosten. Die Beeinflussung von Kosten steht im Mittelpunkt des Kostenmanagements und nicht die Ermittlung und Zurechnung von Kosten. Es sind die Kosten dabei so zu beeinflussen, dass eine bestmögliche Erreichung der betrieblichen Ziele gewährleistet wird.

Zur zielorientierten Beeinflussung Ihrer Kosten können Sie zum einen die absolute Kostenhöhe, zum anderen die betriebliche Kostenstruktur zum Ansatzpunkt Ihrer Analysen und Maßnahmen wählen. In beiden Fällen besteht Ihr primäres Ziel darin, betriebliche Kosten zu senken.

Eine Kostensenkung kann dabei auf das Reduzieren der Kosten pro Leistungseinheit und/oder auf ein absolutes Senken der betrieblichen Kosten abzielen.

Bei gegebenen Kapazitäten ist der größte Teil entstehender betrieblicher Kosten bereits vorbestimmt. Das Vermindern der Kosten pro Leistungseinheit sollten Sie dann in erster Linie durch eine wirtschaftliche Ausnutzung vorhandener Potenziale bzw. Kapazitäten anstreben. Ihr Kostenmanagement muss demzufolge darauf abzielen, Prozesse mit der größtmöglichen Wirtschaftlichkeit zu erfüllen und vorhandene Ressourcen wirtschaftlich zu steuern.

Kostenmanagement

Kostensenkung

Ziele des Kostenmanagements

Die Ziele sind im nachfolgenden Schaubild zusammengefasst:

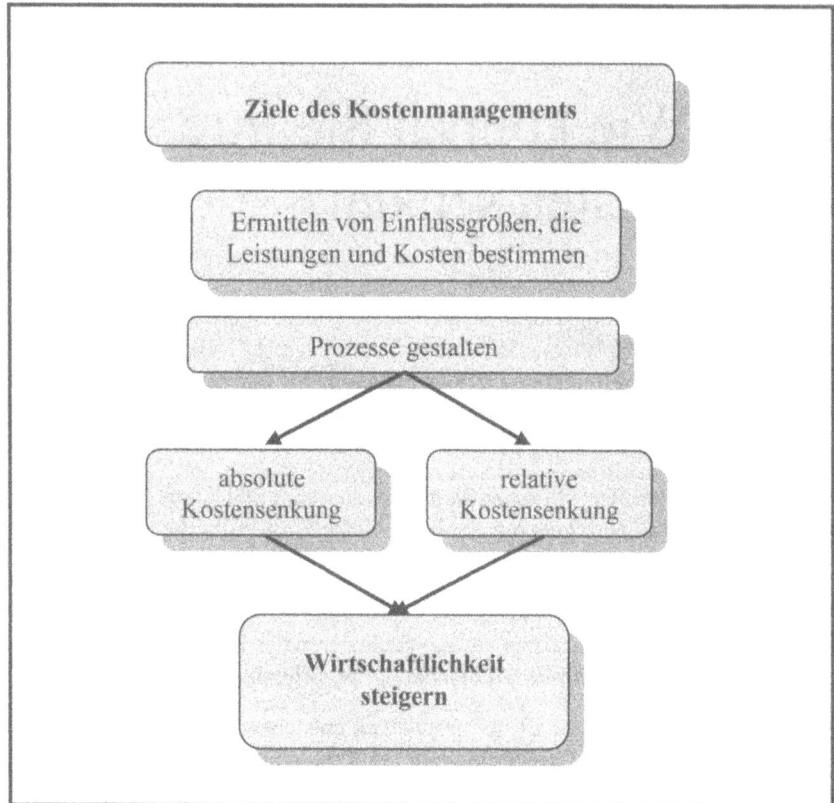

Abbildung 23: Ziele des Kostenmanagements

6.1 Welche Möglichkeiten der prozessorientierten Kostensenkung haben Sie?

Die folgende Abbildung gibt einen Überblick über die Möglichkeiten der Kostensenkung:

Möglichkeiten der Kostensenkung

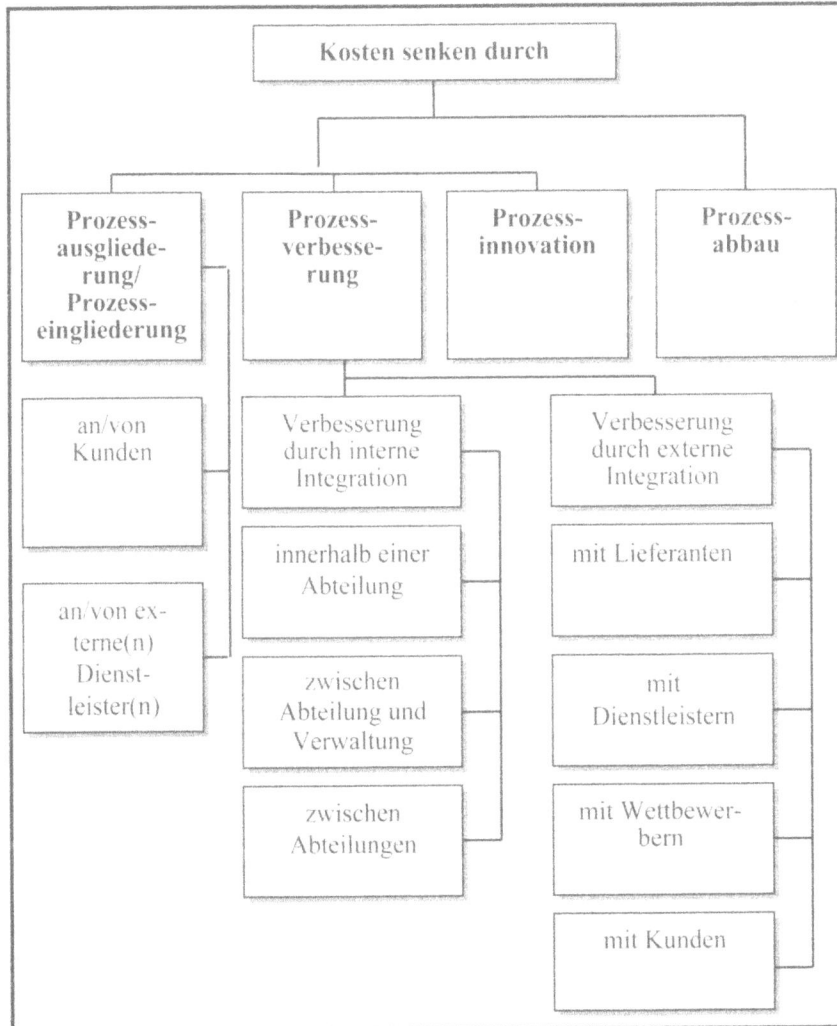

Abbildung 24: Möglichkeiten der Kostensenkung

6.1.1   Wie können Sie Kosten durch Prozessabbau beeinflussen?

Anforderungs-
gerechtigkeit

Die Entscheidung, einen Prozess abzubauen, ergibt sich aus seiner Einstufung als nicht anforderungsgerecht, d.h. der Prozess ist der Bewertung zufolge nicht geeignet, zur betrieblichen Zielerreichung einen Beitrag zu leisten. Dabei sind die Fälle unterscheidbar,

- dass ein Prozess grundsätzlich keinen Nutzen im Hinblick auf die Zielerreichung erwirtschaftet oder

- dieser Nutzen trotz wirtschaftlicher Prozesserstellung dauerhaft kleiner ist als die dadurch entstehenden Kosten.

Instrumente der Prüfung
der Anforderungs-
gerechtigkeit

Instrumente, die Sie nutzen können, die Anforderungsgerechtigkeit zu beurteilen, sind insbesondere die controllingorientierten Verfahren und hier speziell die Gemeinkosten-Wertanalyse (inklusive der Nutzwertanalyse). Dadurch, dass der Nutzen erbrachter Leistungsprozesse in einem betriebsinternen Bewertungsprozess ermittelt wird, bieten controllingorientierte Verfahren vornehmlich Hilfestellungen bei der Analyse von Abbaumöglichkeiten interner Prozesse. Qualitätskennzahlen und das Benchmarking können als zusätzliche Instrumente für die Beurteilung nach außen gerichteter Prozesse herangezogen werden, da sie auch die Nutzenerwartungen der Kunden mit in die Bewertung einbeziehen.

6.1.2   Kostenbeeinflussung durch Eingliederung und Ausgliederung von Prozessen

Allgemeine Voraussetzungen

Prozessausgliederung,
Prozesseingliederung

Unter einer Prozessausgliederung wird die bewusste Entscheidung eines Unternehmens verstanden, ehemals in ihren Leistungsbereich fallende Prozesse gezielt aus dem internen Leistungsprogramm auf Externe zu verlagern. Eine Prozesseingliederung ist demzufolge die bewusste Entscheidung eines Unternehmens, ehemals außerhalb des betrieblichen Leistungsbereichs liegende Prozesse in das eigene Leistungsprogramm aufzunehmen.

Die vollkommene Ausgliederung und die totale Eigenerstellung von Prozessen sind lediglich als Pole zu verstehen, zwischen denen eine Reihe von Abstufungen denkbar ist, wie z.B. Prozesskooperationen. Hier wird nur der Fall unterstellt, dass beide Partner rechtlich und wirtschaftlich selbständig operieren können und nur die beiden Extrementscheidungen zur Disposition stehen.

Leistungstiefe

Ihre Entscheidung zur Prozessausgliederung bzw. Prozesseingliederung ist gleichzusetzen mit der Entscheidung über Anzahl, Art und Intensität der selbst zu erstellenden Leistungsprozesse Ihres Unternehmens. Sie stehen dabei vor dem Entscheidungsproblem der „optimalen" Leistungstiefe. Sie sollten versuchen, für jeden Aufgabenbereich das bestmögliche Verhältnis zwischen den intern zu beherrschenden und zu verantwortenden Eigenaktivitäten einerseits und den von Externen zu erfüllenden Leistungsprozessen andererseits. Es geht also um den jeweils effizientesten Integrationsgrad zwischen Ihrem Unternehmen und Ihren Marktpartnern.

Das Entscheidungsproblem besteht für Sie darin, diejenigen Prozesse auszuwählen, die Sie selber übernehmen sollten und diejenigen zu identifizieren, die sinnvoll ausgegliedert werden könnten bzw. weiterhin außerhalb Ihres eigenen Unternehmens erbracht werden sollen. Das vorrangige Ziel der Prozessaus- und -eingliederung besteht zunächst aus einzelbetrieblicher Sicht darin, die absoluten oder relativen Kosten der eigenen Leistungserstellung zu senken.

Entscheidungsproblem

Eine Vorauswahl aus Kostengesichtspunkten aus- oder auch einzugliedernder Prozesse können Sie durch eine Vorstrukturierung der Prozesse entsprechend ihrer Prozesseigenschaften durchführen.

Prozesseigenschaften

Die folgende Tabelle zeigt im Hinblick auf die Auslagerungsfähigkeit wichtige Prozesseigenschaften. Diese Eigenschaften können Sie ebenfalls nutzen, um Entscheidungen zur Eingliederung von bisher fremderstellten Prozessen ins Unternehmen zu treffen.

vorrangige Eigenschaften		
Spezifität	niedrige Spezifität	hohe Spezifität
strategische Bedeutung	geringe strategische Bedeutung	große strategische Bedeutung
unterstützende Eigenschaften		
Unsicherheiten	niedrige Unsicherheit	hohe Unsicherheit
Häufigkeit	geringe Häufigkeit	große Häufigkeit
Konsequenzen für das Kostenmanagement	Prozess eher auslagern	Prozess eher selber durchführen (halten oder eingliedern)

Tabelle 39: Prozesseigenschaften

Im Hinblick auf die **Spezifität** eines Prozesses gilt tendenziell, dass mit abnehmender Spezifität die Möglichkeiten einer Prozessauslagerung steigen oder umgekehrt eine zunehmende Spezifität die Notwendigkeit zur Eigenerstellung anwachsen lässt. Dieses ist damit erklärbar, dass die Spezifität eines Prozesses die Intensität der Verhandlungs- und Abstimmungsprozesse zwischen dem Unternehmen und den potenziellen Prozessübernahmepartnern bestimmt, deren Kosten unter Umständen eine Auslagerung nicht mehr wirtschaftlich machen. Darüber hinaus ist die Erstellung unternehmensspezifischer Leistungen für

Spezifität

Marktpartner meist uninteressant, da keine weiteren Nachfrager auf dem Markt für die Leistungen gefunden werden können. Inwieweit ein Prozess spezifisch ist, ist jeweils am konkreten Einzelfall zu prüfen. Der Prozess der Dokumentation von Kundendaten kann im Unternehmen beispielsweise ein Prozess hoher Spezifität sein, wenn das Unternehmen eine unternehmensindividuelle Kundendatendokumentation anstrebt. In diesem Fall bietet sich eher die Übernahme der Kundendatendokumentation durch das eigene Personal an. Übernimmt ein Unternehmen dagegen ein standardisiertes Kundendatendokumentationssystem ist die Datendokumentation von eher geringer Spezifität und kann damit problemloser ausgelagert werden.

strategische Bedeutung

Eine niedrige **strategische Bedeutung** eines Prozesses erhöht die Chancen, diesen Prozess vorteilhaft aus dem Unternehmen auszulagern. Mit strategisch bedeutsamen Prozessen gelingt einem Unternehmen dagegen die Abhebung von den Konkurrenten. Sie sind für eine Auslagerung kaum noch geeignet, da ein Unternehmen solange wie möglich versuchen wird, mit diesen Prozessen Wettbewerbsvorteile zu halten.

Das Kriterium der strategischen Bedeutung ist insgesamt höher zu bewerten als das der Spezifität. Auch bei Prozessen hoher Spezifität, jedoch geringer strategischer Bedeutung, wie z.B. einer einmaligen Leistung, ist eine Auslagerung sinnvoll, da die zur Eigenerstellung erforderlichen Ressourcen selten wirtschaftlich einsetzbar sein dürften.

Unsicherheiten

Niedrige **Unsicherheiten** eines Prozesses deuten auf einen stabilen Prozessablauf hin, der als wesentliche Erleichterung für die Entscheidung zur Auslagerung angesehen werden kann. Die Dokumentation von Kundendaten in einem standardisierten Programm ist z.B. geringen Unsicherheiten unterworfen. Ist ein Prozess dagegen im Ablauf vielen unvorhergesehenen Änderungen unterworfen, sinken die Chancen, ihn sinnvoll aus dem Leistungserstellungsprozess auszugliedern, da die dann zu stellenden Anforderungen an den Prozesspartner kaum noch hinreichend spezifiziert werden können. Ähnliches gilt für die Auslagerung von Prozessen, die viele Schnittstellen im Unternehmen durchlaufen und dadurch bedingt eine enge Verzahnung zu anderen Leistungsprozessen aufweisen. Die durch eine Auslagerung erwachsenden Abstimmungsprobleme dürften als zu hoch für eine Prozessauslagerung einzuschätzen sein. Hier sei beispielhaft die fachabteilungsindividuelle Dokumentation von Kundendaten genannt.

Häufigkeit

Die **Häufigkeit** eines Prozesses ist unmittelbar auch für die Wirtschaftlichkeit einer Eigenübernahme verantwortlich. Erst ab einer bestimmten Häufigkeit ist der Aufbau eigener Kapazitäten lohnenswert, da eine Auslastung gewährleistet werden kann. Daraus ergibt sich, dass mit steigender Unternehmensgröße auch die Möglichkeiten, Prozesse selbst zu übernehmen, zunehmen. Andererseits bestimmt die Häufigkeit jedoch auch die Chancen, einen externen Spezialisten zu finden, der die Prozesserstellung übernimmt. Die Prozesshäufigkeit wird deshalb lediglich als unterstützende Eigenschaft eingeordnet, da auch bei vielen Wiederholungen nur dann eine Eigenerstellung erfolgen sollte, wenn es sich um einen strategisch bedeutsamen und spezifischen Prozess handelt.

Neben den Prozesseigenschaften sollten Sie bei der Entscheidung über die Auslagerung bzw. Eingliederung von Prozessen noch weitere Rahmenbedingungen berücksichtigen, die Barrieren für die Auslagerung bzw. Eingliederung darstellen könnten. Hierzu zählen die Verfügbarkeit von Kapital und Know-how, die Verfügbarkeit von informations- und kommunikationstechnischen Infrastrukturen, rechtlichen Rahmenbedingungen, beschäftigungspolitische Restriktionen oder das Ausmaß der Standortflexibilität.

Haben Sie eine Prozessvorauswahl mit Hilfe der Prozesseigenschaften durchgeführt, folgt in einem zweiten Schritt eine detailliertere Analyse der zur Auslagerung bzw. Eingliederung geeigneten Prozesse. Da die Zielgröße in einer Kostenreduzierung besteht, müssen die Kosten der Eigen- oder Fremddurchführung eines Prozesses miteinander verglichen werden. Als Entscheidungsregel für einen Kostenvergleich gilt, dass eine Prozessausgliederung zumindest dann in Erwägung gezogen werden sollte, wenn die Kosten der Fremderstellung unter denen der Eigenerstellung des Prozesses liegen. *Eigenerstellung/Fremderstellung*

Prozessausgliederung an Kunden / Prozesseingliederung von Kunden

Ihre Möglichkeiten Prozesse an Kunden auszugliedern, sind auf Prozesse begrenzt, die in der Phase der Endkombination der Leistung zu vollziehen sind, da erst hier ein direkter Kundenkontakt hergestellt wird.

Entsprechend den Prozesseigenschaften sollten Sie zunächst eine Vorauswahl der zur Auslagerung an Kunden geeigneten Prozesse durchführen. Es sollte sich vor allem um relativ einfache, standardisierte Prozesse handeln, deren Abfolge durch den Kunden leicht durchschaubar und einfach nachzuvollziehen ist. Prozesse, die sich in ihrer Art und Weise häufig wiederholen und unternehmensunspezifisch sind, bieten sich eher zur Auslagerung an. *Prozessausgliederung an Kunden*

Um die Kostenwirkungen einer Auslagerung geeigneter Prozesse zu untersuchen, müssen Sie in einem ersten Schritt eine Prozessbewertung mit den durch den Prozess verursachten Kosten vornehmen. Hierzu kann die Prozesskostenrechnung eingesetzt werden. *Prozessbewertung*

Sie sollten beachten, dass eine Auslagerung besonders bei komplexen Prozessen mit einem Verlust des Grades der Prozessbeherrschung verbunden ist. Eine eindeutige Verantwortung für den Prozess ist nur noch bedingt herstellbar. Es besteht damit die Gefahr, dass Mängel des Prozessergebnisses Ihrem Unternehmen angelastet werden.

Letztlich führt eine Ausgliederung von Leistungsprozessen an die Kunden immer dann zu Kosteneinsparungen, wenn es gelingt, die dadurch freiwerdenden Kapazitäten abzubauen und die zum Abbau erforderlichen Investitionen bzw. das direkt oder indirekt zu zahlende Entgelt für die Fremdübernahme die Einsparungsmöglichkeiten nicht übersteigt.

Kundenzufriedenheit Erschwert wird das Vorgehen, wenn Konsequenzen auf der **Leistungsseite** zu erwarten sind, deren Ausmaß lediglich geschätzt werden kann. So kann die Kundenzufriedenheit nachhaltig negativ beeinflusst werden, wenn z.B. Personal durch technische Einrichtungen ersetzt wird. Aus Kundensicht kann der „Produktionsfaktor Personal" in einem hohen Maße zur Kundenzufriedenheit und Kundenbindung an das Unternehmen beitragen, so dass auch die Ertragsseite des Unternehmens positiv bzw. bei Abbau negativ beeinflusst werden kann.

Rahmenbedingungen Die praktische Umsetzung der Entscheidung in konkrete Maßnahmen erfordert über die genannten Kosten- und Leistungswirkungen hinaus noch eine Reihe von erfüllten **Rahmenbedingungen** (z.B. gesetzliche Bestimmungen), um die Prozessausgrenzung zu ermöglichen. Es können Ausgliederungskosten dadurch entstehen, dass das Unternehmen erhöhte Kosten zumindest in der Umstellungsphase für die Information der Kunden berücksichtigen muss.

Eine entscheidende Voraussetzung zur Prozessauslagerung an den Kunden ist der Kunde selber. Der Kunde muss sowohl bereit als auch fähig sein, Prozesse zu übernehmen.

Prozessfähigkeit und -bereitschaft Treten eine hohe **Bereitschaft** der Kunden und eine hohe **Prozessfähigkeit** zu den oben beschriebenen, die Auslagerung fördernden Prozesseigenschaften hinzu, ergeben sich gute Chancen einer erfolgreichen Ausgliederung. Da die Fähigkeit zur Prozessübernahme an die Anforderungen geknüpft ist, die ein Prozess stellt, ist diese Bedingung bei einer Beschränkung auf einfache, standardisierte und wiederholbare Prozesse bereits erfüllt. Darüber hinaus können bisher eher komplexe Prozesse für den Kunden vereinfacht werden, indem z.B. spezielle Technologien zum Einsatz kommen.

Bereitschaft der Prozessübernahme Des Weiteren müssen Sie untersuchen, welche Faktoren die Bereitschaft der Kunden zur Prozessübernahme positiv beeinflussen. Folgende positive Bestimmungsgründe können vermutet werden:

- Freude an der eigenen Leistung und den damit einhergehenden Lerneffekten;

- Erhöhung der Transparenz des Leistungserstellungsprozesses.

Vermutet werden kann, dass die Bereitschaft zur Prozessübernahme durch folgende Faktoren negativ beeinflusst wird:

- Die Anstrengungen durch die Übernahme der Aktivitäten wird als zu hoch empfunden;

- die Reduzierung der sozialen Kontakte zwischen Personal und Kunde wird als negativ empfunden;

- die erhöhte Eigenverantwortlichkeit ist mit einer erhöhten Unsicherheit verbunden.

Prozessausgliederung an Dienstleistungsunternehmen / Prozesseingliederung von Dienstleistungsunternehmen

Prozessausgliederungen an Dienstleistungsunternehmen bzw. Eingliederungen von Dienstleistern erfordern aus der Sicht des Unternehmens grundsätzlich ähnliche Überlegungen wie die Prozessausgliederung an Kunden. Dieses trifft insbesondere auch auf die Anforderungen an die auszugliedernden Prozesse und das grundsätzliche Vorgehen bei der Entscheidungsfindung zu. Auch hier stehen Sie vor dem Entscheidungsproblem, welcher Ausschnitt aus der Wertschöpfungskette durch sie selber vollzogen werden soll und welche Prozesse durch Externe zu übernehmen sind.

Prozessausgliederung an Dienstleister

Unter „Externen" können sowohl rechtlich und wirtschaftlich selbständige Dienstleistungsunternehmen verstanden werden, mit denen Sie fallweise Dienstleistungsverträge abschließen, als auch Dienstleistungsanbieter innerhalb von Kooperationen.

„Externe"

Für die Prozessaus-/eingliederungsmöglichkeiten an Dienstleister gilt, dass sämtliche in Ihrem Unternehmen durchgeführten Prozesse auch durch Dienstleister ausgeführt werden könnten und umgekehrt. Für ein bereits bestehendes Unternehmen werden sich Aus-/Eingliederungsentscheidungen, die eine Senkung des absoluten Kostenniveaus zum Ziel haben, jedoch auf ausgewählte Bereiche beschränken.

Die strategische Bedeutung eines Prozesses stellt wiederum ein wesentliches Merkmal zur Prozessauswahl dar. Je geringer die strategische Bedeutung des auszugliedernden Prozesses ist und je klarer Inhalte definiert und von anderen Aufgabenbereichen bzw. Unternehmensprozessen abgegrenzt werden können, desto eher besteht eine Tendenz zur Ausgliederung.

strategische Bedeutung

Beispiele für auszugliedernde Prozesse könnten Reinigungs- und interne Versorgungs- sowie Sicherungsprozesse, die unter den unterstützenden Prozess „Anlagevermögen verwalten" zusammenzufassen sind, sein. So können Reinigungsleistungen auf spezielle Reinigungsunternehmen verlagert oder die Kantinenbewirtschaftung an einen externen Betreiber vergeben werden. Auch Boten- und Pförtnerdienste sowie Gebäudeschutzmaßnahmen können in vielen Fällen von spezialisierten Dienstleistungsunternehmen durchgeführt werden.

Die Aufgabenstellungen und die Ressourcenzuweisungen dieser Bereiche sind meist abgegrenzt, so dass kaum direkte Leistungsverflechtungen mit anderen Unternehmensprozessen auftreten. Auch ist eine unternehmensseitige Kostenermittlung relativ leicht möglich, da die anfallenden Kosten innerhalb der Kostenrechnung in einer eigenständigen Kostenstelle erfasst werden können, so dass das Gesamtvolumen potenziell einsparbarer Kosten direkt ermittelt werden kann. Praktisch erfordern die Bereiche jedoch häufig weitere Leistungen aus der internen Verwaltung, wie z.B. Personalverwaltungsprozesse, Abrechnungsprozesse für in Anspruch genommene Ressourcen wie Strom etc. oder Leistungsprozesse der Führungskräfte. Diese Kosten sind den Leistungsprozessen in der Regel nicht dem Verursachungsgedanken entsprechend zurechenbar, da sie mit dem Abbau der Leistungen wegfallen. Genauere Informationen dazu wären nur ermittelbar, indem z.B. ein Personalverwaltungsprozesskostensatz pro Mitarbeiter mittels analytischer Kostenplanung errechnet würde, der den in der Kostenstelle errechneten Kosten zugeschlagen werden müsste. Auch hier gilt es jedoch zu prüfen, inwieweit ein tatsächlicher Abbau der Kapazitäten im Unternehmen möglich ist, bzw. inwieweit durch die Entlastung der Personalabteilung bzw. der Verwaltung eine tatsächliche Kostenreduzierung eintritt und welche Abbaukosten unter Umständen entstehen könnten. Diese Kosten sind den Angeboten der Dienstleistungsunternehmen gegenüberzustellen.

Ziel der Auslagerung

Zielsetzung der Auslagerung ist aber häufig nicht die absolute Kostensenkung, sondern die Gewinnung von Flexibilität bezüglich der Bindungsfristen der eingesetzten Ressourcen sowie eine Entlastung der internen Verwaltung von Verwaltungs- und Kontrollprozessen. Dadurch ist eine Konzentration auf das ausgewählte Kerngeschäft möglich.

Auslagerungsrisiko

Das Auslagerungsrisiko in Bezug auf entstehende Abhängigkeiten von Dienstleistungsunternehmen ist bei den genannten Prozessen relativ gering, da es nur geringe Markteintrittsbarrieren für das Unternehmen gibt, d.h. Leistungen gegebenenfalls wieder einzugliedern und in eigener Regie durchzuführen.

Entscheidungsfindung

Die Entscheidungsfindung wird deutlich komplexer, wenn es sich um Prozesse handelt, die vermutlich einen wesentlicheren Einfluss auf den Erfolg des Unternehmens und damit eine größere strategische Bedeutung für das Unternehmen besitzen. Je nach der strategischen Ausrichtung können Logistikprozesse inklusiv der Entsorgungsprozesse, Marketingprozesse oder Informationsverarbeitungs- und Verwaltungsprozesse an Dienstleister vergeben werden. Es ist in der Unternehmenspraxis bereits längere Zeit üblich, Marketingprozesse an darauf spezialisierte Werbe- und PR-Agenturen zu übertragen oder Planungs- oder Kontrollprozesse an Unternehmensberatungen, Wirtschaftsprüfer, Steuerberater oder Rechtsanwälte auszugliedern. Relativ neu sind jedoch Initiativen, auch Informationsverarbeitungsprozesse an Dienstleister zu vergeben. Außerdem bestehen Ansätze, Dienstleistungsprozesse, wie die gesamte Immobilien-bewirtschaftung oder bürotechnische Dienste, auszulagern.

Als wesentliche Vorteile der Ausgliederung von Prozessen an Dienstleister werden häufig Kostenstrukturverschiebungen hin zu den variablen Kosten ge-nannt, da nur die von Dienstleistern in Anspruch genommenen Leistungen be-zahlt werden müssen, d.h. keine eigenen Kapazitäten vorzuhalten sind. Die Kostentransparenz des Unternehmens kann dadurch zwar steigen, dennoch sollte das Kriterium der Abbaubarkeit beachtet werden. Je spezifischer die von den Dienstleistern erbrachten Leistungen an das Unternehmen angepasst wer-den müssen, desto weniger ist der Dienstleister in der Lage, seine Dienste auch weiteren Kunden anzubieten. Er verliert einen Teil seiner ursprünglichen Effi-zienzvorteile (beispielsweise durch die Bündelung mehrerer Aufträge ver-schiedener Auftraggeber). Sind also kundenspezifische Investitionen erforder-lich, wird der Dienstleister versuchen, sein Investitionsrisiko durch den Ab-schluss langfristiger Bindungsverträge zu verringern, so dass es sich dann nicht mehr um variable Kosten handelt.

Vorteile der Ausgliederung

Wesentliche Voraussetzung für eine Auslagerung sind die Möglichkeiten, ei-nen Dienstleister zu finden, der den vorab zu definierenden Grad an Leis-tungsqualität gewährleisten kann. Die Suche nach potenziellen Dienstleistern sowie die sich dann eventuell anschließenden Vertragsverhandlungen verursa-chen (einmalige) Transaktionskosten, die in das Entscheidungskalkül einzube-ziehen sind.

Ein zentrales Problem der Auslagerung an Dienstleister aus prozessualer Sicht ist die reibungslose Abwicklung der Kommunikation zwischen den Vertrags-partnern. Dienstleister sind zusätzliche Parteien, die in den Leistungserstel-lungsprozess integriert werden. Dadurch steigt die Anzahl zu überwindender Schnittstellen und unterschiedlicher Zielvorstellungen, so dass die Prozess-steuerung insgesamt komplexer wird. Das Ergebnis ist eine weitergehende Spezialisierung, die Abstimmungen erfordert, die wiederum Kosten verursa-chen.

Problem der Auslagerung

Die Spezialisierung und der Abstimmungsbedarf können begrenzt werden, in-dem ganze „Module" bzw. Hauptprozesse zum Auslagerungsgegenstand ge-macht werden. Dienstleister sind dann beispielsweise nicht mehr allein für die Reinigung von Flächen verantwortlich, sondern sie übernehmen auch informa-tions- und finanzwirtschaftliche Aufgaben bis hin zum gesamten Gebäudema-nagement. Im Hinblick auf die Kostenerfassung im Unternehmen hat dieses den Vorteil, dass eine dem Verursachungsgedanken entsprechende Zuordnung von Kapazitäten umso eher möglich ist, je weiter die Prozessabgrenzung be-trieben wird. Gelingt es dem Unternehmen und den Dienstleistern, eindeutige Leistungsvereinbarungen zu treffen, und sind die Kontrollkosten gering, redu-zieren sich durch diese Art der Ausgliederung die Schnittstellen im eigenen Unternehmen und Doppelarbeiten können vermieden werden.

Informationsfluss

Ein reibungsloser Informationsfluss zwischen den Partnern kann nur dann gewährleistet werden, wenn die Informationen kompatibel sind, d.h. sowohl Informationsverarbeitungshard- als auch -software eine Übertragung der Daten erlaubt. Diese wesentliche Anforderung gilt jedoch nicht nur für die Ausgliederung von Prozessen, sondern wird als eines der Kernelemente zur Verbesserung bzw. Effektivierung von Prozessen allgemein gesehen.

kleinere Unternehmen

Kleinere Unternehmen sind in vielen Bereichen deutlicher auf die Prozessübernahme durch externe Dienstleister angewiesen als große Unternehmen. Aufgrund ihrer Größe ist meist kein wirtschaftlicher Aufbau eigener Kapazitäten in bestimmten Bereichen möglich. Hinzu können Kapazitätsrestriktionen kommen, insbesondere durch die Unternehmensleitung, die in bestimmten Bereichen nicht in der Lage ist, Führungs-, Koordinations- und Kontrollprozesse selbständig zu übernehmen.

Kooperationen

In diesen Fällen bieten sich Kooperationen in verschiedenen Formen mit anderen Unternehmen an. Sie bieten den Kooperationsmitgliedern die Möglichkeit, Prozesse aus dem eigenen Unternehmen auszulagern, ohne viele der Nachteile bzw. Gefahren der Auslagerung an fremde Dienstleister in Kauf zu nehmen. So besitzt die Kooperationszentrale eine spezifische Kompetenz sowie einzelbetriebliche Erfahrungen. Daneben existiert eine Vielzahl an Referenz-Unternehmen, die als Prozess-Vergleichsobjekte herangezogen werden können. Des Weiteren kann für das einzelne Mitglieds-Unternehmen die zeitintensive Suche nach speziellen Dienstleistern auf dem Markt entfallen.

Grundsätzlich kann jede Aktivität auf die Verbundzentrale oder auf ein Mitglieds-Unternehmen übertragen werden. In der Praxis werden sich insbesondere Dienstleistungen zur Auslagerung eignen, die Beschaffungs-, Controlling- und Marketingprozesse zum Inhalt haben.

Besondere Probleme entstehen in Verbundgruppen, in denen keine eigenständige Vergütung nach Inanspruchnahme von übernommenen Leistungsprozessen besteht. Da der Bedarf und die Inanspruchnahme jedoch je nach Unternehmensgröße und Betriebsart sehr unterschiedlich sind, führt eine derartige Praxis zwangsläufig zu Interessenkonflikten zwischen den Mitgliedern. Fundierte Aus- bzw. Eingliederungsentscheidungen sind nur dann möglich, wenn Leistungen Preise zugeordnet werden, die für alle Mitglieder transparent und nachvollziehbar sind. Dazu müssen jedoch auch die Verbundzentralen Kosteninformationen sammeln, die die Kalkulation von Dienstleistungsprozessen ermöglichen.

Wie auch bei den Möglichkeiten der Eingliederung von Prozessen der Kunden ist eine entsprechende Prozess(rück)eingliederung der Dienstleistungsprozesse in das eigene Unternehmen eine mögliche Maßnahme zur Kostensenkung. Die dazu erforderlichen Überlegungen decken sich wiederum mit denen zur Prozessausgliederung.

Kostenbeeinflussung durch Prozessverbesserungen

Im Mittelpunkt der Betrachtung stehen diejenigen Prozesse, die das Unternehmen selbst erstellen möchte/muss, die aber unter Umständen verbessert, d.h. effizienter erbracht werden können.

Prozessverbesserungen

Ein Prozess ist dann gegenüber anderen effizienter, wenn bei gegebenem Output der dazu erforderliche Input geringer ist bzw. bei gleichem Input ein größerer Output erzeugt wird. Im ersten Fall sinken die absoluten Kosten, im zweiten Fall handelt es sich um eine relative Kostensenkung.

Prozesseffizienz

Prozessverbesserungen können sich auf innerbetriebliche Prozesse beschränken, die im direkten Einflussbereich des Unternehmens liegen. Dieses entspricht im Wesentlichen den klassischen Rationalisierungsbemühungen. Bezogen auf das Unternehmen können Prozessverbesserungen innerhalb des Unternehmens differenziert werden in Verbesserungen:

innerbetriebliche
Prozessverbesserungen

- innerhalb einer Abteilung,

- zwischen den Abteilungen und solchen

- zwischen der/den Abteilungen und der Verwaltung.

Ein wesentliches größeres Potenzial an Prozessverbesserungsmöglichkeiten eröffnet sich, wenn Sie das Unternehmen konsequent prozessorientiert ausrichten und den gesamten Markt bzw. zumindest vorhergehende und nachfolgende Leistungsersteller mit in die Analyse einbeziehen. Prozessverbesserungen erschließen sich dann durch die Möglichkeit, externe Leistungsersteller in die eigene Prozesserstellung zu integrieren, wie:

Prozessintegration

- eine Integration mit Lieferanten,

- eine Integration mit Dienstleistungsunternehmen,

- eine Integration mit Mitbewerbern sowie

- eine Integration mit Kunden.

Grundsätze zur Prozessverbesserung

Es werden folgende Empfehlungen zur Prozessgestaltung genannt:

Empfehlungen zur
Prozessgestaltung

- Innerhalb eines Geschäftsprozesses sind einheitliche Ziel- und Erfolgskriterien zu etablieren.

- Für jeden Prozess ist eine eindeutige Verantwortlichkeit vorzusehen.

- Die Basis für eine eindeutige Zurechenbarkeit der Kosten zu den Geschäftsprozessen ist herzustellen.

- Die Anzahl der an der Prozessdurchführung beteiligten Personen bzw. Funktionsbereiche ist zu minimieren.

- Schnittstellen zwischen den einzelnen Funktionsbereichen sind zu beseitigen oder zumindest zu verbessern.

- Kontrollen sind im geringst möglichen Ausmaße vorzunehmen.

Diese Empfehlungen können Ihnen erste Anhaltspunkte bieten, unter welchen Gesichtspunkten bestehende Prozesse des Unternehmens näher zu analysieren sind und wo Umgestaltungsmaßnahmen ansetzen können.

Interne Prozessverbesserungen innerhalb einer Abteilung

Potenzial für Prozessverbesserungen und damit Kostensenkungspotenzial wird mit steigender funktionaler Arbeitsteilung innerhalb der Abteilung zunehmen. Dadurch entstehen Prozessschnittstellen, die Abstimmungen zwischen den einzelnen funktionalen Bereichen bedingen.

Kundenperspektive

Wird die (übertriebene) Spezialisierung als einer der Haupteinflussfaktoren für die Kostenentstehung bzw. das Prozessleistungsergebnis betrachtet, kann ein Perspektivenwechsel von der Betriebssicht hin zur Kundensicht Aufschlüsse über Prozessschwachstellen geben. Hierbei kann z.B. deutlich werden, dass die in einer Abteilung vorgenommene Arbeitsteilung für den Kunden nicht nachvollziehbar ist und für ihn zu einer umständlichen Abfolge des Vorganges führen kann.

Wartezeiten

Die Dauer der Durchführung eines Prozesses setzt sich zusammen aus Wartezeiten und Aktivitäten. **Wartezeiten** stellen zunächst unproduktive Zeiten dar, die zu minimieren sind. Sie entstehen durch Kapazitätsengpässe. Sie sollten im Rahmen einer Ist-Analyse ermitteln, wann, wo, aus welchem Grund, welche Wartezeiten auftreten. Dabei ist zu unterscheiden zwischen dauerhaften und lediglich zeitweilig auftretenden Wartezeiten.

dauerhafte Wartezeiten

Bei dauerhaften Wartezeiten sollten Sie entweder weitere Kapazitäten aufbauen oder den Output bereitgestellter Kapazität erhöhen. Der Output vorhandener Kapazitäten kann jedoch evtl. durch (kostenneutrale) Prozessumgestaltungsmaßnahmen gesteigert werden.

Kapazitätsplanungen an einzelnen Stellen haben unmittelbare Auswirkungen auf weitere Prozesse, so dass Sie nur diejenigen Bereiche näher untersuchen sollten, die tatsächlich innerhalb des gegebenen Zeithorizontes beeinflussbar sind. Ausgangspunkt der Planung muss dann der im Unternehmen isolierte Engpass sein.

Prozessverbesserungen können Sie durch organisatorische und technische Maßnahmen erzielen. Zu nennen ist beispielsweise der innerbetriebliche Transport von Sachmitteln. Entscheidende Möglichkeiten zur Prozessverbesserung in den Abteilungen sind durch neue Möglichkeiten der Datenerfassung und -weitergabe eröffnet worden.

Interne Prozessverbesserungen zwischen Abteilung und Verwaltung

Die Trennung zwischen Abteilungen und der zentralen Verwaltung bedingt zunächst interne, Kosten beeinflussende Schnittstellen im Unternehmen, die durch Entscheidungen bzw. Spezialisierung entstanden sind. Eine eingehende Analyse der zwischen diesen Prozesserstellern ablaufenden Prozesse im Hinblick auf ihre Effizienz kann damit Kostensenkungspotenzial offenbaren. Das Ausmaß des Prozessverbesserungspotenzials zwischen Abteilung und zentraler Verwaltung wird unmittelbar von der Intensität der Zusammenarbeit bzw. der Abhängigkeit und Aufgabenverteilung zwischen Abteilung und zentraler Verwaltung bestimmt.

Das Ausmaß der Prozessübernahme zwischen Abteilung und zentraler Verwaltung wird durch die gewählte Aufteilung der Entscheidungsaufgaben zwischen Abteilung und zentraler Verwaltung, d.h. dem zu wählenden Zentralisierungs- bzw. Dezentralisierungsgrad bestimmt.

Zentralisierung, Dezentralisierung

In einem Extrem (= Zentralisation) werden alle Arbeiten zentralseitig erledigt, bis auf diejenigen Tätigkeiten, die nur in der Abteilung ausgeführt werden können. Bei völliger Dezentralisierung arbeitet jede Abteilung selbständig. Spezialisierungsvorteile und Synergieeffekte werden nicht genutzt.

Das Ausmaß der Prozessübernahme der Abteilung sinkt mit der zunehmenden Standardisierung des Leistungsprogramms. Damit nimmt auch der Abstimmungsbedarf ab, so dass im Hinblick auf die Prozessgestaltungsanforderungen Kontrollen und Zuständigkeiten für einen Prozess und Schnittstellen reduziert werden. Inwieweit damit jedoch tatsächlich Kosteneinsparungen zu realisieren sind, bleibt im Einzelfall zu prüfen.

Eine weit verbreitete funktionale Arbeitsteilung zwischen zentraler Verwaltung und den Abteilungen sieht vor, dass die Mehrzahl der verwaltenden Prozesse auf der Zentralebene, kundenbezogene Prozesse und die Disposition dieser Prozesse in den Abteilungen durchgeführt werden.

Diese Form der Arbeitsteilung bedingt, dass Informationen zwischen der zentralen Verwaltung und den Abteilungen gesteuert werden müssen. Im Hinblick auf die zu steigernde Prozesseffizienz bedeutet dies, dass zunächst eine detaillierte vertikale Analyse der horizontalen Leistungsprozesse erfolgen muss. Anschließend sind die Prozesse im Hinblick auf die bereits abgeleiteten Gestaltungsanforderungen zu untersuchen. Ansatzpunkte zur Identifikation von Kostensenkungspotenzialen ergeben sich insbesondere bei allen Arten von Kontrollen sowie allgemein bei identifizierten Doppelarbeiten.

Prozesseffizienz

Die Frage, inwieweit Spezialisierungen insbesondere bei Verwaltungsprozessen und dadurch entstehende Schnittstellen Kosten verursachen, die über dem Nutzen der Spezialisierung liegen, ist nur am Einzelfall klärbar. Das Ergebnis des Vergleichs ist von der **wahrgenommenen Standardisierbarkeit der Prozesse** in den Abteilungen abhängig. Je höher die Standardisierung ist, desto zweckmäßiger erscheint es, Prozesse zentralseitig zu erbringen. Dann sind Synergien und Spezialwissen nutzbar.

Interne Prozessverbesserungen zwischen Abteilungen

Prozessverbesserungen zwischen Abteilungen

Es sind Maßnahmen zu Prozessverbesserungen denkbar, die in erster Linie durch eine gemeinschaftliche Prozesserstellung bzw. gemeinschaftliche Nutzung von Kapazitäten zur Prozesserstellung entstehen. Hierbei ist z.B. ein Austausch von Mitarbeitern zwischen den Abteilungen denkbar, so dass für Krankheits- und Urlaubsfälle geringere Kapazitäten aufgebaut werden müssen. Auch ist eine gemeinschaftliche Nutzung von Spezialisten oder Spezialgeräten möglich, die ansonsten nicht wirtschaftlich einsetzbar wären.

Prozessverbesserungen durch externe Integration

externe Integration

Während die innerbetriebliche Ökonomisierung nur den eigenen Betrieb und dessen Verbesserung im Auge hat, zielt die überbetriebliche Ökonomisierung auf eine gemeinwirtschaftliche Verbesserung des Leistungsaustausches. Geht man davon aus, dass ein erheblicher Teil der Kosten eines Unternehmens durch Schnittstellen mit Kunden, Lieferanten und Dienstleistern bedingt ist, ist das Potenzial von Kostensenkungen durch innerbetriebliche Ökonomisierungen beschränkt. Ein erhebliches Rationalisierungspotenzial kann sich aber durch die Zusammenarbeit mit den restlichen Teilnehmern der Wertkette erschließen. In erster Linie geht es darum, die Schnittstellen zwischen den einzelnen am Wertschöpfungsprozess beteiligten Institutionen möglichst effizient zu überwinden und eine Prozessverteilung zu finden, die für die Gesamtprozessherstellung kostengünstiger ist.

Für Unternehmen kommen als Ansprechpartner externer Integrationsmaßnahmen grundsätzlich alle Institutionen in Frage, mit denen Austauschbeziehungen bestehen. Eine Gruppe stellen die Lieferanten bzw. Hersteller von Sachmitteln dar. Da die Anzahl der Austauschprozesse relativ groß ist, kann ein großes Einsparvolumen vermutet werden. Des Weiteren spielen Dienstleistungsunternehmen immer dann eine bedeutende Rolle, wenn die Leistungstiefe des Unternehmens abnimmt, bzw. eine Vielzahl von Leistungen aus dem Unternehmen auf rechtlich selbständige Dienstleister ausgelagert wird.

Prozessintegration mit Lieferanten

Wie auch bei den Entscheidungsalternativen zur Ausgliederung von Prozessen an Kunden oder Dienstleister setzen Überlegungen zur Integration von Prozessen zunächst eine aktuelle Analyse der Ist-Prozessverteilung zwischen dem Unternehmen und seinen Lieferanten voraus.

Ist-Prozessverteilung

Aufbauend auf dieser aktuellen Prozessverteilung wird nun jedoch eine Prozessabgrenzung vollzogen, die von bestehenden Zuständigkeitsgrenzen abstrahiert. Abweichend von einer einzelbetrieblichen Betrachtungsebene wird im Rahmen von Integrationsbemühungen versucht, den Gesamtprozess zwischen Lieferant/Hersteller und Unternehmen aus einer überbetrieblichen Perspektive zu analysieren, um so Prozessverbesserungspotenzial zu identifizieren, das nur in Zusammenarbeit mit den Partnern erreicht werden kann.

Prozessabgrenzung

Das zentrale Problemfeld beim Austausch zwischen Hersteller/Lieferant und Abnehmerbetrieb ist der Problemanalyse zufolge ein fehlender Informationsaustausch (durch mangelnde Kommunikation), der eine – im Hinblick auf die Gesamtoptimierung erforderliche – Koordination der Aktivitäten verhindert. Dadurch entstehen Doppelarbeiten, Kontrollkosten und Mehrfachzuständigkeiten, die den Gestaltungsanforderungen an Prozesse widersprechen.

fehlender Informationsaustausch

Arbeiten die Wertkettenpartner mit gleichen Standards, so ist ein weitgehend papierloser Datenaustausch möglich. Im Hersteller-/Lieferanten- wie im Abnehmerbetrieb entfallen manuelle Arbeitsschritte wie das Öffnen, Sortieren und Stempeln der Post oder die laufende Eingabe der Daten in die hauseigene EDV.

papierloser Datenaustausch

Wertschöpfungspartnerschaften verlangen die Verstetigung und Verfestigung der Beziehungen zwischen Herstellern/Lieferanten und den Abnehmerbetrieben. Das gegenseitige Abhängigkeitsverhältnis wird durch die gegenseitige Anpassung an technische Standards und die mit den Rationalisierungen einhergehenden Investitionen verstärkt. Je nach der Höhe der erforderlichen Investitionen kann es zu einer Verringerung der Lieferantenzahl kommen, da evtl. kleinere Lieferanten den Anforderungen der Kooperation nicht gerecht werden können und zwangsweise aus dem Markt ausscheiden. Eine geringere Zahl von Lieferanten führt zu sinkenden Abstimmungsproblemen und geringeren Datenschutzproblemen der verbleibenden Partner.

Wertschöpfungs-partnerschaften

Prozessintegration mit Dienstleistern

Das größte Rationalisierungspotenzial liegt vermutlich, wie auch bei den Lieferern, in der Verbesserung der Informations- und Kommunikationsprozesse zwischen den Partnern. In der Regel besteht ein hoher Austauschbedarf zwischen den am Leistungerstellungsprozess beteiligten Partnern und damit auch die Gefahr von Fehlern bzw. Ineffizienzen.

Rationalisierungs-potenzial

Kostensenkungen bzw. Leistungsverbesserungen sind vermutlich insbesondere durch Maßnahmen zu erzielen, die auf einem gemeinsamen Nachrichtenstand aufbauen. Damit wird ein papierloser, zeitgleicher Datenaustausch der Integrationspartner möglich. Doppelarbeiten sowie Doppelerfassungen oder Datenumformatierungen entfallen, was zu Möglichkeiten der Personalkosten-, Gerätekosten- und Raumkosteneinsparung führt.

Prozessintegration mit Wettbewerbern

Prozessintegration mit Wettbewerbern

Die Möglichkeit der Prozessintegration mit Wettbewerbern ist eine sehr problembeladene externe Integrationsmaßnahme. Anders als bei den bisher vorgestellten Integrationspartnern handelt es sich bei den Wettbewerbern meist nicht um Partner, sondern meist um Konkurrenten. Insbesondere in den Fällen, in denen eine direkte Konkurrenzsituation vorliegt bzw. von den Unternehmen als solche empfunden wird, besteht die Tendenz zur Abschottung, um keine Wettbewerbsvorteile an die Konkurrenz zu verlieren. Prozesse mit strategischer Bedeutung sind demzufolge meist von Integrationsbemühungen ausgeschlossen. Folglich entstehen in dieser Beziehung zunächst keine bzw. kaum Schnittstellenprobleme aus bestehenden Beziehungen, die auf Ineffizienzen hindeuten und durch eine Prozessintegration abgebaut werden könnten. Die große Zahl von Prozessen, die gleichförmig oder zumindest ähnlich in Unternehmen zu vollziehen sind, lassen vermuten, dass eine gemeinschaftliche Erstellung bzw. Integration dieser Prozesse Kostensenkungspotenzial erschließen könnte.

gemeinschaftliche Prozesserstellung

Kosteneinsparungen durch gemeinschaftliche Prozesserstellung können auf drei Ebenen erzielt werden:

- Mit Hilfe einer Faktorfusion, z.B. durch den gemeinschaftlichen Aufbau und die Nutzung von Informationssystemen oder durch räumliche Zusammenfassung von Einrichtungen.

- Mit Hilfe eines Faktoraustausches, z.B. den Austausch von Daten oder Personal.

- Mit Hilfe einer Faktorkoordination, z.B. durch die Abstimmung von Informationsprozessen.

Die Integrationsformen unterscheiden sich im Hinblick auf die Intensität ihrer Verknüpfung.

Faktorfusion

Die **Faktorfusion** stellt die stärkste Form der Verbindung zwischen Wettbewerbern dar. Die daraus resultierenden **Zusammenführungssynergien** vermeiden Doppelarbeiten bzw. ermöglichen eine bessere Auslastung ansonsten einzelbetrieblich aufzubauender Kapazitäten.

Möglichkeiten zu Faktorfusionen von Unternehmen ergeben sich insbesondere bei allen Prozessen, bei denen die direkte Konkurrenz um Kunden nicht intensiv ist. Beispielhaft zu nennen sind hier insbesondere gemeinschaftlicher Aufbau und Nutzung von logistischen Einrichtungen. Dadurch könnte eine bessere Auslastung der Geräte- und Raumkapazitäten erreicht werden. Damit könnten zugleich Kosteneinsparungen für das einzelne Unternehmen bei einer evtl. verbesserten Versorgung der Kunden realisiert werden. Tendenziell lässt sich vermuten, dass das Einsparvolumen umso größer sein wird, desto weniger es einem Unternehmen gelingt, eigene logistische Kapazitäten vollständig auszulasten.

Bei einem **Faktoraustausch** besteht die Prozessverbindung lediglich über „Kanäle"; die Selbständigkeit der Integrationsobjekte bleibt vollständig erhalten. Innerhalb der Kanäle führen ein- oder zweiseitige Austauschprozesse zu **Transfersynergien**.

Faktoraustausch

Zwischen den Unternehmen sind inhaltlich beispielsweise Know-how, Technologien oder Personal austauschbar. Diese Austauschmaßnahmen können immer dann zu (relativen) Kostenreduzierungen führen, wenn dadurch eine höhere Kapazitätsauslastung erzielt werden kann.

Ein abgestimmtes Verhalten der Unternehmen führt immer dann zu Effizienzsteigerungen, wenn dadurch der Faktoreinsatz oder der Preis der eingesetzten Faktoren reduziert wird.

Prozessintegration mit Kunden

Entscheidendes Prozessverbesserungspotenzial an der Schnittstelle zwischen Unternehmen und Kunde ergibt sich bei allen Prozessen, bei denen der Kunde in direkten Kontakt zum Unternehmen tritt. Prozessverbesserungen durch eine externe Integration mit Kunden können zunächst durch eine gemeinschaftlich mit dem Unternehmen durchgeführten **Analyse** aller **kundenrelevanter Prozesse** erzielt werden. Eine Möglichkeit besteht darin, Kunden in den Prozess der vertikalen Analyse einzubeziehen und damit einen Perspektivenwechsel hin zum Kunden vorzunehmen. Neben der reinen Darstellung des Ist-Zustandes kann die Zusammenarbeit mit Kunden auch für die Erarbeitung konkreter Verbesserungsvorschläge zur Prozessgestaltung genutzt werden. Die Realisierung von Vorschlägen wird dabei vornehmlich die Prozessdimensionen der Zeit und Qualität verändern, so dass bei vorausgesetzten konstanten Kosten die relativen Kosten der Leistungsprozesserstellung sinken können. Es besteht jedoch auch die Möglichkeit, Kosten absolut zu senken, falls Ineffizienzen der Prozesserstellung aufgedeckt werden bzw. Kundenbefragungen ein aktuelles Prozessniveau ergeben, welches **über** den Ansprüchen der Kunden liegt. In diesem Zusammenhang sind jedoch die Wirkungen auf das Qualitätsniveau zu prüfen.

externe Integration mit Kunden

Ähnliche Informationen zu Prozessverbesserungen sind über von Unternehmen organisierte **Kundenrunden** oder **Betriebsbesichtigungen** zu erzielen.

Die Zusammenarbeit mit Kunden ist im Gegensatz zu Kooperationen mit Lieferanten, Wettbewerbern oder Dienstleistern meist deutlich problemloser, da Zielkonflikte zwischen den Kunden, die sich aus Verteilungskämpfen um Macht und Wertschöpfung ergeben, nicht vorhanden oder zumindest weniger ausgeprägt sind.

Kunden-Audits

Kunden-Audits bieten im Rahmen von Qualitätssicherungsmaßnahmen die Möglichkeit, Kundenwissen für eigene unternehmenspolitische Zwecke zu nutzen.

Kostenbeeinflussung durch Prozessinnovationen

Prozessinnovationen

Prozessinnovationen sind für Sie am schwierigsten einzuschätzen, da keine oder nur wenige Kostendaten zur Beurteilung der Wirkung zur Verfügung stehen. Hier können Sie nur auf controllingorientierte Instrumente zurückgreifen, deren Bewertung Ihrer subjektiven Sicht unterworfen ist.

Prozessinnovationen können aus der Sicht des Unternehmens in **Ablösungsinnovationen** und „**Echte Innovationen**" voneinander unterschieden werden:

Ablösungsinnovationen

- Ablösungsinnovationen des Unternehmens entstehen durch neuartige Faktorkombinationsprozesse, die auch weiterhin die bestehenden Funktionen des Unternehmens erfüllen. Sie können z.B. veraltete Leistungserstellungssysteme ablösen. Eine Ablösungsinnovation kann z.B. durch Präferenz- oder Einstellungsveränderungen der Kunden notwendig werden. Ansatzpunkte sind beispielsweise neue Servicekonzepte oder neue Formen der Leistungserstellung.

Durchbruchinnovationen

„**Echte Innovationen**" oder auch **Durchbruchinnovationen** verknüpfen demgegenüber neue Faktorkombinationsprozesse mit neuen, bisher nicht gekannten Leistungsfunktionen. Damit werden Bedürfnisse der Kunden, die zuvor aufgrund der nicht vorhandenen technischen Möglichkeiten nicht befriedigt werden konnten, befriedigt. Aus der Sicht des Unternehmens ist eine Durchbruchinnovation gleichzeitig auch immer eine Diversifikation, da damit immer eine Erweiterung oder Vertiefung des Leistungsangebotes verbunden ist.

Beide Innovationstypen werden aus dem Blickwinkel des Kunden eines Unternehmens betrachtet, so dass Prozessveränderungen innerhalb des Unternehmens, die nach außen nicht sichtbar werden, keine Innovationen im oben genannten Sinn darstellen. Hier sind Veränderungen der Kommunikation zwischen Kunden und Unternehmen zu nennen, soweit davon nicht auch die Leistungsseite beeinflusst wird.

Inwieweit ein Unternehmen tatsächlich absolute Kostensenkungen realisieren kann, ist jedoch von der Verbreitung der technischen Voraussetzungen abhängig, sowohl im Unternehmen als auch bei den Kunden und damit der Auslastung der Systeme. Tendenziell gilt, dass sich echte Neuheiten gerade in Anfangsphasen nicht durch preisgünstige Lösungen auszeichnen, da eine „Massenproduktion" noch nicht möglich ist.

Abschließend bleibt festzuhalten, dass häufig nur Prozessinnovationen drastische Veränderungen der Kostenstrukturen und des Kostenniveaus ermöglichen, da bei gegebenen Unternehmenskonzepten ein Großteil der entstehenden Kosten bereits vordeterminiert ist. Prozessinnovationen erfordern jedoch ein radikales Infragestellen bisher erstellter Leistungen und Strukturen sowie die Bereitschaft, vollkommen andere Leistungskonzepte anzubieten. Daneben müssen bestehende Kapazitäten der alten Konzepte abbaubar sein. Insgesamt muss eine Unternehmenskultur vorausgesetzt werden, die zu Innovationen bereit und in der Lage ist.

6.2 Worum handelt es sich bei der Zielkostenrechnung (Target Costing)?

Bei der traditionellen Zuschlagskalkulation wird davon ausgegangen, dass Sie den Preis Ihrer Produkte an den Selbstkosten ausrichten müssen: Die Zielkostenrechnung bricht mit diesem Prinzip. Sie geht von einer anderen Perspektive aus. Die entscheidende Frage lautet: Was darf ein Produkt kosten?

Fragestellung der Zielkostenrechnung

Mit dieser Maxime wird deutlich, dass Sie sich bei der Preisfindung am Markt orientieren müssen und das heißt, die Kunden, Lieferanten und Konkurrenten bestimmen den Preis.

Die Zielkostenrechnung wurde ursprünglich in den 70er Jahren in Japan entwickelt und ist seit den 90er Jahren auch in Deutschland weit verbreitet. Dies ist besonders bedingt durch die Verschärfung des internationalen Wettbewerbs und einen hohen Innovations- und Preisdruck.

Die Zielkostenrechnung ist in die Gesamtplanung eines Unternehmens zu integrieren. Der Ausgangspunkt für die Kostenbetrachtung ist die folgende Frage: Welche Strategie verfolgen wir? Ein bereits in den 80er Jahren entwickelter Ansatz geht davon aus, dass Unternehmen grundsätzlich die Wahl zwischen zwei Alternativen haben:

Ausgangspunkt der Kostenbetrachtung

1. Kostenführer am Markt werden,

2. Positionierung und Abgrenzung von Wettbewerbern durch besondere Qualität (Differenzierung).

Strategiewahl

Angenommen Sie sind in einem gegebenen Markt tätig und haben die zwei oben genannten Möglichkeiten:

1. Sie bieten neue und junge Produkte zu einem relativ niedrigen Preis an und bringen sie schnell auf den Markt. Erst hinterher versuchen Sie am Ausbau eines Qualitätsimages zu arbeiten und den wahrgenommenen Produktwert zu steigern. Dies ist eine typische Vorgehensweise von vielen Unternehmen, z.B. in der Automobilindustrie und der Unterhaltungselektronik. Diese "typische" Strategie wird zunehmend verfolgt, nicht zuletzt aus dem offensichtlichen Grund einer Kostenreduzierung.

2. Sie bauen gezielt ein Produkt auf, dass im Bewusstsein der Kunden einen hohen Produktwert hat und das sich über die hohe Qualität vom Wettbewerb differenziert. Damit sind in der Regel hohe Produktkosten verbunden, die Sie erst in einer späteren Phase zu verringern versuchen. Durch diese Strategie haben Sie zwar zunächst einen Vorteil vor den Konkurrenten, allerdings kann es gefährlich werden, wenn Sie versuchen, die Qualität zu wahren. Die Konkurrenz im Markt mag längst zu billigeren Preisen anbieten und der eigene Markt "bricht" weg.

Konsequenzen der Strategiewahl

Die Wahl einer Strategiealternative hat für das Konzept der Zielkostenrechnung unmittelbare Konsequenzen:

1. Egal, welche Strategie Sie verfolgen: Kosten sind immer wichtig, allerdings mit unterschiedlicher Prioritätensetzung.

2. Dort wo der Wettbewerb besonders intensiv ist, erwerben Sie am besten die Kompetenz für ein erfolgreiches Kostenmanagement. Hier geht es um beides: Qualität und Kosten.

3. Es ist leichter, von niedrigen Produktkosten auszugehen und ein Qualitätsimage aufzubauen als umgekehrt!

Es kann gefährlich sein, einer qualitätsorientierten Strategie zu folgen, wenn die "Kostenfrage" zu sehr in den Hintergrund gestellt wird, denn was sich am Markt absetzten lässt, ist wesentlich durch den Preis (und seine Relation zum Produkt) bestimmt.

Kostenführerschaft

Der entgegengesetzte Ansatz einer Kostenführerschaft betont schon sehr viel direkter, dass Sie Kosten in den Mittelpunkt Ihrer Betrachtung stellen müssen. Von hier ist es nicht weit zum unmittelbaren Ansatzpunkt der Zielkostenrechnung - der Orientierung der Kosten am Marktpreis.

Zielkosten

Die Kosten, die für Sie relevant sind, sind die Zielkosten, die Sie am Markt erzielen können. Sie stellen eine Art Klammer um das Unternehmen dar und richten dadurch die gesamte Kostenplanung auf die Markterfordernisse aus. Es erfolgt eine strikte Kundenorientierung nicht nur mit qualitativen Zielkriterien, sondern mit Hilfe konkret fassbarer Steuerungskriterien, eben mit Zielkosten.

Die wesentlichen Merkmale der Zielkostenrechnung können wie folgt zusammengefasst werden:

1. Strikte Marktorientierung durch die Herleitung marktorientierter Zielkosten für alle Produkte. Dabei größtmögliche Berücksichtigung von Kundenwünschen.

2. Kostenbeeinflussung in frühen Phasen der Produktentstehung.

3. Ermittlung der "zulässigen" Kosten durch wettbewerbsorientierte rückwärtsgerichtete Kalkulation unter Ansatz der gewünschten Gewinnmarge.

4. Ermittlung der Selbstkosten durch vorwärtsgerichtete Kalkulation auf der Grundlage bisheriger oder geschätzter Standardkosten.

5. Gegenüberstellung der zulässigen Kosten und der Selbstkosten und Setzung der Zielkosten für das Gesamtprodukt, Komponenten, Teile und weitere Leistungen. Beseitigung der Differenzen zwischen zulässigen Kosten und Selbstkosten.

6. Endgültige Festlegung der Zielkosten und Ableitung der neuen Standardkosten.

6.2.1   Welche Ziele werden mit der Zielkostenrechnung verfolgt?

Die Kernidee der Zielkostenrechnung ist relativ einfach, die Umsetzung im Detail allerdings häufig kompliziert. Das liegt unter anderem daran, dass die Zielkostenrechnung alle Stufen des Produktlebenszyklus durchzieht - von der Entwicklung über die Produktion und Vermarktung bis hin zur Aussonderung eines Produktes. Die Zielkosten haben dabei in allen Phasen eine hohe Verbindlichkeit und wirken in alle betrieblichen Funktionsbereiche hinein. Obwohl die Zielkostenrechnung das klare Ziel hat, Kosten in einer frühen Phase der Entstehung zu verringern, und das auch zunächst jedem einsichtig erscheint, ist es in vielen Unternehmen noch kein selbstverständlich gelebtes Leitmotiv.

6.2.2   Wie Sie die Zielkostenrechnung schrittweise durchführen

Ablauf der
Zielkostenrechnung

Die folgende Abbildung zeigt den Ablauf des Target Costing.

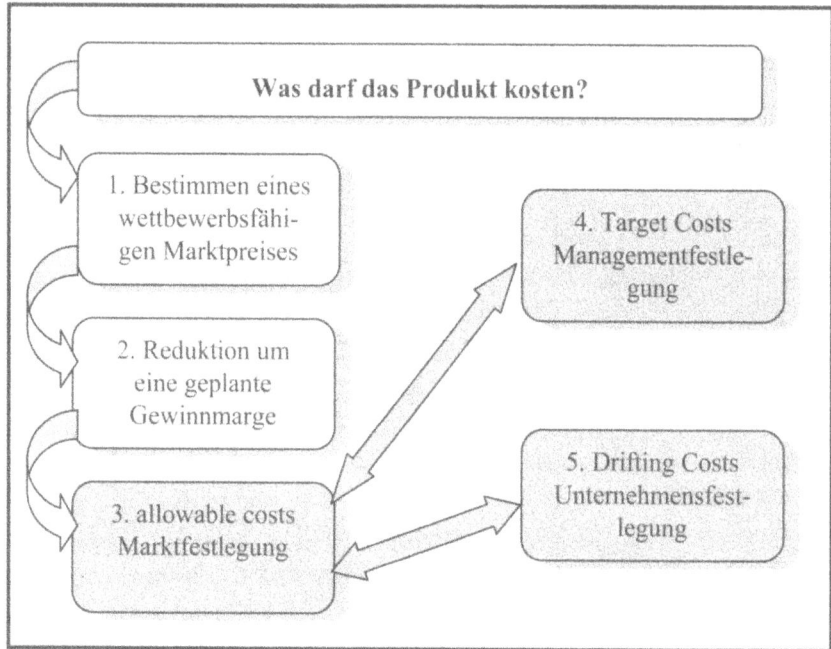

Abbildung 25: Ablauf einer Zielkostenrechnung

Gewinnung von Marktdaten und Ermittlung von Zielkosten

Die Bestimmung der Kosten beginnt im Markt bei Ihren Kunden. Ohne zu wissen, wie viel Kunden für Ihr Produkt zu zahlen bereit sind, können Sie keine Zielkosten ermitteln. Doch wie kommen Sie zu diesen Kosten?

Instrumente der
Marktforschung

Der erste Schritt des marktorientierten Zielkostenmanagements besteht im Sammeln, Analysieren und Aufbereiten von Daten über ein Produkt und dessen Entstehung sowie über Konkurrenten und deren Marktverhalten. Zur Informationsbeschaffung können Sie dabei alle traditionellen Instrumente der Marktforschung nutzen:

- Paneluntersuchungen

- Portfolioanalysen

- Aktive Kundenbesuche

- Vertriebsbefragungen

- Planung- und Auswertung von Messebesuchen

- Marktstudien

- Produkttests

- Interne und externe Datenbanken

- Analyse der Angebotsverläufe

- Patentrecherchen

- Wettbewerbsanalysen

- ...

Damit Sie die ermittelten Daten für die Zielkostenrechnung verwenden kön-nen, müssen Sie diese Daten weiter verdichten. Sie sollten beispielsweise eine Prognose bezüglich der absetzbaren Stückzahlen erstellen und Szenarien für unterschiedliche zu erwartende Marktentwicklungen. Sie haben fünf Möglich-keiten der Zielkostenbestimmung. Je nach Verfahren, dass Sie verwenden, er-geben sich andere Anforderungen an Qualität und Aufbereitung der Daten.   *Aufbereitung der Daten*

Die erste Möglichkeit besteht in der so genannten **„Market into Company"**-**Methode**. Es handelt sich hier um die Reinform der Zielkostenrechnung und es wird darunter verstanden, dass die Zielkosten direkt aus den am Markt er-zielbaren Preisen und der Gewinnplanung ermittelt werden. Es handelt sich hier um die „vom Markt erlaubten Kosten" (allowable costs).   *Market into Company-Methode*

Die zweite Möglichkeit stellt die **„Out of Competitor"-Methode** dar. Hier werden die Zielkosten aus den Kosten der Konkurrenz abgeleitet. Diese Form der Zielkostenableitung eignet sich nur, wenn ein relativ detaillierter Nach-vollzug von Kostenstrukturen des Konkurrenzprodukts möglich ist.   *Out of Competitor-Methode*

Die dritte Möglichkeit ist die **„Out of Company"-Methode**, bei der die Ziel-kosten aus konstruktions- und fertigungstechnischen Faktoren in Abhängigkeit vorhandener Fähigkeiten und Fertigkeiten abgeleitet werden. Eine solche Vor-gehensweise bietet sich an, wenn Sie ein technik-dominiertes Unternehmen haben. Von Zielkostenrechnung kann aber nur gesprochen werden, wenn die Technologie sofort preis- und kostenseitig auf den Markt ausgerichtet wird.   *Out of Company-Methode*

Die vierte Möglichkeit ist die **„Into and Out of Company"-Methode**. Diese Form darf eigentlich nur noch ganz am Rande zur Zielkostenrechnung gezählt werden, da hier bereits der strikte Marktbezug aufgeweicht ist. Die Methode eignet sich eigentlich nur, wenn das gesamte Umfeld stabil und ruhig ist; dies ist aber gerade nicht die Voraussetzung unter der Sie sich mit der Zielkosten-rechnung beschäftigen.   *Into and Out of Company-Methode*

Out of Standard Costs-
Methode

Die letzte Möglichkeit ist die **„Out of Standard Costs"-Methode**. Hier werden die Zielkosten aufgrund vorhandener Fähigkeiten, vorhandener Erfahrungen und vorhandener Produktionsmöglichkeiten durch Senkungsabschläge aus den eigenen Standardkosten abgeleitet.

In der nachfolgenden Tabelle sind die Verfahren der Zielkostenbestimmung übersichtlich dargestellt.

Arten der Zielkosten-bestimmung	Ableitung aus	Marktorien-tierung	Einsatz für innovative Produkte	Einsatz für Standard-produkte
Market into Company	erzielbaren Markt-preisen	sichergestellt	empfehlens-wert	möglich
Out of Com-pany	konstruktions- u. fertigungstechni-schen Faktoren	möglich	möglich	möglich
Into and Out of Company	Marktpreisen und technischen Fakto-ren	möglich	möglich	möglich
Out of Com-petitor	Kosten der Konkur-renz	sichergestellt	nicht mög-lich	empfehlens-wert
Out of Stan-dard Costs	eigene Standardkos-ten	möglich	möglich	möglich

Tabelle 40: Verfahren der Zielkostenbestimmung

Wie Sie Ihre Zielkosten realisieren

Ermittlung der erlaubten
Kosten

Nachdem Sie mit Hilfe einer dieser Methoden den am Markt erzielbaren Preis für Ihr Produkt festgelegt haben, ziehen Sie von den geplanten Umsätzen den geplanten Gewinn ab. Der Restbetrag - die erlaubten Kosten (allowable costs) - stellt die Kostenobergrenze dar, von der die Standardkosten des Produktes abgezogen werden. Dieser Zusammenhang ist in der folgenden Abbildung dargestellt:

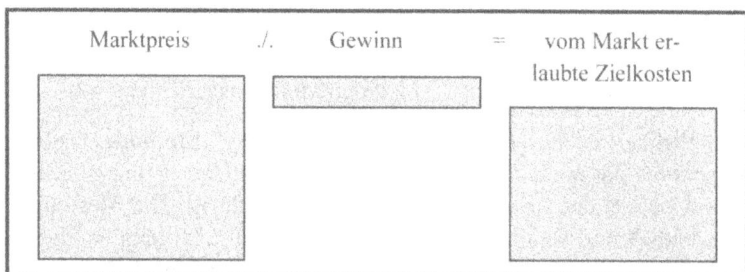

| Marktpreis | ./. | Gewinn | = | vom Markt er-laubte Zielkosten |

Abbildung 26: Ermittlung der erlaubten Kosten

Da die vom Markt erlaubten Kosten häufig unter den bisherigen Standards für Produktentwicklungs- und Produktionskosten liegen, wird der Bedarf an Kostenreduktionen frühzeitig offen gelegt. Deren Realisierung gelingt umso besser, je früher die Zielvorgaben in die Produktentwicklung eingehen.

Der vierte und fünfte Schritt besteht in der Gegenüberstellung von allowable costs und drifting costs (Standardkosten) und der Festlegung der target costs für ein Produkt/Dienstleistung. Ein unmittelbarer Handlungsbedarf besteht für Sie in der Angleichung der drifting costs an die allowable costs. Erst wenn Sie durch Aufdeckung und Realisierung von Kosteneinsparungspotenzialen die allowable costs und drifting costs in Übereinstimmung gebracht haben, können Sie in der nächsten Phase versuchen, die marktfähigen allowable costs an die festgesetzten target costs anzunähern.

Da die summarische Bestimmung der auftauchenden Differenz für die systematische Analyse von Kostensenkungspotenzialen nicht hilfreich ist, wird die Kostenspaltung angewandt, indem das Produkt in seine Komponenten und Kostenanteile unterteilt wird. *Kostenspaltung*

Die Zielkostenspaltung stellt einen Zwischenschritt zwischen der Ermittlung und der Gestaltung von Kosten dar. Da die Zielkostenrechnung direkt an einem Produkt mit seinen vielen Eigenschaften ansetzt, ist es nicht hilfreich, alle Kosten von Beginn dem Produkt zuzurechnen und von dort aus beeinflussen zu wollen. Sinnvollerweise nehmen Sie eine Zielkostenspaltung vor. Dies bedeutet, dass Sie eine Aufspaltung von globalen, produktbezogenen Zielkosten in Zielkosten für einzelne Produktmerkmale, -komponenten, produktnahe und produktferne Prozesse durchführen. Ebenfalls können Sie vorübergehend nicht beeinflussbare Kostenblöcke abspalten. *Zielkostenspaltung*

In der folgenden Tabelle werden die Kernfragen der Zielkostenspaltung dargestellt: *Kernfragen der Zielkostenspaltung*

Menu von Kernfragen der Zielkostenspaltung...	... für einzelne ...
Wie viel ist der Kunde bereit, dafür zu zahlen? Zu welchem Kostenniveau wird der beste Wettbewerber in der Lage sein, anzubieten? Welches Kostenniveau hat eine mögliche Vorbildfunktion? Welches Kostenniveau hat das eigene Vorgängerprodukt?	Produktmerkmale und -funktionen Produktkomponenten und –teile Material und produktnahe Prozesse (intern und Zulieferer) produktferne Prozesse

Tabelle 41: Kernfragen der Zielkostenspaltung

Der methodische Schritt der Zielkostenabspaltung ist nicht ganz einfach, weil Sie normalerweise nicht unmittelbar relevante Kosteninformationen für einzelne Produktbestandteile zur Verfügung haben. Es existieren zwei Methoden der Zielkostenspaltung: **Hauptkomponenten- und Funktionsmethode**.

Hauptkomponenten-
methode

Wie Sie Zielkosten nach der Hauptkomponentenmethode spalten

Bei der **Hauptkomponentenmethode** übertragen Sie die Produktzielkosten auf einzelne Produktkomponenten, indem Sie eine bisher bewährte Struktur zugrunde legen. Es werden bisherige Kostenstrukturrelationen zwischen einzelnen Prozessen einfach fortgeschrieben. Ein Problem besteht allerdings bei dieser Methode darin, dass sich Kostenrationalisierungspotenziale in den einzelnen Prozessen ganz unterschiedlich entwickeln können und eine einfache Fortschreibung dafür blind macht. Dennoch können die in der Tabelle dargestellten Gewichtungsfaktoren und Zielkosten zumindest eine Idee vermitteln, wie mangels Kenntnis anderer Verfahren bei der Zielkostenspaltung vorgegangen werden kann.

Produktkomponenten	Gewich-tungsfaktor	Zielkosten für einzelne Produkt-komponenten
Luftwiderstand	0,27	21.600 €
Umweltfreundlichkeit	0,11	8.800 €
Gewicht	0,62	49.600 €

Tabelle 42: Zielkostenspaltung nach der Hauptkomponentenmethode

Durch die Zielkostenspaltung in Zielkosten für einzelne Produktkomponenten können Sie sehr viel genauer Rationalisierungspotentiale ermitteln. Neben der Hauptkomponentenmethode gibt es einen zweiten Ansatz, die so genannte „**Funktionsmethode**" der Zielkostenspaltung, der noch direkter an der ursprünglichen Zielsetzung der Marktorientierung liegt.

Funktionsmethode

Wie Sie Zielkosten nach der Funktionsmethode spalten

Einen marktorientierteren Weg der Zielkostenspaltung verfolgt die **Funktionsmethode**. Ihr Ausgangspunkt ist die Frage, was der aktuelle oder potenzielle Kunde als Leistungseigenschaft eines Produktes definiert. Es können dies z.B. folgende Eigenschaften sein: Qualität, Prestige, Lebensdauer, innovative Technik, etc. Diesen Eigenschaften stellen Sie bestimmte Kostenanteile sowie den Kundennutzen des Produktes (ermittelt durch Umfragen) in einer Zielkosten-Kontrollmatrix gegenüber. Beide Werte können Sie in einem so genannten Zielkosten-Kontrolldiagramm darstellen, der relative Kostenanteil auf der Vertikalen und der Kundennutzen als Teilgewichtung auf der Horizontalen. Wenn Sie jetzt im Diagramm eine 45%-Diagonale zeichnen, so repräsentiert diese eine Ideallinie, der ein ausgewogenes Verhältnis von Kundennutzen und Kostenverursachung entspricht. Teilen Sie den gewichteten Kundennutzen durch den Kostenanteil, so erhalten Sie einen Zielkostenindex für jede Komponente des Produktes, dessen Abweichung vom Idealwert 1 anzeigt, ob relativ zum Kundennutzen zu hohe Kosten für die Komponenten eingesetzt werden bzw. der mit den Kosten erzeugte Kundennutzen unbefriedigend niedrig ist. Hier können Sie dann gezielt Maßnahmen zur Kundennutzensteigerung oder Kostensenkung ergreifen.

Die Tabelle zeigt eine mögliche Zielkosten-Kontrollmatrix: Zielkosten-Kontrollmatrix

Komponente	Kostenanteil % von 100	Kundennutzen % von 100	Zielkostenindex
Qualität	30	23	0,77
Prestige	10	17	1,70
Lebensdauer	40	34	0,85
Innovative Technik	20	26	1,30
Alle	100	100	-

Tabelle 43: Zielkosten-Kontrollmatrix

Die Zielkosten-Kontrollmatrix kann in einem so genannten Zielkosten-Kontrolldiagramm grafisch dargestellt werden.   Zielkosten-Kontrolldiagramm

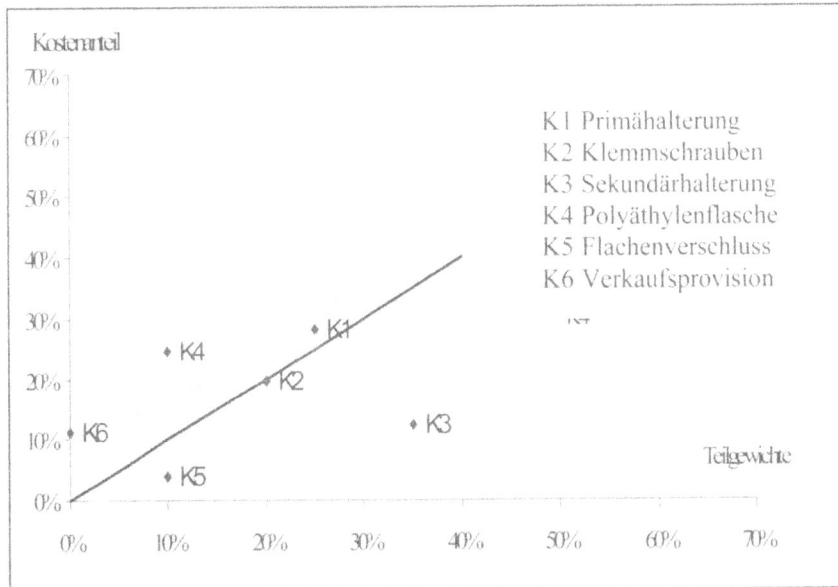

Abbildung 27: Zielkosten-Kontrolldiagramm

Zielkostenzone

Aus dem Kostendiagramm können Sie eine Zielkostenzone ermitteln. Diese Zone lässt sich je nach Unternehmen individuell gestalten und bezeichnet die Zone, innerhalb derer Sie nicht unbedingt handeln müssen; hier haben Sie also ein akzeptables Verhältnis von Kostenanteil und Kundennutzen. Erst außerhalb dieser Zone besteht für Sie ein unmittelbarer Handlungsbedarf. Die Zielkostenzone beinhaltet einen Toleranzbereich, d.h. eine Abweichung von der 45-Grad-Linie um ca. 10 %. Derartige Berechnungen sind mittlerweile auch über EDV-Programme möglich.

Fallbeispiel: Wie werden die erlaubten Kosten und das Einsparvolumen ermittelt?

Kosteneinsparvolumen

Die marktfähigen Preise für drei verschiedene Antriebswellen für Schiffsmotoren wurden auf dem Schiffsteilemarkt durch die Out-of Competitor-Methode bestimmt. Da es sich um innovative Produkte handelt, kann diese Methode angewendet werden. Die so bestimmten wettbewerbsfähigen Marktpreise liegen für „vergleichbare" Produkte bei 1.800,00 € (wartungsfrei), 1.400,00 € (wartungsarm) und 1.100,00 € (normale Wartung) einschließlich Umsatzsteuer. Es werden eine Bonusgewährung von 5 % und eine Skontigewährung in Höhe von 2 % des Nettolistenpreises vermutet. Der geplante Gewinn beträgt 10 % vom Nettolistenpreis ohne Bonus und Skonto. Dieser wird vom Nettolistenpreis ohne Bonus und Skonto abgezogen. Das Ergebnis sind die erlaubten Kosten (allowable costs) für die „vergleichbaren" Produkte der Mitbewerber. Ihnen werden sowohl die drifting costs (Standardkosten) als auch die target costs (Zielkosten) gegenübergestellt.

In einer ersten Kostensenkungsphase geht es darum, die eigenen Selbstkosten (Standardkosten = drifting costs) den erlaubten Kosten, die aus den Preisen der Mitbewerber entwickelt wurden, anzunähern.

Ermittlung der erlaubten Kosten und des Einsparvolumens

Die erlaubten Kosten und das Einsparvolumen je Produkt werden wie folgt ermittelt:

	wartungs- frei	wartungs- arm	normale Wartung
Wettbewerbsfähiger Preis	1.800,00	1.400,00	1.100,00
./. Umsatzsteueranteil	287,39	223,53	175,63
vermuteter Nettolistenpreis	1.512,61	1.176,47	924,37
./. vermuteter Bonus	75,63	58,82	46,22
Nettoliste ohne Bonus	1.436,98	1.117,65	878,15
./. vermuteter Skonto	30,25	23,53	18,49
Nettoliste ohne Skonto	1.482,36	1.152,94	905,88
vermuteter Nettolistenpreis ohne Bonus u. Skonto	1.406,73	1.094,12	859,66

target profit/geplanter Gewinn	140,67	109,41	85,97
allowable costs/erlaubte Kosten	1.266,06	984,71	773,69
drifting costs	1.296,48	1.018,42	798,96
Einsparvolumen je Produkt	30,42	33,71	25,27
target costs/Zielkosten je Produkt	1.240,00	920,00	740,00

Tabelle 44: Ermittlung der erlaubten Kosten und des Einsparvolumens

Handelt es sich um relativ geringe Einsparvolumina, wie im vorliegenden Fall, könnten Verhandlungen mit Materiallieferanten sowie mit Zulieferern über Preissenkungen Erfolg versprechend sein. Des Weiteren könnte es Erfolg versprechend sein, Prozessverbesserungen bei der Herstellung der Produkte zu realisieren.

Fallbeispiel: Wie wird das minimale und maximale Einsparvolumen ermittelt?

In der zweiten Kostensenkungsphase versuchen Sie, die erreichten erlaubten Kosten an die Zielvorgabe (target costs = Zielkosten) anzunähern. Dementsprechend können Sie das minimale und das maximale Einsparvolumen je Produkt bestimmen. Das minimale Einsparvolumen ergibt sich aus der Differenz der drifting costs und den erlaubten Kosten; das maximale Einsparvolumen aus der Differenz der drifting costs und den Zielkosten.

minimales und maximales Einsparvolumen

Das minimale und maximale Einsparvolumen wird wie folgt ermittelt:

	wartungs-frei	wartungs-arm	normale Wartung
Wettbewerbsfähiger Preis	1.800,00	1.400,00	1.100,00
./. Umsatzsteueranteil	287,39	223,53	175,63
vermuteter Nettolistenpreis	1.512,61	1.176,47	924,37
./. vermuteter Bonus	75,63	58,82	46,22
Nettoliste ohne Bonus	1.436,98	1.117,65	878,15
./. vermuteter Skonto	30,25	23,53	18,49
Nettoliste ohne Skonto	1.482,36	1.152,94	905,88
vermuteter Nettolistenpreis ohne Bonus u. Skonto	1.406,73	1.094,12	859,66
target profit/geplanter Gewinn	140,67	109,41	85,97
allowable costs/erlaubte Kosten	1.266,06	984,71	773,69
drifting costs	1.296,48	1.018,42	798,96

Einsparvolumen je Produkt	30,42	33,71	25,27
target costs/Zielkosten je Produkt	1.240,00	920,00	740,00
minimales Einsparvolumen je Produkt	30,42	33,71	25,27
maximales Einsparvolumen je Produkt	56,48	98,42	58,96

Tabelle 45: Ermittlung des minimalen und maximalen Einsparvolumens

Fallbeispiel: Wie wird eine Zielkostenspaltung durchgeführt?

Zielkostenspaltung

Zur systematischen Analyse von Kostensenkungspotenzialen sollten Sie eine Zielkostenspaltung vornehmen. Die folgende Tabelle zeigt auf der linken Seite die Aufspaltung der Produktkomponenten (K1 – K6). In der folgenden Spalte wird der absolute Kostenanteil in € der jeweiligen Produktkomponente ausgewiesen. Die jeweils direkt nachfolgende Spalte weist den relativen Kostenanteil in %, bezogen auf die drifting costs, aus. Die Summe der relativen Kostenanteile ist gleich 100 %.

Die Zielkostenspaltung könnte wie folgt aussehen:

Produktkomponente		chrom		dunkel		hell	
		€	%	€	%	€	%
Primärhalterung am Rahmen	K1	3,63	27,86	1,20	19,58	0,78	13,73
Klemmschrauben	K2	2,55	19,57	0,55	8,97	0,40	7,04
Sekundärhalterung am Rahmen	K3	1,65	12,66	0,76	12,40	1,24	21,83
Polyäthylenflasche	K4	2,60	19,95	1,72	28,06	1,26	22,18
Verschluss der Flasche	K5	0,60	4,60	0,50	8,16	0,20	3,52
Verkaufsprovision Vertrieb	K6	2,00	15,35	1,40	22,84	1,80	31,69
Selbstkosten/drifting costs		13,03	100,00	6,13	100,00	5,68	100,00

Tabelle 46: Zielkostenspaltung

Nun sollten Sie durch Verhandlungen mit Zulieferern und durch konsequentes Kostenmanagement zumindest das minimale Einsparvolumen für die Produkte realisieren. Dabei kann beispielsweise eine konsequent durchgeführte Budgetierung wertvolle Hilfe leisten.

Ermittlung von Teilgewichten

Das Target Costing gibt auch bei der Auslotung und Realisierung von Kosten-senkungspotenzialen seine strenge Markt- und Kundenorientierung nicht auf. Dies wird dadurch erreicht, dass die Kunden bei geplanten Markteinführungen oder auch während des Produktlebenszyklus eines Produktes zur Gewichtung der Komponenten befragt werden. Das Ergebnis sind so genannte Teilgewich-te.

Bildung von Teilgewichten

In der folgenden Tabelle wird ein Beispiel zu der Bildung von Teilgewichten dargestellt.

Produkt-komponente		chrom			dunkel			hell		
		€	%	Teil-gew.	€	%	Teil-gew.	€	%	Teilge-wichte
Primär-halterung am Rah-men	K1	3,63	27,86	25,00	1,20	19,58	25,00	0,78	13,73	25,00
Klemm-schrauben	K2	2,55	19,57	20,00	0,55	8,97	5,00	0,40	7,04	8,00
Sekundär-halterung am Rah-men	K3	1,65	12,66	35,00	0,76	12,40	40,00	1,24	21,83	38,00
Polyäthy-len-flasche	K4	2,60	19,95	10,00	1,72	28,06	20,00	1,26	22,18	20,00
Verschluss der Fla-sche	K5	0,60	4,60	10,00	0,50	8,16	10,00	0,20	3,52	9,00
Verkaufs-provision Vertrieb	K6	2,00	15,35	0,00 %	1,40	22,84	0,00	1,80	31,69	0,00
Selbstkos-ten/ drifting costs		13,03	100,00	100,00	6,13	100,00	100,00	5,68	100,00	100,00

Tabelle 47: Bildung von Teilgewichten

Zielkostenkontrolldiagramm

Zielkosten-
kontrolldiagramm

Um sich schnell und übersichtlich einen Eindruck von den Komponenten und ihren kundenbezogenen Gewichtungen machen zu können, ist im Rahmen des Target Costing ein Verfahren zur Darstellung entwickelt worden. Die resultierenden Daten der Zielkostenspaltung lassen sich in einem Zielkostenkontrolldiagramm darstellen, dessen Punkte aus dem tatsächlichen relativen Kostenanteil und den aus den Kundenbefragungen ermittelten Teilgewichten für die Produktkomponenten gebildet werden. Die so genannte Zielkostenzone veranschaulicht dabei die vom Management als akzeptabel vorgegebenen Abweichungen von der winkelhalbierenden „Ideallinie". Konkreter Handlungsbedarf besteht dann vor allem bei jenen Produktkomponenten, die aus der Zielkostenzone herausfallen.

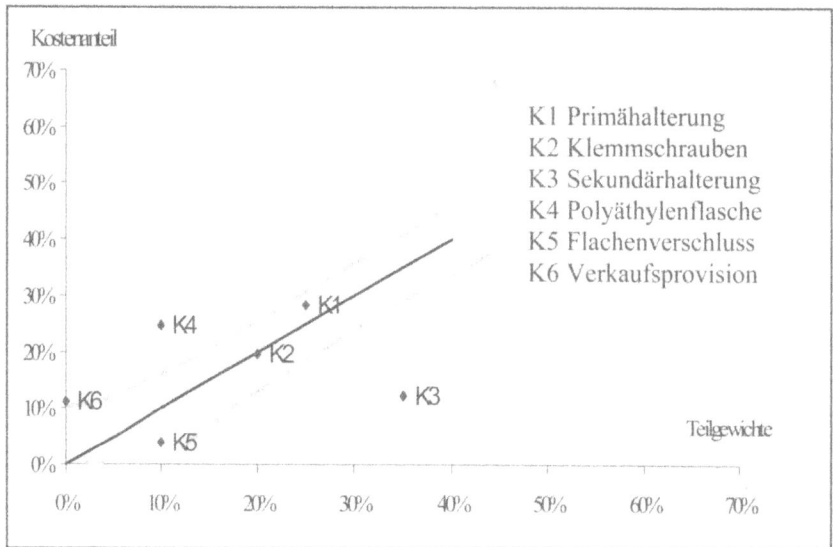

Die Abbildung zeigt, dass die einzelnen Komponenten mit ihren relativen Kostenanteilen auf der Y-Achse und die durch die Kundenbefragung ermittelten Teilgewichte auf der X-Achse eingetragen werden. Entsprechend ergeben sich die Punkte in dem Diagramm, die die einzelnen Komponenten wiedergeben. Die das Achsenkreuz halbierende Gerade (Winkelhalbierende) gibt dabei die Werte an, bei denen der relative Kostenanteil (in %) genau der Kundengewichtung (in %) entspricht. Diese Linie wird auch als Ideallinie bezeichnet, weil ein relativer Kostenanteil genau der Kundengewichtung entspricht. Dies bedeutet, dass dem relativen Kostenanteil einer Komponente eine „gleich hohe" Wertschätzung durch den Kunden gegenübersteht. Die Komponenten K1 und K2 des Produktes „chrome" liegen fast genau auf dieser Ideallinie, weil ihr relativer Kostenanteil der Teilgewichtung (Wertschätzung) durch die Kunden fast entspricht.

Wie in der Abbildung zu sehen ist, wird die Ideallinie von einer Kostenzone umgeben. Sie ist als der vom Management festgelegte Toleranzbereich aufzufassen. In dieser Zielkostenzone sollten sich alle Komponenten des Produkts bewegen.

Zielkostenzone

Die Anwendung der Entscheidungsregel der Zielkostenzone bedeutet beispielsweise, dass bezüglich der Komponente K3 unmittelbarer Handlungsbedarf besteht. Dem relativen Kostenanteil von 12,66 % steht eine kundenbezogene Teilgewichtung von 35 % gegenüber. Die Komponente K3 kostet dem Unternehmen 1,65 €, verursacht also relative Kosten in Höhe von 12,66 % (von insgesamt 13,03 €), hat aber in Kundenbefragungen eine Teilgewichtung von 35 % erzielt. Umgerechnet in € bedeutet dies, dass den Kunden diese Komponente 4,56 € wert ist, nämlich 35 % der drifting costs (13,03 €). Selbstverständlich besteht in diesem Falle kein Handlungsbedarf, denn das Verhältnis von relativem Kostenanteil und Kundenteilgewichtung ist für das Unternehmen sehr „günstig". Zugleich zeigt die hohe Teilgewichtung, dass diese Produktkomponente den Kunden „etwas wert ist".

Entscheidungsregel der Zielkostenzone

Die Produktkomponente K4 kostet 2,60 €, verursacht also relative Kosten in Höhe von 19,95 %. Bei der Kundenbefragung hat diese Komponente aber nur eine Teilgewichtung in Höhe von 10 % erzielt. Diese Komponente könnte gestrichen werden, weil sie aus der Toleranzzone heraus fällt. Bedingung dafür ist, dass es sich nicht um eine essentielle Komponente handelt, die etwas mit dem eigentlichen Produktzweck oder gar mit der Produktsicherheit zu tun hat. Da die Produktkomponente K4 essentiell für das Produkt ist, kommt ein Wegfall dieser Komponente nicht in Betracht. Das Management hat nun die Aufgabe, das vorhandene Kostensenkungspotenzial aufzudecken und zu realisieren.

Offenbar gibt es Produktkomponenten, die in der Kundenwahrnehmung von untergeordneter Bedeutung sind und zugleich über den Teilgewichten liegende relative Kosten verursachen. Dies sind die allerersten Kandidaten bei der Identifizierung von Kostensenkungspotenzialen. Eine schematische Anwendung der Entscheidungsregeln des Target Costing kann zu nicht marktgerechten Produkten führen. In jedem Einzelfall ist zu prüfen, ob eine Realisierung von Kostensenkungspotenzialen zu einem besseren Ergebnis führt als der Wegfall einer Komponente.

6.3 Worum handelt es sich beim Cost Benchmarking?

Benchmarking kann als strukturierter Prozess des Lernens aus der Praxis derjenigen (Interner oder Externer) verstanden werden, die als Führer (Beste) an-

Benchmarking

erkannt sind. Anders als beim Betriebsvergleich können im Rahmen von Benchmarking auch einzelne Arbeitsprozesse überbetrieblich verglichen werden, wie z.B. der Ablauf eines Auftrages, die Abwicklung der Auslieferung von Waren. Auch wird die in Betriebsvergleichen übliche Anonymität der Teilnehmer aufgehoben.

Ziel des Benchmarking

Es ist das Ziel des Benchmarking, diejenigen Prozesselemente im eigenen Unternehmen einzuführen, die für einen Leistungs- oder Kostenvorsprung verantwortlich sind und zu einer Verbesserung der internen und/oder externen Kundenzufriedenheit beitragen. Damit führt das Benchmarking Elemente der Konkurrenzanalyse, der Wertanalyse sowie der strategischen Erfolgsforschung zusammen.

6.3.1   Wie wird ein Benchmarking durchgeführt?

externes Benchmarking

Externes Benchmarking berücksichtigt als Vergleichsmaßstab den Branchenführer oder einen direkten Wettbewerber, während das funktionale Benchmarking allgemein Prozesse vergleicht, unabhängig davon, ob sie auf eine bestimmte Branche oder Betriebsgröße zugeschnitten sind.

Ablauf des externen Benchmarking

(Externes) Benchmarking vollzieht sich in folgenden Phasen:

- Bestimmung des Benchmarking-Gegenstandes

- Bildung eines Benchmarking-Teams

- Identifikation von Benchmarking-Partner(n)

- Sammeln und analysieren von Informationen

- Umsetzung

Durch die Integration der Umsetzungsphase in den Benchmarking-Prozess geht das Benchmarking über einen reinen Kennzahlenvergleich hinaus.

Benchmarking-Gegenstand

Der Benchmarking-Gegenstand ergibt sich häufig aus einer Stärken- und Schwächenanalyse und besteht beispielsweise aus Leistungslücken und Defiziten gegenüber den Wettbewerbern. Bei dem Benchmarking-Team sollte es sich um ein speziell gruppiertes Projektteam handeln, das durch externe Berater unterstützt werden kann. Um ein breites Wissens- und Erfahrungsspektrum zu nutzen, sollte das Team multifunktionell besetzt sein und je nach Untersuchungsgegenstand Prozessbeteiligte aus allen Hierarchieebenen umfassen.

Benchmarking-Partner

Benchmarking-Partner zu finden und diese zu einer Zusammenarbeit zu gewinnen, stellt eine der problematischsten Aufgaben des Benchmarking dar. Das externe Benchmarking innerhalb einer Branche setzt voraus, dass der „Beste" dieser Branche ermittelt wird. Dazu muss zunächst festgelegt werden, welche Erfolgsmaßstäbe herangezogen werden können. In der praktischen

Anwendung finden eher quantitative Erfolgsindikatoren wie Erlöse, Gewinn, ROI oder Wachstumsraten der vergangenen Jahre Berücksichtigung, da dazu veröffentlichtes Datenmaterial vorliegt und eine Vergleichbarkeit eher gegeben ist.

Deutlich schwieriger ist die Suche nach funktionalen Benchmarking-Partnern. Da spezielle (Kern-)Prozesse Benchmarking-Gegenstand sind, unabhängig von Branche, Größe und Struktur der Unternehmen, weitet sich der Kreis potenzieller Partner auf alle Unternehmen weltweit aus, die diesen Prozess ebenfalls abwickeln bzw. ein gleiches Prozessergebnis erzielen. So können Handelsunternehmen als Prozessspezialisten für Beschaffung gute Benchmarking-Partner für Industrieunternehmen sein, die den Beschaffungsablauf verbessern möchten.

funktionale Benchmarking-Partner

Die Anzahl der potenziellen Partner sowie die Probleme, Daten im Vorfeld zu erhalten, um eine erste Einschätzung der Unternehmen vornehmen zu können, machen spätestens hier meist die Einschaltung von externen Prozessspezialisten erforderlich.

Die Chance, Benchmarking-Partner zu gewinnen, ist von der Sensibilität des Themas abhängig. Je wettbewerbsrelevanter das Thema eingeschätzt wird, desto geringer ist die Bereitschaft, eventuelle eigene Wettbewerbsvorteile preiszugeben. Aus diesem Grunde kann es einfacher sein, Benchmarking-Partner für ein funktionales Benchmarking zu gewinnen, da in anderen Branchen ein Prozess weniger als Schlüsselprozess eingestuft werden könnte. Auch lässt eine solche Wahl eher Quantensprünge in Bezug auf die Prozessverbesserungsmöglichkeiten zu, da vollständig andere Wege betrachtet werden. Die Chance, Anregungen für Prozessverbesserungen – keine Kopien – zu erhalten, ist damit hoch.

Chancen zur Prozessverbesserung

Grundsätzlich stellt sich die Frage, wie ein „Bester" eines Prozesses zu einem Benchmarking zu bewegen ist. Selbst wenn man sich darauf beschränken sollte, lediglich „Bessere" zur Zusammenarbeit zu gewinnen, so besteht auch noch im Verlauf eines Projektes immer die Gefahr, dass der unter Effizienzgesichtspunkten am weitesten fortgeschrittene Partner aus dem Projekt aussteigt, da für ihn die Zusammenarbeit keinen weiteren Nutzen bringt. Um zu verhindern, dass man den Träger der „best practice" verliert, sollten dem Partner zusätzliche Nutzen, z.B. durch Sonderbetreuungen durch Unternehmensberater, geboten werden.

Trotz der Probleme des Benchmarking ist es insgesamt ein Erfolg versprechender Ansatz, Prozesse bewerten und anschließend auf dieser Informationsbasis auch verbessern und damit Kosten senken zu können.

Inhaltlich können Benchmarks sehr unterschiedlich sein. Es werden in der Praxis sowohl monetäre als auch nicht-monetäre Benchmarks verwendet.

Benchmarks

Monetäre Kennzahlen	Nicht-monetäre Kennzahlen
Prozesskosten	Lagerumschlagshäufigkeit
Umsatzrentabilität	Kapitalumschlagshäufigkeit
Gesamtkapitalrentabilität	Durchlaufzeiten
Cash Flow	Anzahl Reklamationen
Umsatz je Beschäftigten	Anzahl Produktionsfehler
Rohgewinn je Beschäftigten	Beschaffungszeit

Tabelle 48: Benchmark-Kennzahlen

6.3.2   Arten des Benchmarking

Benchmarking kann nach verschiedenen Merkmalen unterschieden werden, beispielsweise nach:

• Benchmarking-Objekt: Prozess- oder Produkt-Benchmarking

• Zeithorizont: strategisches, taktisches und operatives Benchmarking

• Zielsetzung: Qualitäts- und Kostenbenchmarking

Vergleichspartner

Die Unterscheidung nach dem Vergleichspartner ist in der Praxis weit verbreitet. Es wird unterschieden in:

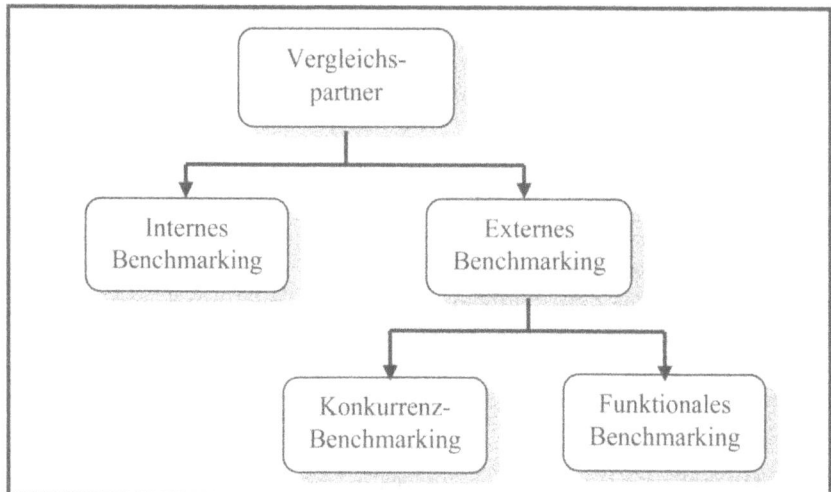

Abbildung 28: Benchmarking-Arten

internes Benchmarking

Die Benchmarking-Objekte verschiedener Geschäftsbereiche eines Unternehmens werden beim internen Benchmarking miteinander verglichen. Damit kann aufgedeckt werden, dass es innerhalb einer Organisation trotz gleicher Arbeitsanweisungen und Richtlinien Unterschiede in den Arbeitsprozessen und Ergebnissen gibt. In einem Bereich der Organisation können bestehende Arbeitsprozesse effizienter als in einem anderen Bereich ausgeführt werden. Aufgrund der Transparenz der Leistungsunterschiede wird es möglich, den Leistungsstandard der gesamten Organisation anzuheben.

Prozesse, Arbeitsabläufe oder andere Benchmarking-Objekte des eigenen Unternehmens werden beim externen Benchmarking mit denen anderer Unternehmen verglichen. Es wird hierbei unterschieden, ob es sich bei den fremden Unternehmen um direkte Konkurrenten oder branchenfremde Unternehmen handelt. Handelt es sich um einen direkten Konkurrenten, dann spricht man von Konkurrenz-Benchmarking, im Fall eines branchenfremden Unternehmens von funktionalem Benchmarking. *externes Benchmarking*

Das Konkurrenz-Benchmarking nimmt eine Sonderstellung ein, weil das eigene Unternehmen in Beziehung zu einem Wettbewerber gesetzt wird. Dadurch ist es möglich, die relative Marktposition des eigenen Unternehmens im Vergleich zu einem Wettbewerber zu ermitteln und somit Transparenz über die eigene Stellung am Markt zu erhalten. Der Lernerfolg aus dem Konkurrenz-Benchmarking ist in vielen Fällen nicht optimal, weil die Konkurrenten in der Regel in vielen Bereichen keine Bestleistungen erbringen. Dessen ungeachtet ist das Konkurrenz-Benchmarking ein wichtiges Instrument zur Ermittlung der Positionierung des eigenen Unternehmens. *Konkurrenz-Benchmarking*

Ein Ziel des Benchmarking sollte sein, von den „Weltbesten" zu lernen. Es kann für Sie nicht Ziel sein, so gut wie die Konkurrenten zu sein, sondern Ihr Ziel ist, besser zu sein als die Konkurrenten. Das ist aber nicht genug; Ihr Ziel sollte sein, „Weltbester" zu werden. Zur Erreichung dieses Zieles eignet sich besonders das funktionale Benchmarking. Es vergleicht die eigenen Abläufe mit denen branchenfremder Unternehmen. Dadurch kann es ermöglicht werden, Leistungssprünge zu erreichen, die mit Konkurrenz-Benchmarking oder internem Benchmarking nicht zu erzielen sind. Leistungssprünge sind besonders durch die Übertragung überlegener Vorgehensweisen bzw. Prozesse von branchenfremden Unternehmen auf das eigene Unternehmen zu erwarten. So kann ein Anlagenbauer beispielsweise von einem Logistikspezialisten lernen, wie Beschaffungsprozesse einfacher, effizienter und kostengünstiger gestaltet werden können. Der Zwang zum Durchdenken der eigenen Prozesse und die Offenheit für eine andere und bessere Prozessorganisation sind für das funktionale Benchmarking kennzeichnend.

Die Benchmarking-Arten können wie folgt bewertet werden: *Bewertung Benchmark-Arten*

Art	Vorteile	Nachteile
Internes Benchmarking	schnelle und einfache Datenerfassung geringe Kosten erhöhte Akzeptanz durch Einbindung der Mitarbeiter Minimierung von Missverständnissen durch einheitlichen Sprachgebrauch	Behinderung des Benchmarking-Prozesses aufgrund der Konkurrenz zwischen den Unternehmensbereichen Gefahr der Betriebsblindheit
Konkurrenz-Benchmarking	vergleichbare Prozesse und Produkte Vergleich zu den Konkurrenten Relevanz der Informationen für das eigene Unternehmen	häufig fehlende Vergleichspartner große Probleme bei der Informationsbeschaffung Branchenblindheit
Funktionales Benchmarking	hohes Potenzial, neue Lösungen zu finden große Leistungssprünge sind möglich offener Informationsaustausch, da kein Konkurrenzverhältnis besteht	Probleme bei der Anpassung an das eigene Unternehmen hoher Zeitaufwand Vergleichbarkeit der Prozesse und Produkte häufig nicht vorhanden

Tabelle 49: Bewertung der Benchmarking-Arten

6.3.3   Wie Sie ein Cost Benchmarking durchführen

Cost Benchmarking

Eine spezielle Form des Benchmarking zur Senkung des Kostenniveaus ist das Cost Benchmarking. Aus dem Vergleich mit anderen Unternehmen oder anderen Unternehmensbereichen sollen beim Cost Benchmarking Informationen gewonnen werden, die dazu beitragen, die Kostenstruktur zu verbessern und das Kostenniveau zu senken. Ausgangspunkt des Cost Benchmarking bildet die Bestimmung der relativen Kostenposition des eigenen Unternehmens. In einem weiteren Schritt sind die Kostenunterschiede und deren Ursachen zu analysieren. Aus dieser Analyse der Kostenunterschiede und deren Ursachen werden die Kostenantriebskräfte erkennbar. In einem letzten Schritt sind dann die Kostenantriebskräfte so zu beeinflussen, dass die angestrebte Veränderung der Kostenstruktur und des Kostenniveaus erreicht werden.

Vorteile Cost Benchmarking

Cost Benchmarking und Prozesskostenrechnung sind zwei sich ergänzende Instrumente des Kostenmanagements. Gerade in den indirekten Bereichen – dem Einsatzgebiet der Prozesskostenrechnung – verspricht Cost Benchmarking hohe Kostensenkungspotenziale, weil

- ein Konkurrenz-Benchmarking in diesen Bereichen eher Aussicht auf Erfolg hat als in den direkten Bereichen. Dies liegt darin begründet, dass das Konfliktpotenzial mit Konkurrenten in den indirekten Bereichen deutlich geringer ist.

- ein Cost Benchmarking als funktionales Benchmarking in einem branchenübergreifenden Vergleich am ehesten möglich ist.

Der Cost Benchmarking-Prozess wird an einem Fallbeispiel im Zusammenhang mit der Prozesskostenrechnung aufgezeigt.

Fallbeispiel: Wie wird ein Cost Benchmarking durchgeführt?

Durchführung eines Cost Benchmarking

Das Unternehmen X hat als Cost Benchmarking-Partner das Unternehmen Y gewonnen. Es wurden als Benchmarking-Objekt die Kosten des Prozesses

Montageauftrag abwickeln

gemeinsam ausgewählt.

Folgende Subprozesse gehören zu dem Prozess „Montageauftrag abwickeln":

Auftrag terminieren
Material disponieren
Arbeit verteilen und Arbeitspapiere bereitstellen
Arbeitsfortschritt überwachen

Kostenvergleich

Für beide Unternehmen wurden die Kosten des Prozesses „Montageauftrag abwickeln" sowie seiner Subprozesse auf Basis von Kostenanalysen mit Hilfe der Prozesskostenrechnung ermittelt:

Benchmarking-Objekt	Unternehmen X	Unternehmen Y	Differenz X / Y
Prozess: „Montageauftrag abwickeln	38,70 €	33,90 €	4,80 €
Subprozess: „Auftrag terminieren"	7,90 €	7,60 €	0,30 €
Subprozess: „Material disponieren"	16,80 €	12,70 €	4,10 €
Subprozess: „Arbeit verteilen und Arbeitspapiere überwachen"	8,60 €	8,20 €	0,40 €
Subprozess: „ Arbeitsfortschritt überwachen"	5,40 €	5,40 €	0,00 €

Tabelle 50:Kostenvergleich von Benchmarking-Objekten

Es fällt sofort ins Auge, dass die Kosten des Subprozesses „Material disponieren" bei dem Unternehmen Y deutlich geringer sind als bei dem Unternehmen X. Bei Unternehmen Y sind die Kosten für diesen Subprozess um 4,10 € bzw. um rd. 24,4 % niedriger als bei Unternehmen X. Bei der Analyse der Kostenabweichung zeigt sich, dass das Unternehmen Y ein hochmodernes, automatisches, zentral gelegenes Hochregallager hat. Hingegen hat das Unternehmen X dezentrale Läger. Daher sind umfangreiche Dispositions- und Logistikprozesse erforderlich. Das Unternehmen X setzt sich folgende Kostensenkungsziele:

Kostensenkungsziele

- Die Kosten des Subprozesses sollen kurzfristig von 16,80 € auf 15,70 € gesenkt werden. Erreicht werden soll dies über eine Optimierung der bestehenden Läger und der Logistikprozesse.

- Die Kosten des Subprozesses sollen langfristig auf 11,70 € gesenkt werden. Erreicht werden soll dies durch den Bau eines zentralen Hochregallagers. Das ehrgeizige langfristige Kostenziel, die eigenen Kosten unter die Kosten des Konkurrenzunternehmens zu senken, resultiert aus der Philosophie des Benchmarking. Es geht beim Benchmarking nicht darum, so gut wie der Beste zu werden, sondern der Beste zu werden.

Ziele des Cost Benchmarking

Es geht beim Cost Benchmarking nicht darum, „Erfolgskonzepte" anderer Unternehmen zu kopieren, sondern vielmehr darum, Prozesse von Unternehmen, die auf einem bestimmten Teilgebiet führend sind,

- kennen zu lernen,

- mit den eigenen Prozessen zu vergleichen,

- die Bestimmungsfaktoren der kostengünstigeren Prozesse zu erkennen,

- diese kostengünstig neu zu kombinieren,

- an die Bedingungen des eigenen Unternehmens anzupassen und

- zu implementieren.

7 Wie Sie Ihre Kostenrechnung als Controllinginstrument einsetzen

7.1 Wie Sie die zu verrechnenden Kosten planen

In Dienstleistungsunternehmen und Unternehmen, die in Einzelfertigung produzieren, werden die Kosten in der Regel über die fakturierfähigen Stunden auf die Kostenträger (Auftrag, Kunde, Projekt) verrechnet. Zur Planung der zu verrechnenden Kosten pro Stunde müssen Sie daher die fakturierfähige Stundenkapazität ermitteln. Die fakturierfähige Stundenkapazität ermitteln Sie nach der folgenden üblichen Berechnungstabelle:

Stundenkapazität

Kalendertage pro Jahr		365
./.Samstage und Sonntage		104
=Zahltage pro Jahr		261
./.gesetzliche Feiertage		10
./.Urlaubstage		30
./.Krankheitstage		10
./.sonstige tarifliche und andere Ausfalltage		3
=Anwesenheitstage		208
x tägliche Arbeitszeit		7,70
=Anwesenheitsstunden		1.601,60
./.nicht direkt verrechenbare Arbeitszeit in %	15,00%	
(Reparaturen, Garantiearbeiten usw.)		240,24
=produktive Arbeitszeit		1.361,36
Zahl der produktiv Beschäftigten		
-Betriebsinhaber		
-Gesellen	9,75	
-Aushilfen (umgerechnet)/Leiharbeiter	0,70	10,45
=fakturierfähige Stundenkapazität/Jahr		14.226

Tabelle 51: Ermittlung der fakturierfähigen Stundenkapazität

Kosten pro Stunde

Ausgehend vom geplanten Umsatz (Gesamtkosten + betriebswirtschaftlicher Gewinn) subtrahieren Sie alle über Aufträge/Projekte direkt mit den Auftraggebern abrechenbare Leistungen (Material, Handelswaren, Fremdleistungen). Diese Leistungen stellen Sie den Auftraggebern direkt, also nicht über den Stundenverrechnungssatz, in Rechnung. In einem zweiten Schritt subtrahieren Sie die verrechenbaren Azubi-Stunden und Kfz-Kosten. Als Ergebnis erhalten Sie die über die produktiven Stunden zu verrechnenden Kosten (einschließlich betriebswirtschaftlicher Gewinn). Teilen Sie diese Kosten durch die fakturierfähige Stundenkapazität, erhalten Sie die zu verrechnenden Kosten pro Stunde.

Fallbeispiel: Zu verrechnende Kosten planen

Planung der zu verrechnenden Kosten

In der folgenden Tabelle wird die Planung der zu verrechnenden Kosten dargestellt:

geplanter Umsatz					1.591.930
./. Materialeinsatz				590.000	
+ Materialgemeinkostenzuschlagssatz			20,00%	118.000	708.000
./. Handelswareneinsatz				150.000	
+ Handelswarenaufschlagssatz			40,00%	60.000	210.000
./. Fremdleistungseinsatz				30.000	
+ Fremdleistungszuschlagssatz			12,00%	3.600	33.600
Zwischensumme					856.720
verrechenbare Azubi-Std.	Std.	900			
	€/Std.	32,00			28.800
verrechenbare Kfz-Kosten	km	10.000			
	€/km	1,25			12.500
= über die produktiven Stunden zu verrechnenden Kosten:					815.420
fakturierfähige Stundenkapazität					**14.226**
zu verrechnende Kosten pro Stunde					**57,32**

Tabelle 52: Planung der zu verrechnenden Kosten

7.2 Wie Sie Ihren erforderlichen Deckungsbeitrag pro Stunde planen

Mit Ihrer Planung des erforderlichen Deckungsbeitrages pro Stunde sollten Sie das Ziel verfolgen, Ansatzpunkte zur Erreichung eines angemessenen und hinsichtlich der Marktbedingungen realistischen Gewinns zu erhalten. Der wesentliche Ansatzpunkt zur Realisierung eines angemessenen geplanten Gewinns ist bei dieser Planrechnung die Akquirierung und Auswahl von Aufträgen mit angemessenen Deckungsbeiträgen.

Deckungsbeitrag pro Stunde

Ausgangspunkt Ihrer Planung des erforderlichen Deckungsbeitrages pro Stunde ist Ihre Kostenplanung für die folgende Wirtschaftsperiode. Haben Sie bereits ein Unternehmen und verfügen über Ist-Daten einer Wirtschaftsperiode, dann müssen Sie die erwarteten bzw. geplanten Kostenveränderungen ermitteln sowie die voraussichtlich zur Verfügung stehenden verrechenbaren produktiven Stunden hochrechnen. Verfügen Sie noch nicht über Ist-Daten einer Wirtschaftsperiode, dann müssen Sie in einer Planrechnung die erforderlichen Daten ermitteln. Des Weiteren sollten Sie einen angemessenen und hinsichtlich der Marktbedingungen realistischen Gewinn festlegen.

Fallbeispiel: Planung des erforderlichen Deckungsbeitrages pro Stunde

In dem Fallbeispiel handelt es sich um einen Handwerksbetrieb, der über Ist-Daten verfügt. Die ermittelten Daten zur Planung des erforderlichen Deckungsbeitrages pro Stunde tragen Sie in der unten dargestellten Form in eine Tabelle ein. Danach ermitteln Sie die fixen Personalkosten, indem Sie von den Gesamtpersonalkosten die variablen Personalkosten (Fertigungslöhne und zusätzliche Stunden) subtrahieren. Jetzt ermitteln Sie den Plan-Deckungsbeitrag des Unternehmens und dividieren diesen durch die direkt verrechenbaren Stunden. Das Ergebnis ist der erforderliche Deckungsbeitrag pro Stunde.

Planung des Deckungsbeitrages pro Stunde

In der folgenden Tabelle wird die Berechnung des erforderlichen Deckungsbeitrages pro Stunde dargestellt.

Annahmen zur vorausschauenden Planung			
Personalaufwand	„+" / „-"	3%	%
zusätzliche Auszubildende		1	900 €/Monat
Veränderung der sonstigen Aufwendungen um	„+" / „-"	6.800	€/Jahr
Veränderung der direkt verrechenbaren Std. um	„+" / „-"	200	Std./Jahr
Vorgesehene Gewinnsteigerung		15.000	€/Jahr
		€/Jahr	
Gewinnziel		71.812	
Fixe Kosten:			
Gehalt*		106.254	
Sonstige Fixkosten		233.989	
= Plan-Deckungsbeitrag		412.055	€/Jahr
: direkt verrechenbare Stunden/Jahr		25.975	Std./Jahr
= erforderlicher Deckungsbeitrag/Stunde		15,86	€/Std.
Gesamtpersonalkosten		411.055	
./. variable Personalkosten			
Fertigungslohn Vollzeit + Erhöhung in %		294.314	
Fertigungslohn Azubis + Erhöhung in %		8.087	
zusätzliche Stunden x €/Std.	12,00	2.400	
*Fixe Personalkosten		106.254	

Tabelle 53: Planung des erforderlichen Deckungsbeitrages pro Stunde

erforderlicher Deckungsbeitrag pro Stunde

Der erforderliche Deckungsbeitrag pro direkt verrechenbare Stunde zur Erreichung des Gewinnziels beträgt 15,86 €. Liegt dieser Wert über den bisher erzielten Deckungsbeitrag pro direkt verrechenbare Stunde, dann müssen Sie konkret nach Ansatzpunkten zur Erhöhung des Deckungsbeitrages suchen. Ansatzpunkte zur Erhöhung des Deckungsbeitrages sind vor allem neben Rationalisierungsmaßnahmen und der Preispolitik die Akquirierung und Auswahl von Aufträgen mit hohen Deckungsbeiträgen.

7.3 Wie Sie eine Kostenkontrolle mit der Deckungsbeitragsrechnung durchführen

Die Kostenkontrolle mit der Deckungsbeitragsrechnung bietet Ihnen eine einfache Möglichkeit, die Entwicklung der betriebsbedingten (variablen) Kosten in Relation zu den Erlösen zu kontrollieren und bei unerwünschten Entwicklungen ggf. Maßnahmen zur Gegensteuerung zu ergreifen.

Kostenkontrolle

Führen Sie eine monatliche Kostenkontrolle mit der Deckungsbeitragsrechnung durch, um frühzeitig Fehlentwicklungen erkennen zu können.

Zunächst ermitteln Sie den im vergangenen Jahr erzielten Ist-Deckungsbeitrag als Basiswert. Des Weiteren ermitteln Sie die Ist-Deckungsbeiträge für die einzelnen Monate absolut als auch relativ, d.h. in Beziehung zu dem Gesamtdeckungsbeitrag des Jahres. Notwendig ist die Ermittlung der Anteile der einzelnen Monatsdeckungsbeiträge am Gesamtdeckungsbeitrag deshalb, weil hierdurch der Einfluss der saisonalen Schwankungen auf die Realisierung von Deckungsbeiträgen erkennbar wird. Zudem können Sie hierdurch die voraussichtlich in der Planungsperiode monatlich zu erzielenden Deckungsbeiträge genauer abschätzen. Außerdem haben für Sie kurze Planungszeiträume den Vorteil, dass die Einflussfaktoren von Abweichungen zwischen Soll- und Ist-Deckungsbeiträgen leichter zu erkennen sind.

Kostenkontrolle mit der Deckungsbeitragsrechnung

Für die Planung der Soll-Deckungsbeiträge müssen Sie die betriebsbedingten (variablen) Kosten und die Erlöse für die Planungsperiode abschätzen und auf die einzelnen Monate der Planungsperiode verteilen. Aus diesen Daten können Sie dann die Soll-Deckungsbeiträge, die als Differenz zwischen den geplanten Umsatzerlösen und den geplanten variablen Kosten definiert sind, für die einzelnen Monate prozentual als auch absolut errechnen. Aus der Entwicklung der Soll-Deckungsbeiträge können Sie dann Rückschlüsse auf die Angemessenheit der Entwicklung der variablen Kosten ziehen.

Fallbeispiel: Kostenkontrolle mit der Deckungsbeitragsrechnung durchführen

Im hier vorliegenden Fallbeispiel handelt es um einen Dienstleistungsbetrieb in der Rechtsform einer Einzelunternehmung.

Ausgehend von den Ist-Deckungsbeiträgen der einzelnen Monate des Vorjahres planen Sie in einem ersten Schritt die Soll-Deckungsbeiträge für die einzelnen Monate prozentual. Danach errechnen Sie die Monats-Deckungsbeiträge absolut und kumuliert. Im Laufe des Planungsjahres ermitteln Sie die monatlichen Ist-Deckungsbeiträge. Für jeden einzelnen Monat errechnen Sie die kumulierten Deckungsbeiträge sowie die Ist-/Soll-

Durchführung der Kostenkontrolle

Abweichungen. Auf der Grundlage der ausgewiesenen Ist-/Soll-Abweichung kontrollieren Sie die variablen Kosten.

Die folgende Tabelle zeigt die Kostenkontrolle mithilfe der Deckungsbeitrags-rechnung:

Monat	DB-Soll	DB-Soll	DB-Soll kumuliert	DB-Ist	DB-Ist kumuliert	Abwei-chung Ist/Soll
	%	€	€	€	€	%
Januar	5,00	20.603	20.603	34.000	34.000	65,03
Februar	12,00	49.447	70.049	45.000	79.000	12,78
März	10,00	41.205	111.255	90.000	169.000	51,90
April	6,00	24.723	135.978	43.000	212.000	55,91
Mai	4,00	16.482	152.460	35.000	247.000	62,01
Juni	9,00	37.085	189.545	87.000	334.000	76,21
Juli	12,00	49.447	238.992	45.000	379.000	58,58
August	10,00	41.205	280.197	56.000	435.000	55,25
September	12,00	49.447	329.644	89.000	524.000	58,96
Oktober	8,00	32.964	362.608	45.000	569.000	56,92
November	4,00	16.482	379.091	46.000	615.000	62,23
Dezember	8,00	32.964	412.055	12.000	627.000	52,16
Summe	100,00	412.055	412.055	627.000	627.000	52,16

Tabelle 54: Kostenkontrolle mit der Deckungsbeitragsrechnung

Abweichungen

In dem hier vorliegenden Fall kann eine insgesamt positive Entwicklung der Deckungsbeiträge und damit auch der variablen Kosten in den einzelnen Mo-naten des Berichtsjahres festgestellt werden. In keinem einzigen Monat weicht der Ist-Deckungsbeitrag von dem Soll-Deckungsbeitrag negativ ab. Kumuliert übersteigt der Ist-Deckungsbeitrag den Soll-Deckungsbeitrag um 56,16 %. Damit ergibt sich für den Dienstleistungsbetrieb auf den ersten Blick kein Handlungsbedarf zur Senkung der variablen Kosten. Es ist jedoch im hier vor-liegenden Fall (positive Abweichungen) betriebswirtschaftlich sinnvoll, die Gründe der positiven Abweichungen zu analysieren.

positive Abweichungen

Gründe der positiven Abweichungen können ungeplante Erhöhungen der Um-satzerlöse, ungeplante Erhöhungen der Wertschöpfung, ungeplante Erhöhung der Ist-Arbeitsstunden oder aber ungeplante Senkungen der variablen Kosten sein. Konkret heißt dies, dass die Planung der Soll-Größen auf fehlerhaften Annahmen beruhte. Daher ist es sinnvoll – auch bei positiven Abweichungen -, die den Planungen zugrunde liegenden Annahmen fortlaufend auf ihre Rich-tigkeit zu prüfen und gegebenenfalls den veränderten Bedingungen anzupas-sen. Ziel der Planung ist es, die Plangrößen so zu gestalten, dass sie unter der Bedingung, dass der Betrieb effizient arbeitet, zutreffend sind.

7.4 Wie Sie den erzielten Deckungsbeitrag pro Stunde kontrollieren

Für Sie sind nicht nur der Gesamtdeckungsbeitrag, Gewinn und Betriebswirtschaftliche Gewinn wichtige Informationen, um Entscheidungen auf einer gesicherten Basis treffen zu können, vor allem der Deckungsbeitrag je direkt verrechenbare Stunde hat eine hohe Bedeutung. Dies gilt insbesondere dann, wenn Sie Aufträge akquirieren und durchführen, Sie also keine industrielle Massenproduktion betreiben. Denn die Größe „Deckungsbeitrag je direkt verrechenbare Stunde" bietet Ihnen verschiedene Einflussmöglichkeiten zur Erhöhung des Deckungsbeitrags, wie beispielsweise die Erhöhung der verrechenbaren Stunden bei gleich bleibender Personalkapazität und gleich bleibenden Personalkosten.

Deckungsbeitrag je direkt verrechenbare Stunde

Ziel der Kontrolle des erzielten Deckungsbeitrags pro direkt verrechenbare Stunde ist, dass Sie bei Abweichungen des erzielten Gesamtdeckungsbeitrags von dem geplanten Gesamtdeckungsbeitrag rechtzeitig die Ursachen der Abweichungen erkennen und entsprechende Maßnahmen ergreifen können. Denn der erzielte Gesamtdeckungsbeitrag setzt sich aus den erzielten Deckungsbeiträgen der durchgeführten Aufträge zusammen.

Ziel der Kontrolle

Suchen Sie die Gründe für negative Abweichungen des erzielten vom geplanten Gesamtdeckungsbeitrag vorrangig bei falsch vorkalkulierten und/oder unwirtschaftlich ausgeführten Aufträgen.

Fallbeispiel: Erzielten Deckungsbeitrag pro Stunde kontrollieren

In dem hier dargestellten Fallbeispiel handelt es sich um einen Dienstleistungsbetrieb, der Aufträge akquiriert und ausführt. Ausgehend vom letzten Jahresabschluss ermitteln Sie die erforderlichen Daten. Zunächst errechnen Sie den erzielten Deckungsbeitrag, indem Sie vom Umsatz die variablen Kosten (Materialeinsatz, Fremdleistungen und Fertigungslohn) subtrahieren. Den Deckungsbeitrag pro direkt verrechenbare Stunde erhalten Sie als Ergebnis, wenn Sie den Deckungsbeitrag durch die Anzahl der direkt verrechenbaren Stunden dividieren.

Ermittlung Deckungsbeitrag pro Stunde

Im Zusammenhang mit der Ermittlung des Deckungsbeitrags pro direkt verrechenbare Stunde können Sie den Gewinn und den betriebswirtschaftlichen Gewinn ermitteln. Dies ist sinnvoll, um eine differenzierte Beurteilung des erzielten Ergebnisses vornehmen zu können. Den Gewinn ermitteln Sie, indem Sie vom Gesamtdeckungsbeitrag die fixen Kosten subtrahieren. Zum betriebswirtschaftlichen Gewinn gelangen Sie, wenn Sie die kalkulatorischen Kosten vom Gewinn subtrahieren.

Gewinnermittlung

erzielter Deckungsbeitrag pro Stunde

In der folgenden Tabelle wird die Berechnung des erzielten Deckungsbeitrags pro direkt verrechenbare Stunde dargestellt. Als zusätzliche Informationen werden die Ermittlung des Gewinns und des betriebswirtschaftlichen Gewinns in die Tabelle aufgenommen.

	€/Jahr			
Umsatz (Betriebsleistung)	1.076.768	100,0%		
./. variable Kosten				
Materialeinsatz, Fremdleistungen	416.744	38,7%		
Fertigungslohn	293.593	27,3%	710.337	K var.
= Deckungsbeitrag	366.431	34,0%		
./. fixe Kosten				
Gehalt*	94.130	8,7%		
Sonstige Fixkosten	215.489	20,0%	309.619	K fix
= Gewinn	56.812	5,3%		
./. Kalkulatorische Kosten	50.613	4,7%		
= Betriebswirtschaftlicher Gewinn	**6.199**	**0,6%**		
Deckungsbeitrag	366.431	€/Jahr		
: direkt verrechenbare Stunden/Jahr	25.775	Std./Jahr		
= erzielter Deckungsbeitrag/Stunde	14,22	€/Std.		
*				
Personalkosten gesamt	387.723			
./. variable Personalkosten	293.593			
fixe Personalkosten	94.130			

Tabelle 55: Erzielter Deckungsbeitrag pro direkt verrechenbare Stunde

Auswertung des Ergebnisses

Aus der oben dargestellten Deckungsbeitragsrechnung wird ersichtlich, dass der erzielte Deckungsbeitrag in Höhe von 366.431 € vollständig die Fixkosten in Höhe von 309.619 € abdeckt. Werden die fixen Kosten von dem Deckungsbeitrag subtrahiert, erhält man den Gewinn bzw. den Verlust. Das hier betroffene Unternehmen hat in dem dargestellten Wirtschaftsjahr 56.812 € Gewinn erzielt. Dieses Ergebnis ist zunächst einmal positiv. Weniger positiv sieht das Ergebnis aus, wenn die kalkulatorischen Kosten (kalkulatorischer Unternehmerlohn, kalkulatorische Abschreibungen usw.) in Höhe von 50.613 € bei der Ermittlung des betriebswirtschaftlichen Gewinns (Ergebnisses) berücksichtigt werden. Dann ergibt sich nur noch ein betriebswirtschaftlicher Gewinn in Höhe von 6.199 €.

Zur vorangestellten Rechnung sei relativierend angemerkt, dass die kalkulatorischen Kosten nur zu einem Teil ausgabewirksam sind. Die kalkulatorischen

Abschreibungen werden erst in späteren Perioden bei Ersatzbeschaffungen zu Ausgaben führen.

Durch die kalkulatorischen Kosten wird die Liquidität zunächst nur teilweise berührt. Der Ansatz ist zumindest bei den Abschreibungen unbedingt notwendig, damit betriebsnotwendige Beschaffungen des Anlagevermögens über die Erlöse finanziert werden können. Insofern wäre eine Cashflow-Betrachtung bei Kontrollen, Analysen, Kalkulationen und Planrechnungen nicht zulässig bzw. kaufmännisch gefährlich.

kalkulatorische Kosten

7.5 Wie Sie die „Wirtschaftlichkeit" von Aufträgen prüfen

Eine betriebswirtschaftlich sinnvolle Möglichkeit, Aufträge nach der Lukrativität in eine Rangfolge zu bringen, bietet die Kennzahl Deckungsbeitrag je Stunde. Über die Größe Deckungsbeitrag je Stunde können Sie die einzelnen Aufträge miteinander vergleichen.

Deckungsbeitrag je Stunde

Fallbeispiel: „Wirtschaftlichkeit" von Aufträgen mit der Deckungsbeitragsrechnung prüfen

Prüfen der Wirtschaftlichkeit

Im hier vorliegenden Fallbeispiel handelt es um einen Baubetrieb, der in der Altbausanierung tätig ist.

Mithilfe der Deckungsbeitragsrechnung können Sie noch nicht ausgeführte als auch bereits ausgeführte Aufträge hinsichtlich der „Wirtschaftlichkeit" prüfen. Zunächst ermitteln Sie den Nettoumsatz der zu prüfenden Aufträge und subtrahieren vom jeweiligen Umsatz des Auftrags die Materialkosten und Fremdleistungen. Das Ergebnis sind die Deckungsbeiträge der einzelnen Aufträge in €. Die Deckungsbeiträge der einzelnen Aufträge sind für Sie eine wichtige Information, sagen aber bei Knappheit der Kapazität nichts über eine Rangfolge der Lukrativität der einzelnen Aufträge aus.

Den Deckungsbeitrag pro Stunde ermitteln Sie, indem Sie den Gesamtdeckungsbeitrag eines Auftrages durch die Anzahl der Fertigungsstunden bzw. die Anzahl der Bearbeitungsstunden dividieren. Nachdem Sie von allen Aufträgen den Deckungsbeitrag pro Stunde ermittelt haben, bringen Sie die Aufträge entsprechend der Entscheidungsregel in eine Rangfolge. Den jeweiligen Aufträgen können Sie als Zusatzinformation den Fertigungslohn zuordnen. Dies ist aber nicht zur Ermittlung des Deckungsbeitrages pro Stunde erforderlich. Dem Auftrag mit dem höchsten Deckungsbeitrag je Stunde geben Sie Rang 1, dem mit dem niedrigsten Deckungsbeitrag je Stunde geben Sie den letzten Rang. Entsprechend der Rangfolge nehmen Sie alle Aufträge, die einen

Rangfolge der Aufträge

positiven Deckungsbeitrag aufweisen, bis zum Erreichen der Kapazitätsgrenze an. Befolgen Sie diese Regel, dann erzielen Sie den höchstmöglichen Gesamtdeckungsbeitrag unter den gegebenen Bedingungen.

Die folgende Tabelle zeigt die Durchführung der Prüfung der „Wirtschaftlichkeit" mit der Deckungsbeitragsrechnung:

Auftrag	Umsatz	Material Fremdleistung	DB	Fertigungs-stunden	Fertigungs-lohn*	DB/ Std.	Rang
A	33.247	19.000	14.247	180	1.980,00	79,15	3
B	10.817	2.100	8.717	95	1.045,00	91,75	1
C	22.512	14.350	8.162	110	1.210,00	74,20	4
D	18.395	8.400	9.995	115	1.265,00	86,91	2
Gesamt			41.121	500	5.500,00	82,24	
durchschnittl. Fertigungslohn			11,00 €/Std.				

Tabelle 56: Prüfung der Wirtschaftlichkeit von Aufträgen

8 Controllingorientierte Analysen und Planungen

8.1 Analysen

8.1.1 Sortiments- und Leistungsanalyse

Die Sortiments- und Leistungsanalyse beschäftigt sich mit der Frage der Optimierung der Sortiments- bzw. Leistungsbereiche eines Unternehmens. Wie aber soll über die Optimierung der Sortiments- bzw. Leistungsbereiche entschieden werden? Eine Entscheidung setzt voraus, dass ein Vergleichsmaßstab für die unterschiedlichen Sortiments- und Leistungsbereiche existiert.

Sortiments- und Leistungsanalyse

Die Überlegungen dazu sind einfach. Im Sinne der Deckungsbeitragsrechnung stellt sich die Frage, welche Produkte bzw. Leistungen in einem Käufermarkt besonders förderungswürdig sind. Unter Förderwürdigkeit versteht man beispielsweise die Zuteilung von Werbebudgets oder besonderer Verkaufsförderungsmaßnahmen.

Förderwürdigkeit

Mit der Deckungsbeitragsrechnung fällt die Antwort einfach aus: Die Produkte bzw. Leistungen sind förderwürdig, die helfen, die Gewinnzone schnell zu erreichen. Als Entscheidungsregel bedeutet dies: Es sind die Produkte bzw. Leistungen nach der Höhe ihres Deckungsbeitrages auszuwählen. Das Produkt bzw. die Leistung mit dem höchsten absoluten Deckungsbeitrag ist am förderungswürdigsten, das mit dem zweitgrößten Deckungsbeitrag nimmt den zweiten Platz ein. Entsprechend folgen die nachrangigen Produkte bzw. Leistungen.

Entscheidungsregel der Förderwürdigkeit

In Handwerks- und Dienstleistungsbetrieben wird nicht der absolute Deckungsbeitrag eines Zeitraumes als Vergleichsmaßstab, sondern der Deckungsbeitrag je Stunde verwendet. Mit Hilfe der Information Deckungsbeitrag je Stunde werden die Bereiche in eine sinnvolle Reihenfolge gebracht. Der Bereich mit dem höchsten Deckungsbeitrag je Stunde nimmt in der Rangskala der Förderungswürdigkeit den ersten Platz ein.

Rangskala der Förderwürdigkeit

Nun ist die Reihenfolge der Förderungswürdigkeit in unserem Fallbeispiel im Sinne des Marketings offensichtlich. Der Sortimentsbereich Türen ist der Kostenträger mit dem höchsten Deckungsbeitrag je Stunde in Höhe von 45,45 €. Er wird gefolgt von dem Sortimentsbereich Fenster mit einem Deckungsbeitrag von 40,00 € je Stunde. Das Schlusslicht bildet der Sortimentsbereich Treppen mit einem Deckungsbeitrag von 10,71 € je Stunde.

Der Sortimentsbereich Türen ist in jeder Hinsicht zu fördern. Es ist alles zu tun, diesen Sortimentsbereich auszubauen, weil er wegen des hohen absoluten Deckungsbeitrags je Stunde unsere „cashcow" ist.

| | | Sortiments-/Leistungsbereiche | | |
	Gesamtbetrieb	Türen	Treppen	Fenster
Umsatz	4.000.000	1.200.000	800.000	2.000.000
Löhne/ Material/Fremdleistungen	2.500.000	700.000	600.000	1.200.000
Sondereinzelkosten	50.000		50.000	
Gemeinkosten (fix)	1.250.000	375.000	250.000	625.000
Selbstkosten	3.800.000	1.075.000	900.000	1.825.000
Ergebnis	200.000	125.000	-100.000	175.000
Stunden	45.000	11.000	14.000	20.000
Deckungsbeitrag	1.450.000	500.000	150.000	800.000
DB/Stunde	32,22	45,45	10,71	40,00

Tabelle 57: Sortiments- und Leistungsanalyse

8.1.2 Eigen- oder Fremdleistung?

Eigen- oder Fremdleistung?

In Unternehmen steht die Unternehmensleitung oftmals vor der Frage, soll der akquirierte Auftrag oder Teile des Auftrages selbst ausgeführt werden oder an Nachunternehmer weitergegeben werden. Des Weiteren stellt sich die grundsätzliche Frage, welche Leistungsprozesse können betriebswirtschaftlich sinnvoll auf Externe verlagert werden.

optimale Leistungstiefe

Die Entscheidung zur Prozessausgliederung ist gleichzusetzen mit der Entscheidung über Anzahl, Art und Intensität der selbst zu erstellenden Leistungsprozesse eines Unternehmens. Jede Unternehmensleitung steht dabei sowohl bei der Gründung als auch während der gesamten Lebensdauer des Unternehmens vor dem Entscheidungsproblem der „optimalen" Leistungstiefe. Gesucht wird das bestmögliche Verhältnis zwischen den intern zu beherrschenden und zu verantwortenden Eigenaktivitäten einerseits und den von Externen zu erfüllenden Leistungsprozessen andererseits. Es geht also um den jeweils effizientesten Integrationsgrad zwischen dem Unternehmen und seinen Marktpartnern.

Das Entscheidungsproblem besteht darin, diejenigen Prozesse auszuwählen, die selber übernommen werden sollen und diejenigen zu identifizieren, die sinnvoll ausgegliedert werden könnten bzw. weiterhin außerhalb des eigenen Unternehmens erbracht werden sollen. Das vorrangige Ziel der Prozessausgliederung besteht zunächst darin, die Kosten der eigenen Leistungserstellung zu senken.

Entscheidungsproblem

Eine wesentliche Vorauswahl aus Kostengesichtspunkten auszugliedernder Prozesse wird durch eine Vorstrukturierung der Prozesse gemäß ihrer Prozesseigenschaften ermöglicht. Die folgende Tabelle zeigt das Ergebnis des Versuchs aus identifizierten Eigenschaften der Prozesse Aussagen im Hinblick auf ihre Auslagerungsfähigkeit aus dem Unternehmen abzuleiten. Diese Eigenschaften sind ebenfalls nutzbar, um die Entscheidung zur Eingliederung von bisher fremderstellten Prozessen ins Unternehmen zu fundieren.

Vorauswahl auszugliedernder Prozesse

vorrangige Eigenschaften		
Spezifität	niedrige Spezifität	hohe Spezifität
strategische Bedeutung	geringe strategische Bedeutung	große strategische Bedeutung
unterstützende Eigenschaften		
Unsicherheiten	niedrige Unsicherheit	hohe Unsicherheit
Häufigkeit	geringe Häufigkeit	große Häufigkeit
Konsequenzen für das Kostenmanagement	Prozess eher auslagern	Prozess eher selber durchführen (halten oder eingliedern)

Tabelle 58: Auswirkungen der Prozesseigenschaften auf Auslagerungsentscheidungen

Im Hinblick auf die **Spezifität** eines Prozesses gilt tendenziell, dass mit abnehmender Spezifität die Möglichkeiten einer Prozessauslagerung steigen oder umgekehrt eine zunehmende Spezifität die Notwendigkeit zur Eigenerstellung anwachsen lässt. Dieses ist damit erklärbar, dass die Spezifität eines Prozesses die Intensität der Verhandlungs- und Abstimmungsprozesse zwischen dem Unternehmen und den potenziellen Prozessübernahmepartnern (Nachunternehmern) bestimmt, deren Kosten unter Umständen eine Auslagerung nicht mehr wirtschaftlich machen.

Spezifität eines Prozesses

Inwieweit ein Prozess spezifisch ist, ist jeweils am konkreten Einzelfall zu prüfen. Der Prozess der Konstruktion von Dächern kann im Handwerksbetrieb beispielsweise ein Prozess hoher Spezifität sein, wenn der Handwerksbetrieb eine betriebsindividuelle Konstruktion anstrebt. In diesem Fall bietet sich eher die Übernahme der Konstruktionsarbeiten durch das eigene Personal an. Übernimmt ein Handwerksbetrieb dagegen eine standardisierte Konstruktion, ist dieser Prozess von eher geringer Spezifität und kann damit problemloser aus-gelagert werden.

strategische Bedeutung

Eine niedrige **strategische Bedeutung** eines Prozesses erhöht die Chancen, diesen Prozess vorteilhaft aus dem Unternehmen auszulagern. Mit strategisch bedeutsamen Prozessen gelingt einem Unternehmen dagegen die Abhebung von den Konkurrenten. Sie sind für eine Auslagerung kaum noch geeignet, da ein Unternehmen solange wie möglich versuchen wird, mit diesen Prozessen Wettbewerbsvorteile zu halten.

Das Kriterium der strategischen Bedeutung ist insgesamt höher zu bewerten als das der Spezifität. Auch bei Prozessen hoher Spezifität, jedoch geringer strategischer Bedeutung, wie z.B. einer einmaligen Herstellung von Fenstern, ist eine Auslagerung sinnvoll, da die zur Eigenerstellung erforderliche Res-sourcen selten wirtschaftlich einsetzbar sein dürften.

Unsicherheiten

Niedrige **Unsicherheiten** eines Prozesses deuten auf einen stabilen Prozessab-lauf hin, der als wesentliche Erleichterung für die Entscheidung zur Auslage-rung angesehen werden kann. Die Herstellung von Fenstern in einem standar-disierten Programm ist z.B. geringen Unsicherheiten unterworfen. Ist ein Pro-zess dagegen im Ablauf vielen unvorhergesehenen Änderungen unterworfen, sinken die Chancen, ihn sinnvoll aus dem Leistungserstellungsprozess aus-zugliedern, da die dann zu stellenden Anforderungen an den Prozesspartner kaum noch hinreichend spezifiziert werden können. Ähnliches gilt für die Aus-lagerung von Prozessen, die viele Schnittstellen im Unternehmen durchlaufen und dadurch bedingt eine enge Verzahnung zu anderen Leistungsprozessen aufweisen.

Häufigkeit

Die **Häufigkeit** eines Prozesses ist unmittelbar auch für die Wirtschaftlichkeit einer Eigenübernahme verantwortlich. Erst ab einer bestimmten Häufigkeit ist der Aufbau eigener Kapazitäten lohnenswert, da eine Auslastung gewährleistet werden kann. Daraus ergibt sich, dass mit steigender Größe des Unternehmens auch die Möglichkeiten, Prozesse selbst zu übernehmen, zunehmen. Anderer-seits bestimmt die Häufigkeit jedoch auch die Chancen, einen Nachunterneh-mer zu finden, der die Prozesserstellung übernimmt.

Rahmenbedingungen

Neben den Prozesseigenschaften sind bei der Entscheidung über die Auslage-rung von Prozessen noch weitere **Rahmenbedingungen** zu berücksichtigen, die Barrieren für die Auslagerung darstellen könnten. Hierzu zählen die Ver-fügbarkeit von Unternehmen mit Kapital und Know-how, die Verfügbarkeit von informations- und kommunikationstechnischen Infrastrukturen, rechtli-chen Rahmenbedingungen, beschäftigungspolitische Restriktionen oder das Ausmaß der Standortflexibilität.

Prozessauslagerung

Es lässt sich feststellen, dass eine Auslagerung von Prozessen bei einfachen, d.h. gut strukturierten, standardisierten und sicheren, also gut planbaren Leis-tungen angebracht sein kann. Prozesse sollten selbst erstellt werden, wenn sie strategisch wichtig und innovativ, unternehmensspezifisch und unsicher sind sowie so häufig anfallen, dass eine wirtschaftliche Nutzung aufzubauender Kapazitäten möglich ist. Voraussetzung ist allerdings, dass das erforderliche Know-how zur Eigenerstellung vorhanden ist.

Da das Ziel einer Prozessauslagerung in einer Kostenreduzierung besteht, müssen die Kosten der Eigen- oder Fremdleistung eines Prozesses miteinander verglichen werden. Als Entscheidungsregel für einen Kostenvergleich gilt, dass eine Prozessausgliederung zumindest dann in Erwägung gezogen werden sollte, wenn die Kosten der Fremderstellung unter denen der Eigenerstellung des Prozesses liegen.

Die wesentlichen Informationen zu den Kosten der Eigenerstellung stellt die Deckungsbeitragsrechnung bereit. Die Kalkulation der Kosten der Eigenerstellung ist relativ überschaubar, wenn die aufgebauten Kapazitäten des Unternehmens ausreichend sind, die zur Disposition gestellten Prozesse bzw. Aufträge durchzuführen. Immer dann, wenn ein positiver Deckungsbeitrag erwirtschaftet wird, verbessert sich das Betriebsergebnis. Sind in diesem Fall die variablen Kosten der Eigenleistung niedriger als der Beschaffungspreis der Fremdleistung, ist die Eigenleistung gegenüber der Fremdleistung zu präferieren, da dadurch das Betriebsergebnis absolut verbessert wird.

Kosten der Eigenerstellung

Sind die Kapazitäten des Unternehmens mit anderen Prozessen bzw. Aufträgen ausgelastet, ist zu prüfen, ob die Vollkosten der zusätzlichen Eigenleistung niedriger sind als der Beschaffungspreis der Fremdleistung. In diesem Fall ist es für das Unternehmen günstiger, den Prozess bzw. den Auftrag in Eigenleistung durchzuführen. Ist hingegen der Beschaffungspreis für die Fremdleistung niedriger als die Vollkosten der zusätzlichen Eigenleistung, ist die Fremdleistung der Eigenleistung unter Kostengesichtspunkten vorzuziehen.

Kapazitätsauslastung

In der folgenden Tabelle wird der rechnerische Vergleich zwischen Eigen- und Fremdleistung unter Kostengesichtspunkten an einem Fallbeispiel dargestellt.

Eigenleistung		Fremdleistung	
Ums./Leistungseinh. (St., Std.)	52,00	Ums./Leistungseinh. (St., Std.)	52,00
variable Kosten/ Leistungseinheit	32,00	Beschaffungspreis/ Leistungseinheit	50,00
Anteil. Gemeink./Leistungseinh.	23,00		
Vollkosten/Leistungseinheit	55,00	Vollkosten/Leistungseinheit	50,00
Vollkosten-Ergebnis	-3,00	Vollkosten-Ergebnis	2,00
Deckungsb./Leistungseinheit	-3,00	Deckungsb./Leistungseinheit	2,00

Tabelle 59: Eigen- oder Fremdleistung?

8.1.3 Unternehmens-Nutzwertanalyse

Die **Unternehmens-Nutzwertanalyse** ist das am häufigsten eingesetzte mehr-dimensionale Verfahren zur Bewertung eines Unternehmens im Vergleich zu Mitbewerberunternehmen. Bei diesem Verfahren wird ein Kriterienkatalog er-arbeitet, der für das betroffene Marktsegment die relevanten Erfolgsfaktoren beinhaltet. Für die einzelnen Kriterien werden Gewichtungsfaktoren von 1 bis 10 vergeben, wobei der Gewichtungsfaktor 1 den niedrigsten und 10 den höchsten zu erwartenden Nutzeffekt ausdrückt. In Umkehrung von Schulnoten werden für den eigenen Betrieb und für direkte Mitbewerberbetriebe Rangzah-len von 1 bis 6 vergeben. Durch die Multiplikation der Rangzahl mit dem Ge-wichtungsfaktor wird der Wert eines Kriteriums ermittelt. Die einzelnen Werte und die Summe der Werte des eigenen Betriebes im Verhältnis zu den direkten Mitbewerberbetrieben stellen die relativen Vor- und Nachteile des eigenen Be-triebes dar.

Vorteile der Unternehmens-Nutzwertanalyse sind:

* die Darstellbarkeit relativer Vor- und Nachteile,

* durch die Addition der Teilergebnisse ist der eindimensionale Gesamt-nutzwert darstellbar, wodurch Unternehmensvergleiche möglich sind und

* durch das Aufstellen des Kriterienkatalogs sowie der Festlegung der Ge-wichtung werden die Präferenzen der Entscheidungsträger transparent.

Die Schwierigkeiten bzw. Probleme der Unternehmens-Nutzwertanalyse las-sen wie folgt zusammenfassen:

* Es besteht die Tendenz, die eigene Situation im Verhältnis zu den Mitbe-werbern besser zu bewerten; ein Vergleichsmaßstab fehlt.

* Es gibt kein allgemeingültiges Vorgehen zur Festlegung der Kriterien und ihrer Gewichtung. Aus diesem Grund sind die Auswahl der Kriterien und die Festsetzung ihrer Gewichtung subjektiv geprägt.

* Der Nutzwert enthält keine monetäre Bewertung.

* Es besteht die Gefahr, den Punktwert als absolutes Ergebnis zu bewerten.

In der folgenden Tabelle wird eine Unternehmens-Nutzwertanalyse exemplarisch dargestellt.

Kriterien	Gewichtungsfaktor von 1 - 10	Eigener Betrieb		Mitbewerberbetriebe					
				1		2		3	
		Rangzahl[1]	Wert	Rangzahl	Wert	Rangzahl	Wert	Rangzahl	Wert
Wie wird der Organisationsstand eingestuft?	6	4	24	6	36	5	30	6	36
Welche Arbeitsqualität bietet der Betrieb?	8	3.5	28	3	24	4	32	3	24
Wie liegen die Preise?	9	6	54	2	18	6	54	5	45
Werden die Termine eingehalten?	10	3	30	5	50	5	50	6	60
Wie ist die Ausrüstung?	4	1	4	6	24	6	24	4	16
Bietet der Betr. bes. Leistungen/ Spezialitäten?	3	6	18	4	12	5	15	6	18
Hat der Betrieb besondere Stärken?	10	2	20	5	50	3	30	3	30
Wird d. Betr. oft ohne ersichtl. Grund beauftragt?	10	1	10	6	60	6	60	2	20
Wie ist die Werbung?	7	2	14	4	28	1	7	5	35
Wie stufen Sie die Entwicklungschancen ein?	8	3	24	5	40	6	48	4	32
Wie ist der Standort aus Kundensicht?	4	5	20	6	24	6	24	1	4
Summe			246		366		374		320

[1] Die Rangzahl gibt die Einschätzung in der Rangskala von 1 bis 6 in Umkehrung von Schulnoten an.
6 = sehr gut; 5 = gut; 4 = befriedigend; 3 = ausreichend; 2 = mangelhaft; 1 = ungenügend

Tabelle 60: Unternehmens-Nutzwertanalyse

8.1.4   Geschäftsfeldanalyse

Geschäftsfeldanalyse

Die **Geschäftsfeldanalyse** ist ein methodisch aufgebautes Vorgehensmodell, das Geschäftsfelder (Produkte, Produktgruppen, Dienstleistungen, Dienstleistungsgruppen) mit dem Ziel bewertet, entscheidungsrelevante Informationen über die Zukunftsfähigkeit der untersuchten Geschäftsfelder zu gewinnen.

Ziel der
Geschäftsfeldanalyse

Oftmals sind Unternehmen unsicher, ob sie ein Geschäftsfeld halten, ausbauen oder abbauen sollen. Hier hilft die Geschäftsfeldanalyse, Entscheidungen auf der Grundlage der gewonnenen Daten vorzubereiten. Entscheidungen über die zukünftige Entwicklung von Geschäftsfeldern hat jedes Unternehmen bei sich verändernden Marktbedingungen mit dem Ziel zu treffen, dass auch zukünftig der Betrieb tragfähig wirtschaften kann.

Geschäftsfeldentwicklung

Die Abschätzung der zukünftigen Geschäftsfeldentwicklung setzt die Abwägung der Chancen und Risiken voraus. Unternehmen sind in ihren Geschäftsfeldern nur dann erfolgreich, wenn sie sich an den veränderten Marktbedingungen, den Kernkompetenzen, dem Kundenbedarf und dem Konkurrenzverhalten orientieren. Dies setzt kontinuierliche Verbesserungsprozesse voraus, wobei alle Mitarbeiter einzubeziehen sind.

Reduzierung des
Preiswettbewerbs

Wesentliches Ziel der Anbieter von Unternehmensleistungen sollte es sein, aus dem reinen Preiswettbewerb herauszukommen. Der Kunde muss bereit sein, die angebotene Unternehmensleistung wegen des Kundenmehrwertes den Leistungen der Konkurrenz vorzuziehen. Entscheidungskriterien können hierbei u.a. sein: Know-how, Beratung und Betreuung, Vertrauensbasis durch Erfüllung der Qualitätsansprüche, kurze Aktions- und Reaktionszeiten sowie kontinuierliche Partnerschaft durch verlässlich handelnde Personen.

Geschäftsfeldanalyse

Eine systematische Geschäftsfeldanalyse hat die Kernkompetenzen des Unternehmens aufzuzeigen sowie die Anforderungen des Marktes abzuschätzen. Die Kernkompetenzen eines Unternehmens werden vor allem durch die Analyse der Wettbewerbsposition der Geschäftsfelder herausgearbeitet. Eine Abschätzung der Anforderungen des Marktes wird über die Ermittlung der Marktattraktivität der Geschäftsfelder vorgenommen. Entsprechend diesen Anforderungen an eine systematische Geschäftsfeldanalyse ist sie in zwei Teile aufgespalten: Ermittlung der Wettbewerbsposition einerseits und der Marktattraktivität andererseits.

Erst die Kombination der beiden Teile der Geschäftsfeldanalyse ermöglicht es dem Unternehmen, Entscheidungen über die Entwicklung einzelner Geschäftsfelder auf relativ gesicherter Informationsbasis zu treffen. Zur Beurteilung neuer Geschäftsfelder ist darüber hinaus eine Konkurrenzanalyse erforderlich.

Wettbewerbsposition

Die folgende Tabelle zeigt beispielhaft die Durchführung und Bewertung der Wettbewerbsposition der Geschäftsfelder:

Gewichtung (G) von 1-3; Bewertung (Bw) von 1-5

Wettbewerbsposition

Geschäftsfeld	A			B			C			D		
Auswahlkriterien	G	Bw	G x Bw	G	Bw	G x Bw	G	Bw	G x Bw	G	Bw	G x Bw
	min.	1,0		max.	5,0		min.	1,0		max.	5,0	
Produkt/Programmbreite/-tiefe	3	4	12	3	4	12	3	4	12	3	5	15
Preise/Rabatte	3	4	12	3	4	12	3	3	9	1	3	3
Serviceorganisation	3	3	9	3	4	12	2	5	10	2	1	2
Image	3	4	12	3	4	12	1	2	2	3	4	12
Werbung	3	2,5	7,5	3	2	6	2	3	6	2,9	4,5	13,05
Entwicklung der Marktanteile	3	4	12	3	4	12	2	4	8	2	4	8
Finanzierungspotenzial	1,5	2	3	2	3	6	3	5	15	3	3	9
Qualifikation der Mitarbeiter	3	3	9	3	4	12	2	4	8	1	1	1
Betriebsklima	3	4	12	3	4	12	1,5	4	6	3	4	12
Erfahrung am Markt	3	4	12	3	4	12	2,5	3	7,5	1,5	5	7,5
technische Infrastruktur	3	5	15	3	5	15	3	5	15	2	3	6
technologisches Know-how	3	4	12	3	4	12	1,5	4	6	3	4	12
Entwicklungspotenzial	2	5	10	2	5	10	3	5	15	1	4	4
Übereinstimmung GF/U-Ziele	2	4	8	3	4	12	3	4	12	3	5	15
minimal erreichbare Punktzahl	38,5			40			32,5			31,4		
maximal erreichbare Punktzahl		192,5			200			162,5			157	
erreichte Punktzahl			145,5			157			131,5			119,55
Wettbewerbsposition			0,69			0,73			0,76			0,70

Tabelle 61: Ermittlung der Wettbewerbsposition

Durchführung der Geschäftsfeldanalyse

Die konkrete Analyse von Geschäftsfeldern beginnt mit der Auswahl der Kriterien, die die Chancen und Risiken von Geschäftsfeldern in einem bestimmten Marktsegment abbilden können. In einem zweiten Schritt sind die Kriterien zu gewichten.

Gewichtung

In der oben dargestellter Ermittlung der Wettbewerbspositionen von Geschäftsfeldern wurde eine mögliche Gewichtung von 1 bis 3 vorgegeben. Wird einem Auswahlkriterium eine hohe Gewichtung beigemessen, ist diesem Kriterium der Gewichtungsfaktor 3 zuzuordnen; bei einer niedrigen Gewichtung eines Kriteriums wird diesem Kriterium der Gewichtungsfaktor 1 zugeordnet. Alle Werte zwischen 1 und 3 sind möglich.

Da es kein allgemeingültiges bzw. objektives Vorgehen zur Festlegung der Kriterien und ihrer Gewichtung gibt, sind die Auswahl der Kriterien und die Festlegung ihrer Gewichtung subjektiv geprägt.

Bewertung der Kriterien

Nach der Auswahl und Gewichtung der Kriterien sind die Auswahlkriterien für die einzelnen Geschäftsfelder zu bewerten. In dem hier vorliegenden Fallbeispiel ist eine Bewertung von 1 bis 5 möglich. Wird ein Kriterium als unzureichend erfüllt angesehen, ist dieses Kriterium mit 1 zu bewerten. Eine volle Erfüllung eines Kriteriums impliziert die Bewertung mit 5; alle Werte zwischen 1 und 5 sind möglich.

Ermittlung der Punktzahl

Zur Ermittlung der erreichten Punktzahl eines Geschäftsfeldes wird zunächst der Gewichtungsfaktor eines Kriteriums mit der Bewertung multipliziert. Dies wird für alle Auswahlkriterien durchgeführt. Die Produkte aus der Gewichtung und Bewertung der Auswahlkriterien werden addiert; das Ergebnis ist die erreichte Punktzahl eines Geschäftsfeldes. In unserem Fallbeispiel hat das Geschäftsfeld A 145,50 Punkte erreicht, das Geschäftsfeld B 157,00 Punkte usw.

Bewertung der erreichten Punktzahl

Diese ermittelten erreichten Punkte sind isoliert betrachtet ohne Informationsgehalt. Erst wenn der Bezugsrahmen für die Beurteilung bekannt ist, können die erreichten Punktzahlen beurteilt werden. Den Bezugsrahmen für die erreichte Punktzahl liefern die Größen „minimal erreichbare Punktzahl" und „maximal erreichbare Punktzahl". Zwischen diesen beiden Extremwerten bewegt sich die Größe „erreichte Punktzahl". Liegt die „erreichte Punktzahl" nahe der maximal erreichbaren Punktzahl, drückt dies eine starke Wettbewerbsposition des Geschäftsfeldes aus. Liegt hingegen die „erreichte Punktzahl" nahe der minimal erreichbaren Punktzahl, ist die Wettbewerbsposition des untersuchten Geschäftsfeldes als sehr schwach zu beurteilen.

Die „minimal erreichbare Punktzahl" wird errechnet, indem die Gewichtungs-faktoren der Auswahlkriterien addiert werden, d.h. die Auswahlkriterien wer-den mit 1 bewertet. Zur Ermittlung der Größe „maximal erreichbare Punkt-zahl" werden die Gewichtungsfaktoren der Auswahlkriterien mit 5 (höchste Bewertungsmöglichkeit) bewertet, also mit 5 multipliziert. Die Summe der Produkte aus Gewichtung und höchste Bewertungsmöglichkeit ist die Größe „maximal erreichbare Punktzahl".

minimal und maximal erreichbare Punktzahl

Die Geschäftsfelder haben aufgrund der unterschiedlichen Gewichtungsfakto-ren der Auswahlkriterien auch unterschiedlich hohe Punktzahlen bei den Grö-ßen „minimal erreichbare Punktzahl" und „maximal erreichbare Punktzahl". Um aber die Wettbewerbsposition eines Geschäftsfeldes mit denen der anderen Geschäftsfelder vergleichen zu können, müssen Kennzahlen gebildet werden, denen zur Messung der Wettbewerbspositionen ein einheitlicher Maßstab zugrunde liegt. Eine Vergleichbarkeit der Wettbewerbspositionen der einzel-nen Geschäftsfelder wird durch die unten kurz dargestellten Rechenoperatio-nen erreicht.

Von der Größe „erreichte Punktzahl" eines Geschäftsfeldes wird die Größe „minimal erreichbare Punktzahl" subtrahiert und von der Größe „maximal er-reichbare Punktzahl" wird die Größe „minimal erreichbare Punktzahl" subtra-hiert. Das erste Ergebnis wird in Relation zu dem zweiten Ergebnis gesetzt. Damit wird die Wettbewerbsposition eines Geschäftsfeldes vergleichbar ge-macht mit den Wettbewerbspositionen anderer Geschäftsfelder. Das Ge-schäftsfeld mit der höchsten Kennzahl weist die höchste Wettbewerbsposition in Relation zu den anderen Geschäftsfeldern auf. Umgekehrt weist das Ge-schäftsfeld mit der niedrigsten Kennzahl die relativ schwächste Wettbewerbs-position auf. In unserem Fallbeispiel hat das Geschäftsfeld C mit der Kennzahl 0,76 die stärkste Wettbewerbsposition im Vergleich zu den anderen Geschäfts-feldern. Die schwächste Wettbewerbsposition hat das Geschäftsfeld A mit der Kennzahl 0,69.

Vergleichbarkeit der Wettbewerbspositionen

Die Vorgehensweise zur Ermittlung der Marktattraktivität ist analog der Vor-gehensweise zur Ermittlung der Wettbewerbsposition von Geschäftsfeldern.

Marktattraktivität

Die folgende Tabelle veranschaulicht die Vorgehensweise zur Ermittlung der Marktattraktivität von Geschäftsfeldern.

Marktattraktivität

Geschäftsfeld	A			B			C			D		
Auswahlkriterien	G	Bw	G x Bw	G	Bw	G x Bw	G	Bw	G x Bw	G	Bw	G x Bw
Marktgröße/volumen	2	3,5	7	3	4	12	2,5	5	12,5	3	4	12
Marktwachstum	2	2	4	3	4	12	3	4	12	2	3	6
Ertragskraft	3	4	12	3	4	12	2	4	8	1	4	4
Mitbewerberstärke	3	3	9	3	4	12	1,5	3	4,5	2	4,5	9
Preisspielraum	3	4	12	3	4	12	3	4,5	13,5	3	5	15
Differnzierungsmöglichk.	3	4	12	3	4	12	2	4,5	9	2,5	4	10
wirtsch. Situa. d. Abn.	2	3	6	3	4,5	13,5	1	5	5	1,5	5	7,5
Kaufverhalten	2	4	8	2	4	8	2	4,5	9	2	5	10
Wettbewerbsverhalten	3	3	9	3	4	12	2,4	3	7,2	2,4	3	7,2
Eintrittsbarrieren	2	2	4	3	4	12	1,7	4	6,8	1,5	4	6
Substitutionsgefahr	3	4	12	3	4,5	13,5	1,8	5	9	1	2	2
Material-/ Warenversorg.	3	4	12	3	4	12	2	4	8	2	1	2
Umwelteinflüsse	2	4	8	2	4	8	3	4	12	3	4	12
minim. erreichb. Punkte	33			37			27,9			26,9		
maximal erreichbare Punkte		165			185			139,5			134,5	
erreichte Punktzahl			115			151			116,5			102,7
Marktattraktivität	0,62			0,77			0,79			0,70		

Tabelle 62: Ermittlung der Marktattraktivität

Die getrennte Beurteilung der Kriterien „Wettbewerbsposition" und „Marktattraktivität" von Geschäftsfeldern hat einen entscheidenden Nachteil, und zwar,
sie bietet für den Unternehmer keine relevanten Informationen zu der Entscheidung, ob der Geschäftsbereich ausgebaut, gehalten oder abgebaut werden
sollte. Erst die kombinierte Betrachtung der Kriterien „Wettbewerbsposition"
und „Marktattraktivität" ermöglicht fundierte Entscheidungen.

In der folgenden Wertetabelle und Grafik werden die Kriterien „Wettbewerbs-   Wertetabelle
position" und „Marktattraktivität" kombiniert.

Wertetabelle aus Geschäftsfeldanalyse				
Geschäftsfeld	A	B	C	D
Wettbewerbsposition	0,69	0,73	0,76	0,70
Marktattraktivität	0,62	0,77	0,79	0,70

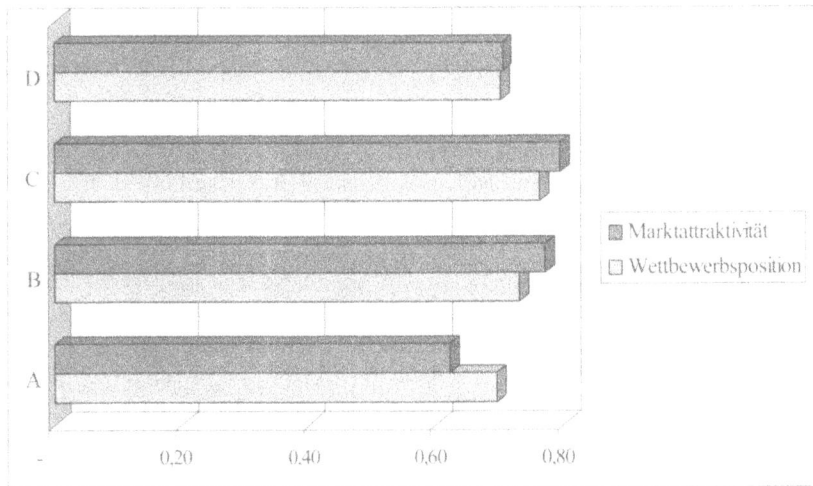

Abbildung 29: Geschäftsfeldanalyse

Liegt der Wert der „Marktattraktivität" über dem Wert der „Wettbewerbsposi-   Interpretation der
tion" ist ein Ausbau des Geschäftsfeldes genauer zu prüfen. Bei Gleichheit der   Wertetabelle und Grafik
Werte beider Kriterien ist ein Halten des Geschäftsfeldes betriebswirtschaftlich
sinnvoll. Ein Abbau eines Geschäftsfeldes ist dann einer weiteren Prüfung zu
unterziehen, wenn der Wert der „Marktattraktivität" kleiner als der Wert der
„Wettbewerbsposition" ist.

Bei dem Geschäftsfeld A liegt der Wert der „Marktattraktivität" mit 0,62 deutlich unter dem Wert der „Wettbewerbsposition" mit 0,69. Dies ist ein Indikator dafür, dass Investitionen in dieses Geschäftsfeld auch bei einer starken Wettbewerbsposition evtl. nicht attraktiv sind, denn dieses Geschäftsfeld beinhaltet relativ hohe Risiken. Eine Deinvestition könnte betriebswirtschaftlich sinnvoll sein.

Hingegen ist die „Marktattraktivität" des Geschäftsfeldes B mit einem Wert von 0,77 höher als die erreichte „Wettbewerbsposition" mit einem Wert von 0,73. Ein Ausbau dieses Geschäftsfeldes könnte betriebswirtschaftlich interessant sein, da die damit verbundenen Chancen der Erhöhung der eigenen Wettbewerbsposition in einem attraktiven Markt eingebettet sind.

Geschäftsfeld C weist mit einem Wert von 0,79 eine hohe „Marktattraktivität" auf. Zugleich liegt die „Wettbewerbsposition" mit einem Wert von 0,76 unter dem Wert der „Marktattraktivität". Dies deutet analog dem Geschäftsfeld B darauf hin, dass ein Ausbau dieses Geschäftsfeldes zur Verbesserung der eigenen „Wettbewerbsposition" die Positionierung des Unternehmens verbessern könnte. Die hohe „Marktattraktivität" lässt es lohnend erscheinen, in diesem chancenreichen Geschäftsfeld die eigene „Wettbewerbsposition" zu verbessern.

Im Geschäftsfeld D weisen die Kriterien „Wettbewerbsposition" und „Marktattraktivität" Werte in gleicher Höhe auf. Beide Werte liegen mit 0,70 auf einem relativ hohen Niveau. Ein Ausbau dieses Geschäftsfeldes könnte zwar die „Wettbewerbsposition" erhöhen, führt aber nicht zu einer so deutlichen Verbesserung der Unternehmenspositionierung wie in den Geschäftsfeldern B und C. Auf dem Hintergrund der Notwendigkeit der Prioritätenbildung ist also ein Ausbau der Geschäftsfelder B und C zu favorisieren. Ein Abbau des Geschäftsfeldes D könnte bei den relativ hohen Werten der „Wettbewerbsposition" und „Marktattraktivität" die Unternehmenspositionierung nachhaltig verschlechtern.

8.1.5   Lieferantenvergleich

Lieferantenauswahl

In den letzten Jahren sind zwei bemerkenswerte Tendenzen bezüglich der Lieferantenwahl festzustellen: Eine zunehmende Zahl von Unternehmen, vor allem Großunternehmen, beschränkt sich auf wenige leistungsstarke Lieferanten, zum anderen erfordert die zunehmende internationale Verflechtung der Beschaffungsmärkte, dass die Unternehmen, also auch mittelständische Unternehmen, nach den günstigsten und zuverlässigsten Bezugsquellen nicht nur deutschland-, sondern europa- bzw. weltweit recherchieren.

Die von dem mittelständischen Unternehmen evtl. europaweit eingeholten An- **Angebotsanalyse**
gebote sind im Rahmen einer **Angebotsanalyse** systematisch miteinander zu
vergleichen. Das Ergebnis dieser Angebotsanalyse ist die Ermittlung des
„günstigsten" Angebots. Jedoch muss der „optimale" Lieferant nicht der sein,
der beim „materiellen" Vergleich am besten abschneidet, sondern manchmal
spielen auch schwer quantifizierbare Faktoren, wie z.B. Service, Zuverlässigkeit oder Erfahrung eine wichtige Rolle.

Auf keinen Fall darf die Lieferantenwahl das Ergebnis von Zufallsentschei-
dungen sein. Entsprechend der Bedeutung der Lieferantenwahl für mittelständische Unternehmen ist eine vollständige systematische Bewertung der Lieferantenleistung erforderlich.

In der Praxis wird das „Punktbewertungssystem" in verschiedenen Variationen **Punktbewertungssystem**
durchaus erfolgreich angewendet. Zunächst werden die Kriterien zur Bewer-
tung der Lieferantenleistung ausgewählt und nach der Wichtigkeit von 1 bis 10
gewichtet, wobei der Gewichtungsfaktor 1 „weniger wichtig" und der Faktor
10 „sehr wichtig" bedeutet. In einem nächsten Schritt sind die Lieferanten entsprechend der Auswahlkriterien von 0 bis 10 zu beurteilen, wobei 0 bedeutet,
Kriterium wird nicht erfüllt, 10 überdurchschnittliche Erfüllung des Kriteriums. Die Produkte aus Gewichtung der Kriterien und Beurteilung der Lieferanten werden addiert; das Ergebnis ist der erreichte Punktwert der Beurteilung
des jeweiligen Lieferanten. Der Lieferant mit dem höchsten Punktwert bietet
die „optimale" Lieferantenleistung.

Kritisch ist an dieser Stelle anzumerken, auch wenn das unten dargestellte Ver- **Kritik am Punkte-**
fahren in der Praxis erfolgreich angewendet wird, dass aufgrund der Schwie- **bewertungssystem**
rigkeit einer eindeutigen Quantifizierung der Kriterien oftmals keine eindeutig
„optimale" Lieferantenleistung ermittelt werden kann.

In der folgenden Tabelle wird eine Beurteilung von Lieferanten dargestellt.

Gewichtg. der Kriterien	10 = sehr wichtig 5 = Durchschnitt 1 = weniger wichtig
Beurtlg. der Lieferanten	10 = überdurchschnittlich 5 = durchschnittlich 0 = Kriterium nicht erfüllt

Beurteilung der Lieferanten

Kriterien	Gewich-tung	A		B		C		D		E		F	
Produktqualität	5	0	0	5	25	3	15	10	50	0	0	5	25
Preis	10	0	0	3	30	6	60	3	30	5	50	6	60
Zahlungsbedingungen	2	5	10	2	4	1	2	0	0	4	8	4	8
Lieferzeit	8	10	80	6	48	0	0	3	24	8	64	3	24
Termintreue	6	4	24	8	48	9	54	4	24	6	36	9	54
technische Beratung	3	7	21	10	30	10	30	2	6	3	9	10	30
zusätzlicher Service	1	6	6	4	4	4	4	7	7	2	2	3	3
technische Vorteile	5	3	15	3	15	7	35	9	45	7	35	2	10
Kulanz	2	0	0	3	6	8	16	6	12	4	8	6	12
Summe			156		210		216		198		212		226
Entscheidung						226							

Tabelle 64: Beurteilung der Lieferanten

8.1.6   Optimale Bestellmenge

optimale Bestellmenge

Nach der Wahl des Lieferanten folgt die Bestellung. Bei der Bestellung muss entschieden werden, welche Mengen insgesamt oder welche Teillieferungen beschafft werden sollen. Die Beschaffungsmengen richten sich in erster Linie nach dem Bedarfsplan. Zusätzlich ist die jeweilige Preisentwicklung als eine wichtige Determinante zu berücksichtigen. Des Weiteren spielen Überlegungen eine Rolle, die man mit „**optimaler Bestellmenge**" bezeichnet.

In der Praxis geht man bei der Ermittlung der optimalen Bestellmenge von folgenden Überlegungen aus: Werden größere Mengen bestellt, so ergeben sich durch Mengenrabatte und günstigere Lieferungs- und Zahlungsbedingungen niedrigere Beschaffungskosten als bei häufigeren Einkauf in kleinen Mengen. Auf der anderen Seite steht dem der Nachteil gegenüber, dass die Lagerkosten bei wenigen Bestellungen von größeren Mengen erheblich höher sind. Mit größeren Beschaffungsmengen nimmt der durchschnittliche Lagerbestand zu; die Kosten der Lagerbestände sowie die Raumkosten steigen. Hingegen sind bei mehrmaliger Beschaffung in kleinen Mengen die Lager- und Zinskosten als auch die Raumkosten niedriger, aber die Beschaffungskosten sind höher.

Die optimale Bestellmenge bezeichnet die Menge, bei der die Kosten pro beschaffte Mengeneinheit insgesamt ein Minimum erreichen.

Begriff optimale Bestellmenge

Zur Berechnung der optimalen Bestellmenge wird die unten abgebildete Formel verwendet. Bei dieser Formel wird von einem feststehenden Jahresbedarf (n) ausgegangen. Es sind die zu beschaffenden Teilmengen zu ermitteln, die die geringsten Stückkosten verursachen. Ein Teil der Beschaffungskosten ist unabhängig von der bezogenen Menge pro Bestellung fix (fixe Bestellkosten = A). Diese bestellfixen Kosten werden umso geringer sein, bezogen auf eine Mengeneinheit, desto größere Mengen je Bestellung beschafft werden. Daraus folgt, dass mit zunehmender Bestellmenge eine **Kostendegression** besteht.

Berechnung der optimalen Bestellmenge

Als Beispiele für bestellfixe Kosten lassen sich Verwaltungs-, Kommunikations- und Reisekosten nennen. Mit zunehmender Menge steigen auf der anderen Seite die Lager- und Zinskosten pro Mengeneinheit proportional an. Daher ergibt sich die **optimale Bestellmenge** dort, wo das Steigungsmaß der beiden gegeneinander verlaufenden Kostenkurven gleich ist.

bestellfixe Kosten

Die Formel zur Berechnung der optimalen Bestellmenge lautet:

$$X_{opt} \text{ (optimale Bestellmenge)} = \sqrt{\frac{200An}{pS}}$$

Formel der optimalen Bestellmenge

In der folgenden Tabelle werden die notwendigen Daten eingetragen und daraus die optimale Bestellmenge entsprechend der angegebenen Formel errechnet.

X opt =Wurzel aus (200 x A x n / p x S)								
X opt =optimale Bestellmenge								
A = fixe Bestellkosten								
n =Jahresbedarf (Einheiten/Jahr)								
p =Lagerkostensatz in %								
S =Stückpreis pro Einheit in €								
Wa-re/Material		A		B		C		D
A	€	35	/Bestellg.	60	/Bestellg.	20	/Bestellg.	30 /Bestellg.
n	Stück	1.200		5.000		100		450
p	%	20	p.a.	8	p.a.	10	p.a.	9 p.a.
S	€	10	/Stück	245	/Stück	890	/Stück	52,5 /Stück
X opt	=	205		175		7		76

Tabelle 65: Ermittlung der optimalen Bestellmenge

Entsprechend obiger Berechnung liegt die optimale Bestellmenge für die Ware A bei 205 Stück, für die Ware B bei 175 Stück, für die Ware C bei 7 Stück und für die Ware D bei 76 Stück. Bei den gesetzten Prämissen werden beispielsweise für die Ware A die Kosten pro Stück bei 6 Bestellungen in dem gewählten Zeitraum von einem Jahr mit jeweils rd. 200 Stück minimiert.

Berechnung optimale
Bestellmenge

Die Berechnung von optimalen Bestellmengen mit obiger Formel hat in der Praxis eine hohe Bedeutung für das Erreichen wirtschaftlicher Bestellmengen. Jedoch ist die praktische Verwendbarkeit zum Teil eingeschränkt, da die notwendigen Daten oftmals nicht mit ausreichender Sicherheit beschafft werden können. Beispielsweise ist der Jahresbedarf, insbesondere bei Beschäftigungsschwankungen, von vornherein nicht genau festzustellen. Zudem ist die Formel nicht in der Lage, die sich in der Praxis oft bietende Möglichkeit, größere Mengen mit Mengenrabatten zu beziehen, in der Rechnung mit zu erfassen.

Abgesehen von den praktischen Schwierigkeiten der Datenbeschaffung sowie von den oben erwähnten Einwänden ist zu konstatieren, dass grundsätzlich eine Optimierung der Bestellmengen als beschaffungspolitische Maxime von mittelständischen Unternehmen verfolgt werden sollte. Insbesondere dann, wenn die Lagerbestände und damit die Kapitalbindung und die Kostenbelastung unwirtschaftlich hoch sind.

Die Materialwirtschaft gilt in der Praxis vieler mittelständischer Unternehmen auch heute noch als der Bereich, in dem Rentabilitätsüberlegungen und Wirtschaftlichkeitsbetrachtungen nicht angestellt werden. Gerade aber solche Überlegungen und Berechnungen erweisen sich für viele mittelständische Unternehmen als lohnend.

8.1.7 Analyse des Personals (Eignungsanalyse)

Für die Auswahl von Bewerbern freier Stellen sowie der Bewertung von Mitarbeitern sollten Bewertungskriterien und Bewertungsmethoden festgelegt werden. In der Praxis werden verschiedene Bewertungskriterien und Bewertungsmethoden angewendet.

Mitarbeiterbewertung

Als Unterlagen zur Bewertung von Bewerbern für freie Stellen dienen zunächst Bewerbungsschreiben, Lebenslauf, Schul- und Arbeitszeugnisse, Referenzen u.a. Zusätzlich können auch Fragebögen verwendet werden, die sich mit den persönlichen und beruflichen Verhältnissen der Bewerber befassen. Im Zusammenhang mit einer genaueren Analyse des Lebenslaufes, der Zeugnisse und etwaiger Auskünfte ergibt sich ein umfassendes Bild des Bewerbers, das im Rahmen von Einstellungsinterviews abgerundet werden kann.

Bewertung von Bewerbern

Aufwändige Auswahlverfahren, wie beispielsweise Assessment-Center-Verfahren, Prüfungs- und Testverfahren, die seit vielen Jahren von Großunternehmen eingesetzt werden, eignen sich für mittelständische Unternehmen aus Gründen der Wirtschaftlichkeit nicht. Für mittelständische Unternehmen ist es aus Wirtschaftlichkeitsüberlegungen sinnvoll, einfache Bewertungskriterien und Bewertungsmethoden bei der Auswahl von Bewerbern sowie bei der Beurteilung von Mitarbeitern anzuwenden.

Ausgehend von der reinen quantitativen Beschreibung von Stellen sind zusätzlich qualitative Informationen aufzunehmen. Die qualitative Bestimmung der Anforderungen an Bewerber und Mitarbeiter basiert auf Arbeitsplatzbeschreibungen. In einer Arbeitsplatzbeschreibung sollten Informationen über die Art der Arbeit, die Bedingungen, unter denen diese geleistet wird und die erforderlichen Qualifikationen enthalten sein. Je nach Stelle werden einzelne Kriterien besonders betont.

Arbeitsplatzbeschreibung

In der Praxis der mittelständischen Unternehmen werden detaillierte Arbeitsplatzbeschreibungen, die alle wichtigen Punkte umfassen, nur schwer erreichbar sein. Die Vorteile sind jedoch evident: Nur dann, wenn die spezifischen Anforderungen eines jeden Arbeitsplatzes bekannt und formuliert sind, ist eine optimale Stellenbesetzung möglich. Der Aufwand an Personal und Zeit, der mit detaillierten Arbeitsplatzbeschreibungen verbunden ist, lohnt sich aber auf lange Sicht. Arbeitsplatzbeschreibungen sind nämlich nicht nur eine Voraussetzung für eine optimale Stellenbesetzung, sondern sie spielen auch bei der Bestimmung des Arbeitsentgelts eine entscheidende Rolle.

Vorteile der Arbeitsplatzbeschreibung

Bewertung nach einem Kriterium

In der folgenden Tabelle wird beispielhaft eine Bewertung für ein Kriterium dargestellt. Die Kriterien sind der jeweiligen Arbeitsplatzbeschreibung der Stelle zu entnehmen. Der Maßstab der Erfüllung des Kriteriums ist die in der Arbeitsplatzbeschreibung definierte Idealvorstellung.

Bewertungsschlüssel für die Kriterien			Beispiel												
sehr gut (Idealvorstellung)	= 5	Punkte	Alter	50	48	46	44	42	40	38	36	34	32	30	28
gut	= 4	Punkte	Bewertung	1	2	2	3	3	4	5	5	4	3	2	1	Punktzahl gesamt
Durchschnitt	= 3	Punkte	Mitarbeiter												
unter Durchschnitt	= 2	Punkte	A												
erfüllt Vorstellung nicht	= 1	Punkte	B												
			C												
			D												
			E												
			F												
			G												

Tabelle 66: Bewertung von Mitarbeitern nach einem Kriterium

Bewertung nach mehreren Kriterien

Eine Bewertung von Mitarbeitern nach mehreren Kriterien wird in der folgenden Tabelle dargestellt. Hier sind die Kriterien ebenfalls der Arbeitsplatzbeschreibung zu entnehmen. Die Bewertung ist entsprechend den Idealvorstellungen aus der Arbeitsplatzbeschreibung vorzunehmen. Die erreichte Gesamtpunktzahl von Bewerbern bzw. Mitarbeitern lässt einen objektivierten Vergleich der Bewerber bzw. Mitarbeiter zu. Des Weiteren wird erkennbar, inwieweit die mit den Arbeitsplätzen verbundenen Anforderungen von den Arbeitskräften tatsächlich erfüllt werden.

In der folgenden Tabelle ist eine Beurteilung von Mitarbeitern nach mehreren
Kriterien abgebildet.

lfd. Nr.	Name, Vorname	Wohnort	Alter	fachliche Eignung	Zeugnisse (Prüfungen)	Erscheinung	Kommunikation	Sozialverhalten	persönliche Verhältnisse	besondere Kenntnisse			Gesamtpunktzahl
1	Müller, Martina	Berlin-Wedding	2	3	5	4	2	2	5	1			24
2	Meyer, Gustav	Drewitz	5	2	1	5	4	4	4	3			28
3													
4													
5													
6													
7													
8													
9													
10													
11													

Tabelle 67: Beurteilung von Mitarbeitern nach mehreren Kriterien

8.1.8   Analyse und Ermittlung von Leistungszulagen

Grundsätzlich sollte eine Entlohnung so gestaltet werden, dass der Mitarbeiter den Lohn als gerecht empfindet. Voraussetzung hierzu ist eine gleichartige Entlohnung für gleichartige Beschäftigungen und gleichartige Leistungen. *Lohngerechtigkeit*

Hinsichtlich der betrieblichen Lohngerechtigkeit sind die zwei folgenden Grundsätze der Lohngestaltung zu beachten: *Anforderungen an die Lohngestaltung*

- Der Lohn soll den Anforderungen entsprechen, die die jeweilige Arbeit an den Menschen stellt, d.h. der Lohn sollte anforderungsgerecht sein.

- Der Lohn soll der Leistung des jeweiligen Mitarbeiters entsprechen, d.h. er soll leistungsgerecht sein.

Anforderungsgerecht ist eine Entlohnung dann, wenn die Höhe nach den Anforderungen, die eine Stelle an den Stelleninhaber stellt, gestaffelt ist. Eine schwierige Arbeit muss höher als eine einfache Arbeit entlohnt werden, eine unangenehme Arbeit höher als eine angenehme Arbeit. Die eigentliche Leistung des Mitarbeiters bleibt unberücksichtigt. Eine anforderungsgerechte Entlohnung ist noch keine leistungsgerechte Entlohnung. Denn sie berücksichtigt nur, was ein Mitarbeiter für Aufgaben hat, nicht aber wie viel er tut.

Anforderungsgerechtig-keit der Entlohnung

Die **Arbeitsanforderungen** stellen also neben der **individuellen Leistung** den Maßstab für die Entlohnung dar. Eine umfassende Berücksichtigung der Anforderungen eines jeden Arbeitsplatzes im Einzelnen ist nur mit Hilfe einer **Arbeitsplatzbewertung** oder auch **Arbeitsbewertung** genannt möglich. Man unterscheidet grundsätzlich zwei Methoden der Arbeitsbewertung: die summarische und die analytische Methode. Beide Methoden der Arbeitsbewertung sind aus Wirtschaftlichkeitsgründen für mittelständische Unternehmen nicht geeignet, weil der Zeitaufwand in Relation zum Nutzen deutlich zu hoch ist. Hier bietet es sich an, die Lohnfestsetzung in Anlehnung des Lohngruppenkatalogs des jeweiligen Tarifvertrages vorzunehmen, weil die Klassifikation in Lohngruppen auf Arbeitsbewertungen basiert. Der so festgesetzte Stundenlohn ist annäherungsweise **anforderungsgerecht**. **Leistungsgerecht** ist aber eine Arbeitsentlohnung erst dann, wenn sie den konkreten Erfolg der Arbeit im Lohn berücksichtigt. Dementsprechend muss der „Grundsatz der Äquivalenz von Lohn und Leistung" bei der Lohngestaltung realisiert werden.

Arbeitsbewertung

Der Vorteil einer leistungsgerechten Entlohnung ist, dass bei den Mitarbeitern das Leistungsbewusstsein geweckt wird und für die Mitarbeiter ein Ansporn bietet, die Wirksamkeit ihrer Arbeitsleistung durch Verbesserung der Geschicklichkeit, der Kenntnisse oder der Steigerung des Arbeitstempos zu erhöhen. Die Maßstäbe zur Messung der Leistung können quantitativer oder qualitativer Art sein.

leistungsgerechte Entlohnung

Mit der Leistungsbewertung wird versucht, die individuelle Arbeitsleistung eines Mitarbeiters unabhängig von den Anforderungen des Arbeitsplatzes zu bewerten. Grundsätzlich gibt es zwei Methoden: Die Leistung wird am so genannten **Input**, d.h. am jeweiligen Einsatz, gemessen; zweitens kann die Leistung am so genannten **Output**, d.h. am Arbeitsergebnis, gemessen werden. Seit vielen Jahren findet die erste Methode in der Praxis keine Anwendung mehr, weil der Input gegenüber dem Output hinsichtlich des Unternehmensergebnisses eine untergeordnete Rolle spielt.

Leistungsbewertung

Maßstäbe für den Output können Arbeitsmenge, Arbeitsgüte, Materialeinsparungsmenge oder auch andere quantifizierbare Größen sein. Neben quantifizierbaren Größen können auch qualitative Merkmale, die sich nicht unmittelbar auf das Arbeitsergebnis beziehen, wie Zuverlässigkeit, Fleiß, Verhalten gegenüber Mitarbeitern berücksichtigt werden. Offensichtlich ist, dass eine Bewertung der Leistung mit Hilfe eines quantitativen Arbeitsergebnisses leich-

Maßstäbe für den Output

ter durchzuführen ist als mit Hilfe von qualitativen Faktoren, wie z.B. der Arbeitsfreude. Bei den qualitativen Faktoren lassen sich subjektive Einflüsse der Bewertung nicht vermeiden. Daher sollte ein mittelständisches Unternehmen die quantitativen Merkmale der Arbeitsleistung bei der Leistungsbewertung in den Vordergrund stellen.

Die Entlohnung ist in den letzten Jahren immer mehr zu einem wichtigen Instrument der Unternehmensführung in mittelständischen Unternehmen geworden. Entlohnungssysteme, die **anforderungs-, leistungs- und marktgerecht** sind, fördern und motivieren die Mitarbeiter zu Leistungssteigerungen.

Ein Instrument der leistungsgerechten Entlohnung ist die Gewährung von Leistungszulagen in Form von Prämien. Der **Prämienlohn** ist ein Zuschlag zu einem **Grundlohn**, der in irgendeiner Beziehung zu einer Gegenleistung steht. Da immer eine Gegenleistung vorliegen muss, scheiden Gewinnbeteiligungen, Gratifikationen, Bonifikationen und Geschenke jeglicher Art als Prämie aus.

Prämienlohn

Zwei Arten von Prämien sind zu unterscheiden:

Prämienarten

• die mehr qualitativ ausgerichtete Prämie;

• die mehr quantitativ ausgerichtete Prämie.

Leistungszulagen auf Grundlage einer Mitarbeiterbeurteilung

Leistungszulagen auf Grundlage von Mitarbeiterbeurteilungen sind mehr oder weniger qualitativ ausgerichtet. Auswahlkriterien einer Mitarbeiterbeurteilung können beispielsweise sein: Termineinhaltung, Pünktlichkeit, Qualität der Arbeitsleistung, Verhalten gegenüber Vorgesetzten, Verhalten gegenüber Mitarbeitern, Lernwilligkeit, Fachkenntnisse usw. Diese mehr oder weniger qualitativ ausgerichteten Leistungszulagen spielen in mittelständischen Unternehmen eine zunehmende Rolle, weil die Arbeits- bzw. Produktionsabläufe eine bestimmte Leistungsmenge durch die technischen Einrichtungen weitgehend vorgeben. In der Praxis werden oftmals verschiedene qualitative und quantitative Beurteilungskriterien miteinander kombiniert.

Leistungszulagen

Die Ermittlung der Leistungszulagen setzt die Beurteilung der Mitarbeiter voraus. Dabei wird versucht, zunächst auf Grundlage sachkundiger Arbeitsbeobachtungen und Leistungsuntersuchungen sowie Gesprächen mit den Mitarbeitern, die sich über einen längeren Zeitraum erstrecken, die Leistung festzustellen. Entsprechend der jeweils erreichten Gesamtpunkte der Mitarbeiter wird der vorher festgesetzte Anteil des Leistungslohns am Gesamtlohn verteilt.

Eine andere häufig in der Praxis von Industriebetrieben angewendete Variante der Leistungszulagenverteilung ist, dass eine so genannte **Normalleistung** festgesetzt wird. Die individuelle Leistung des Mitarbeiters wird mit der „Normalleistung" verglichen; dabei ergeben sich bestimmte Unter- bzw. Überschreitungen. Diese Unter- und Überschreitungen werden in einer prozentualen

Normalleistung

Abstufung zur „Normalleistung" ausgedrückt. Entsprechend der prozentualen Überschreitungen werden die Mitarbeiter an den Gesamtzulagen beteiligt.

Für „kleine" und „mittlere" Unternehmen empfiehlt sich die erste Variante der Verteilung der Leistungszulagen anzuwenden, da sie recht einfach in der Praxis durchgeführt werden kann. Dabei ist zunächst die Leistungszulage pro Leistungspunkt zu ermitteln.

Ermittlung der Leistungszulage

Die Ermittlung der Leistungszulage wird folgendermaßen durchgeführt: Es wird der tarifliche Stundenlohn der gesamten Mitarbeiter errechnet, indem die Anzahl der prämienberechtigten Mitarbeiter mit dem durchschnittlichen tariflichen Stundenlohn multipliziert wird. Des Weiteren ist der Anteil des Leistungslohns in Prozent festzulegen und der Anteil des Leistungslohns pro Stunde, absolut in € ausgedrückt, zu errechnen. Die Leistungszulage pro Stunde, ausgedrückt in €, wird durch die auf Grundlage von Beurteilungen ermittelte Gesamtpunktzahl dividiert. Das Ergebnis ist die Leistungszulage, ausgedrückt in €, pro Punkt.

Leistungszulage pro Leistungspunkt

Die folgende Tabelle veranschaulicht die rechnerische Ermittlung der Leistungszulage pro Leistungspunkt.

Anzahl der Mitarbeiter	8,00
durchschnittlicher Tariflohn/Std.	18,50
tarifl. Stundenlohn der gesam. Mitarbeiter/Std.	148,00
Anteil des Leistungslohns in %	10,00%
Anteil des Leistungslohns absolut in €/Std.	14,80
Leistungszulage / Punkt = Leistungszulage/€/Std. = 14,80 = 0,0976	
Gesamtpunktzahl 151,60	

Tabelle 68: Ermittlung der Leistungszulage pro Leistungspunkt

Verteilung der Leistungsprämie

Nach der Ermittlung der Leistungszulage pro Leistungspunkt, ausgedrückt in €, ist die Verteilung der gesamten Leistungsprämie auf die prämienberechtigten Mitarbeiter erforderlich.

Leistungszulage je Mitarbeiter

Dabei wird der auf Grundlage einer Beurteilung erreichte Punktwert eines Mitarbeiters mit der Leistungszulage pro Punkt multipliziert. Das Ergebnis ist die Leistungszulage eines Mitarbeiters pro Stunde. Wird die Leistungszulage pro Stunde mit den jeweils erbrachten Stunden der Mitarbeiter eines Abrechnungszeitraumes multipliziert, erhält man die Leistungszulagen der jeweiligen Mitarbeiter für einen bestimmten Abrechnungszeitraum.

In der folgenden Tabelle wird die Ermittlung von Leistungszulagen für Mitarbeiter abgebildet.

Mitarbeiter	Tariflohn/Std.	Beurteilung		
		erreichter Punktwert	L-Zulage/Pkt.	L-Zulage/Std.
Müller	20,20	19,70	0,0976	1,92
Meier	17,50	22,00	0,0976	2,15
Heinrich	18,50	10,50	0,0976	1,03
Schäfer	17,90	20,00	0,0976	1,95
Koslowski	18,20	19,30	0,0976	1,88
Peplau	18,60	20,70	0,0976	2,02
Wimmer	19,30	24,00	0,0976	2,34
Sakowski	18,40	15,40	0,0976	1,50
			0,0976	-
			0,0976	-
			0,0976	-
			0,0976	-
Gesamtpunktzahl lt. Beurteilung		151,60		14,80

Tabelle 69: Ermittlung der Leistungszulagen für die Mitarbeiter

Leistungszulagen in Form einer Quantitätsprämie

Leistungszulagen in Form von Quantitätsprämien beruhen unmittelbar auf den Maßstäben Zeit und Menge. Sie drücken damit eine über den Grundlohn hinausgehende quantitative Leistungssteigerung aus. Die Quantitätsprämie wird planmäßig und zusätzlich für objektiv feststellbare Mehrleistungen quantitativer Art gewährt. Man kann zwei Arten von Quantitätsprämien unterscheiden:

Quantitätsprämie

- Prämienzeitlöhne: hier wird ein fester Zeitlohn zugrunde gelegt und diesem eine Prämie zugeschlagen.

- Prämienstücklohn: hier wird ein fester Stücklohn zugrunde gelegt und diesem eine Prämie zugeschlagen.

Beim **Prämienzeitlohn** besteht grundsätzlich eine Verbindung von Zeitlohn und Prämie. Liegt die erreichte Leistung pro Zeiteinheit (z.B. Monat) über der festgelegten Normalleistung, wird eine Prämie (Leistungszulage) gezahlt. Als Maßeinheit zur Messung der Leistung in einem mittelständischen Unternehmen eignen sich oftmals physikalische Größen, wie beispielsweise Stück, Quadratmeter etc. Diese Leistungsgrößen sind absatzmarktorientiert, d.h. mit am Markt erzielbaren oder erzielten Einnahmen, zu bewerten. In die Leistungsmessung und -bewertung sind abgesetzte Marktleistungen, auf Lager liegende Marktleistungen und innerbetriebliche Leistungen einzubeziehen.

Prämienzeitlohn

Die Prämie kann fest sein in dem Sinne, dass immer die gleiche Prämie gezahlt wird, unabhängig davon, um wie viel die Normalleistung überschritten wurde oder aber variabel in dem Sinne, dass sich die Prämie proportional zu der positiven Abweichung der erreichten Leistung von der Normalleistung verhält. Bei einer Unterschreitung der Normalleistung wird grundsätzlich keine Prämie gezahlt.

Prämienstücklohn

Der **Prämienstücklohn** ist dadurch gekennzeichnet, dass eine Leistungszulage dann gezahlt wird, wenn die veranschlagte Zeit (Normalzeit) pro Stück (oder eine andere physikalische Größe) unterschritten wird. Die Höhe der Leistungszulage ist abhängig von dem Verhältnis der ersparten Zeit zu der veranschlagten Zeit.

In Unternehmen, die Leistungszulagen als Steuerungsinstrument einsetzen, wird üblicherweise das System des Prämienzeitlohns angewendet, weil in den Tarifverträgen und auch Arbeitsverträgen wöchentliche Arbeitszeiten vereinbart sind. Im System des Prämienzeitlohns basiert der Grundlohn (Zeitlohn) auf dem Tariflohn.

Berechnung des Prämienzeitlohnes

Zur Berechnung der Leistungszulagen für die prämienberechtigten Mitarbeiter wird im System des Prämienzeitlohns zunächst die Soll-Leistung eines bestimmten Zeitraumes für die einzelnen Mitarbeiter, ausgedrückt in €, festgelegt. Des Weiteren ist die Prämie in Prozent von der positiven Abweichung der Ist- von der Soll-Leistung festzulegen. Nach der Ermittlung der Ist-Leistungen der prämienberechtigten Mitarbeiter werden die Abweichungen der Ist- von den Soll-Leistungen errechnet. Ergeben sich positive Abweichungen, sind diese als Bemessungsgrundlagen für die Berechnungen der Leistungszulagen zu verwenden. Der Prozentwert wird ermittelt, idem die Bemessungsgrundlage mit dem Prozentsatz multipliziert und durch 100 dividiert wird. Das Ergebnis ist die Prämie (Leistungszulage).

Die folgende Tabelle veranschaulicht die rechnerische Ermittlung der Quantitätsprämien für die Mitarbeiter.

Prämie in %	6,00				
	Januar				
	Leistung		Abweichung		Prämie
Mitarbeiter	Soll	Ist	%	€	€
Müller	51.000,00	61.700,00	20,98%	10.700,00	642,00
Meier	45.000,00	38.000,00	-15,56%	-7.000,00	-420,00
Gesamtprämie					642,00

Tabelle 70: Ermittlung der Mitarbeiterprämien

8.2 Planungen

8.2.1 Planung der zu verrechnenden Kosten

In Handwerks- und Dienstleistungsbetrieben werden die Kosten häufig über die fakturierfähigen Stunden auf die Kostenträger (Auftrag, Kunde, Projekt) verrechnet. Zur Planung der zu verrechnenden Kosten pro Stunde ist es daher notwendig, die fakturierfähige Stundenkapazität zu ermitteln. Bei der Ermittlung der fakturierfähigen Stundenkapazität wurde nach der folgenden üblichen Berechnungstabelle vorgegangen.

fakturierfähige Stundenkapazität

Kalendertage pro Jahr		365
./. Samstage und Sonntage		104
= Zahltage pro Jahr		261
./. gesetzliche Feiertage		10
./. Urlaubstage		30
./. Krankheitstage		10
./. sonstige tarifliche und andere Ausfalltage		3
= Anwesenheitstage		208
x tägliche Arbeitszeit		7,70
= Anwesenheitsstunden		1.601,60
./. nicht direkt verrechenbare Arbeitszeit in %	15,00%	
(Reparaturen, Garantiearbeiten usw.)		240,24
= produktive Arbeitszeit		1.361,36
Zahl der produktiv Beschäftigten		
- Betriebsinhaber		
- Gesellen	9,75	
- Aushilfen (umgerechnet)/Leiharbeiter	0,70	10,45
= fakturierfähige Stundenkapazität/Jahr		14.226

Tabelle 71: Ermittlung der fakturierfähigen Stundenkapazität

Ausgehend vom geplanten Umsatz (Gesamtkosten + betriebswirtschaftlicher Gewinn) werden alle über Aufträge/Projekte direkt mit den Auftraggebern abrechenbare Leistungen (Material, Handelswaren, Fremdleistungen) subtrahiert. Diese Leistungen werden den Auftraggebern direkt, also nicht über den Stundenverrechnungssatz, in Rechnung gestellt. In einem zweiten Schritt sind die verrechenbaren Azubi-Stunden und Kfz-Kosten zu subtrahieren. Als Ergebnis ergeben sich die über die produktiven Stunden zu verrechnenden Kosten (einschließlich betriebswirtschaftlicher Gewinn). Werden diese Kosten durch die fakturierfähige Stundenkapazität geteilt, ergeben sich die zu verrechnenden Kosten pro Stunde.

Planung Kosten pro Stunde

geplanter Umsatz			1.591.930
./. Materialeinsatz		590.000	
+ Materialgemeinkostenzuschlagssatz	20,00%	118.000	708.000
./. Handelswareneinsatz		150.000	
+ Handelswarenaufschlagssatz	40,00%	60.000	210.000
./. Fremdleistungseinsatz		30.000	
+ Fremdleistungszuschlagssatz	12,00%	3.600	33.600
= Zwischensumme			856.720
./. verrechenbare Azubi-Stunden Std.	900		
€/Std.	32,00		28.800
./. verrechenbare Kfz-Kosten km	10.000		
€/km	1,25		12.500
= über die produktiven Stunden zu verrechnenden Kosten:			815.420
fakturierfähige Stundenkapazität			14.226
zu verrechnende Kosten pro Stunde			57,32

Tabelle 72: Ermittlung der zu verrechnenden Kosten pro fakturierfähige Stunde

8.2.2   Planung und Ermittlung der Durchlaufzeit

Durchlaufzeit

Die **Durchlaufzeit** im weiteren Sinne ist in einem Unternehmen mit Auftragsfertigung die Zeitspanne, die ein Auftrag von Beginn der Fertigung bis zum
Zahlungseingang benötigt. Im engeren Sinne versteht man unter Durchlaufzeit
die Zeit zwischen Einsteuerung eines Werkstückes in einen Fertigungsprozess
und der Fertigstellung des Werkstückes. Betriebswirtschaftlich relevant ist in
einem Unternehmen die Durchlaufzeit im weiteren Sinne, weil diese Zeit ein
wesentlicher Bestimmungsfaktor der **Kapitalbindungskosten** des Unternehmens ist.

Zusammensetzung der
Durchlaufzeit

In einem Unternehmen mit Auftragsfertigung setzt sich die Durchlaufzeit eines
Auftrages aus der eigentlichen Fertigungszeit (Bearbeitungszeit), der Lager-
dauer und der Zeit zwischen Fakturierung des Auftrages und Zahlungseingang
(Kundenzahlungsziel) zusammen. Das Kundenzahlungsziel und die Lagerdau-
er können einen Großteil der Durchlaufzeit ausmachen. In der Praxis vieler
Unternehmen beträgt das Kundenzahlungsziel bis zu 90 % der Durchlaufzeit.
Eine **Verkürzung** der Durchlaufzeit wird in diesen Fällen daher in erster Linie
über eine Verkürzung des Kundenzahlungsziels erreicht.

Verkürzung
Kundenzahlungsziel

Mögliche Maßnahmen zur Verkürzung des Kundenzahlungsziels sind:

- unverzügliche Fakturierung der Leistungen;
- effektiv mahnen;
- Kunden Anreize zur schnellen Begleichung der Rechnungen geben.

Die Problematik der Durchlaufzeitminimierung liegt jedoch darin, dass sie Auftraggeber- bzw. Kundeninteressen nicht oder nur teilweise berücksichtigt und sich damit gegenläufige Zielsetzungen einer möglichst geringen Durchlaufzeit und eines möglichst hohen Absatzes sowie Kapazitätsauslastung gegenüberstehen. Die Unternehmensleitung hat in diesem Falle sicherzustellen, dass die Wirkungen der gegenläufigen Zielforderungen so koordiniert werden, dass eine optimale Durchlaufzeit gewährleistet wird. Daher ist es erforderlich, über Anreizsysteme zur Beschleunigung der Kundenzahlungen die Kundeninteressen mit den Interessen des Unternehmens zu harmonisieren.

Folgende Tabelle veranschaulicht die Planung und Ermittlung der Durchlaufzeit in einem Handwerksbetrieb.

Planung der Durchlaufzeit

1	Umsatz		2.101.000
2	Kosten		2.146.300
	Betriebsleistung	2.159.700	
	- Gewinn	13.400	
	= Kosten		
3	Tage/Jahr		360
4	Kosten pro Tag		5.962
5	Materialbestand	Durchschnitt	17.300
6	unfertige Leistungen	Durchschnitt	31.300
7	Kundenforderungen	Durchschnitt	321.200
8	Lagerdauer = durchschn. Mat.best. x 360 Materialeinsatz	in Tagen	8,50
9	Fertigungsdurchlaufzeit = unfertige Leistungen Kosten pro Tag	in Tagen	5,25
10	Kundenzahlungsziel = durchschn. Kundenforderungen x 360 Umsatz	in Tagen	55,04
11	**betriebswirtschaftliche Auftragsdurchlaufzeit in Tagen**		68,79

Tabelle 73: Planung und Ermittlung der betriebswirtschaftlichen Durchlaufzeit

8.2.3 Planung und Ermittlung der Kapitaldienstgrenze

Kapitaldienstgrenze

Ziel der Planung und Ermittlung der Kapitaldienstgrenze ist, den zukünftigen Kapitaldienst, d.h. Zins und Tilgung zu sichern. Neben der Unternehmensführung kommen als Adressaten der Information über die Kapitaldienstgrenze Anteilseigner sowie Fremdkapitalgeber im Rahmen der Kreditwürdigkeitsprüfung in Frage. Bei der Beurteilung der Finanzierbarkeit von betrieblichen Investitionen durch Kreditinstitute spielt die Information über die zukünftige Kapitaldienstgrenze eine entscheidende Rolle.

Planung der
Kapitaldienstgrenze

Der Planung und Ermittlung der Kapitaldienstgrenze liegt die betriebliche Liquiditätsrechnung zugrunde, d.h. die Ein- und Auszahlungen einer Periode werden systematisch geplant und erfasst. **Einzahlungen** sind Erhöhungen des Zahlungsmittelbestandes, d.h. dem Unternehmen fließen liquide Mittel zu. **Auszahlungen** verringern den Zahlungsmittelbestand durch den Abfluss liquider Mittel. Subtrahiert man von den Einzahlungen die Auszahlungen, dann erhält man den Liquiditätsüberschuss, der die **Kapitaldienstgrenze** markiert. Bis zu diesem Betrag kann das Unternehmen einen Kapitaldienst leisten. Die Kapitaldienstgrenze drückt also die Kapitaldienstfähigkeit des Unternehmens aus.

Besonderheiten der
Liquiditätsrechnung

Besonderheiten der Liquiditätsrechnung ergeben sich vor allem bei Betrieben mit Auftragsleistung, die bei Handwerks- und Dienstleistungsbetrieben vorherrschend ist. Bei diesen Betrieben führt das zeitliche Auseinanderfallen von Ein- und Auszahlungen zu einem erheblichen Koordinationsbedarf sowie zu erheblichen Planungsrisiken, denn die Möglichkeiten der Einflussnahme auf die Einzahlungen sind in diesen Fällen stark begrenzt.

Planungsprobleme der
Kapitaldienstgrenze

Des Weiteren ergeben sich bei vielen mittelständischen Unternehmen bei Planung und Ermittlung der Kapitaldienstgrenze Probleme, weil die Ein- und Auszahlungen nicht in einer separaten Liquiditätsrechnung geplant, erfasst und kontrolliert werden. In diesen Fällen ist als Ausgangspunkt der Planung der geschätzte erweiterte Cashflow (Cashflow II) zu wählen. Alle auszahlungswirksamen Vorgänge, die noch nicht beim Cashflow II berücksichtigt wurden, wie beispielsweise ESt.-Vorauszahlungen oder Gewinnausschüttungen, sind vom Cashflow II zu subtrahieren. Als Ergebnis ergibt sich der betriebliche Liquiditätszufluss.

Dem betrieblichen Liquiditätszufluss werden die Zuflüsse aus dem privaten Bereich in den betrieblichen Bereich (beispielsweise Eigenmittel für Investitionen) hinzugerechnet. Die Summe aus betrieblichen und privaten Liquiditätszuflüssen in der Planungsperiode stellt die Leistungsgrenze für Zins- und Tilgungszahlungen (Kapitaldienstgrenze) geplanter Fremdfinanzierung dar.

In der folgenden Tabelle wird die Planung der Kapitaldienstgrenze veranschaulicht.

1	Planungszeitraum (12 Monate)		
2	geschätzter Umsatz aus der Planrechnung		
	geschätzter durchschnittlicher Monatsumsatz (ohne USt) x 12	2.159.700	
3	CF (Betriebserg. + AfA + Zinsen) in % des Nettoumsatzes	6,50%	
	geschätzter erweiterter Cash-Flow in €	140.381	
4	Privatentnahmen	2.000	
	ESt-Vorauszahlungen	3.000	
	ESt-Nachzahlungen	200	
	Sonderausgaben	1.400	
	sonstige Privatentnahmen	100	
	Ausschüttungen	200	6.900
5	betrieblicher Liquiditätszufluss	133.481	
6	Einsatz von Eigenmitteln für Investitionen im Planungszeitraum	40.000	
7	Leistungsgrenze (Kapitaldienstgrenze)	173.481	
8	Kapitaldienst I (Zins und Tilgung im Planungszeitraum)	120.000	
9	Liquiditätszufluss	53.481	

Tabelle 74: Planung und Ermittlung der Kapitaldienstgrenze

8.2.4 Planung und Ermittlung des Kapitalbedarfs für das Umlaufvermögen

Notwendig ist die Planung und Ermittlung des Kapitalbedarfs für das Umlaufvermögen aus dem Grunde, dass die Finanzierung des gebundenen Umlaufvermögens rechtzeitig geplant und realisiert werden kann. Andernfalls drohen Liquiditätsengpässe, die ein Unternehmen existenziell gefährden könnten. Zudem deckt die Ermittlung des Kapitalbedarfs für das Umlaufvermögen Ansatzpunkte für eine Senkung der Kapitalkosten auf, indem die wesentlichen Einflussfaktoren des Kapitalbedarfs, wie beispielsweise Produktionsdauer, Fakturadauer und Kundenzahlungsziel, offen gelegt und quantifiziert werden. Eine Reduzierung der durchschnittlichen Bindungszeit des Umlaufvermögens führt zu einer Senkung der Kapitalkosten.

Notwendigkeit der Planung

In mittelständischen Unternehmen wird häufig das Umlaufvermögen kurzfristig über Lieferantenkredite und/oder Kontokorrentkredite (Beanspruchung der Kreditlinie) finanziert. Diese Finanzierung des Umlaufvermögens ist in zweierlei Hinsicht problematisch. Zum einen sind der Lieferantenkredit und der Kontokorrentkredit sehr teuere Kredite. Oftmals wird das positive operative Betriebsergebnis eines mittelständischen Unternehmens von den hohen Kreditkosten verzehrt. Zum anderen sind Kontokorrentkredite eine unsichere Finanzierungsquelle, da sie von den Kreditinstituten jederzeit kündbar sind.

falsche Finanzierung des Umlaufvermögens

goldene
Finanzierungsregel

Des Weiteren verstößt die kurzfristige Finanzierung des Umlaufvermögens gegen die **goldene Finanzierungsregel**, auch goldene Bankregel genannt. Nach dieser Regel muss die Tilgungsdauer (Fristigkeit) des von einem Unternehmen aufgenommenen Kapitals sich mit der Lebensdauer (Fristigkeit) der Kapitalanlage decken.

Das heißt,

- für langfristige Kapitalbindung – langfristiges Geld

- für kurzfristige Kapitalbindung – kurzfristiges Geld.

Bindungsdauer des
Umlaufvermögens

Das Umlaufvermögen eines Unternehmens rolliert, d.h. es generiert sich aufgrund des Umsatzprozesses immer wieder neu. Der durchschnittliche Erneuerungszeitraum des Umlaufvermögens variiert von Betrieb zu Betrieb. Abhängig ist der Erneuerungszeitraum von der Produktionsdauer, der Lagerdauer des Materials, der Fakturadauer und dem Kundenzahlungsziel.

langfristige Bindung des
Umlaufvermögens

Allen Betrieben ist gemeinsam, dass ihr Umlaufvermögen aufgrund des ungleichmäßigen Umsatzprozesses zwar schwankt, aber eine bestimmte Höhe nie unterschreitet. Auch wenn das Umlaufvermögen schwankt und sich immer wieder erneuert, so ist doch eine bestimmte Höhe des Umlaufvermögens langfristig gebunden. Dieser Teil des Umlaufvermögens ist entsprechend der goldenen Finanzierungsregel **langfristig** zu finanzieren. Die Schwankungsspitzen können nach der goldenen Finanzierungsregel kurzfristig finanziert werden, beispielsweise über einen Kontokorrent- und/oder Lieferantenkredit.

Berechnung des
Kapitalbedarfs

Die Berechnung des Kapitalbedarfs für das Umlaufvermögen wird in folgender Tabelle dargestellt:

ausgabewirksame Kosten		978.000 €/Jahr
Zahl der Arbeitstage		240 Tage
Kosten (Ausgabe)/Tag		4.075 €
Produktionsdauer	20,00 Tage	
Fakturadauer	15,00 Tage	
Kundenzahlungsziel	30,00 Tage	
Gesamttage x	65,00 Tage	
Kosten (Ausgabe)/Tag	4.075 €	264.875 €
durchschnittlicher Lagerbestand		40.000 €
Kapitalbedarf Umlaufvermögen		304.875 €

Tabelle 75: Planung und Ermittlung des Kapitalbedarfs für das Umlaufvermögen

8.2.5   Planung des Personalbedarfs

Zur optimalen Erfüllung der betrieblichen Funktionen ist eine ausreichende Anzahl den betrieblichen Anforderungen entsprechend leistungsbereiter und -fähiger Mitarbeiter erforderlich. Aus der Sicht des Unternehmens hat die Planung des Personalbedarfs die Aufgabe, den künftigen Personalbedarf nach Art und Menge zur optimalen Funktionserfüllung zu bestimmen.

Aufgabe der Planung des Personalbedarfs

Welchen Personalbedarf ein Unternehmen zur optimalen Funktionserfüllung zukünftig haben wird, muss immer wieder berechnet und/oder geschätzt und in Plänen festgehalten werden.

Personalbedarf

Die Planung der Art des Personalbedarfs wird zweckmäßig in Stellenbeschreibungen festgehalten. Diese Stellenbeschreibungen zeigen dann den einzelnen Stelleninhabern nicht nur, welche Aufgaben und Arbeiten sie zu erledigen haben, sondern auch, ob diese täglich, wöchentlich, monatlich oder sporadisch bei Bedarf wahrzunehmen sind. Aus den Stellenschreibungen sind die Anforderungsprofile der künftigen Stelleninhaber abzuleiten und bei der anforderungsgerechten Auswahl der künftigen Mitarbeiten zu berücksichtigen.

Stellenbeschreibungen

Neben der Planung der Art des Personalbedarfs ist eine mengenmäßige Planung vorzunehmen. In der Praxis der Handwerks- und Dienstleistungsbetriebe hat sich die Größe geplante **Wertschöpfung pro Mitarbeiter** als betriebswirtschaftlich sinnvolles Kriterium zur Bestimmung des mengenmäßigen Personalbedarfs etabliert.

quantitativer Personalbedarf

Ausgangspunkt der Planung des mengenmäßigen Personalbedarfs ist die Wertschöpfung im Planjahr. Wird die geplante Wertschöpfung des Betriebes durch die geplante Wertschöpfung pro Mitarbeiter dividiert, erhält man die Anzahl der Mitarbeiter zur Erzielung der geplanten Wertschöpfung. Verteilt wird die Gesamtzahl der Mitarbeiter auf die einzelnen Kostenstellen über die Verhältniszahlen zwischen geplanter Wertschöpfung Kostenstelle und geplanter Wertschöpfung pro Mitarbeiter Kostenstelle.

quantitative Personalbedarfplanung

In der folgenden Tabelle wird die mengenmäßige Planung des Personalbedarfs nach dem Kriterium der Wertschöpfung dargestellt.

Unternehmens-daten	Gesamt € (Ist) Vorjahr	Gesamt € (Soll) Plan-jahr	Verteilung auf Kostenstellen					
			€ A	€ B	€ C	€ D	€ E	€ F
Umsatz	900.000	980.000	120.000	80.000	180.000	200.000	200.000	200.000
- Material/ Fremdleistungen	300.000	330.000	30.000	20.000	70.000	110.000	50.000	50.000
= Wertschöpfung	600.000	650.000	90.000	60.000	110.000	90.000	150.000	150.000
Wertschöpfung pro Mitarbeiter	54.545	58.000	58.000	58.000	58.000	58.000	58.000	58.000
Anzahl der Mitarbeiter	11,00	11,21	1,55	1,03	1,90	1,55	2,59	2,59

Tabelle 76: Planung des quantitativen Personalbedarfs

9 Zusammenstellung der Formeln, Planungs- und Berechnungstabellen

9.1 Formeln und Tabellen zum Jahresabschluss

9.1.1 Gliederung und Aufbereitung des Jahresabschlusses

Gliederung der Aktivseite der Bilanz

Aktivseite

A. Anlagevermögen
   - I. Immaterielle Vermögensgegenstände
     1. Konzessionen, gewerbliche Schutzrechte und ähnliche Rechte und Werte sowie Lizenzen an solchen Rechten und Werten
     2. Geschäfts- oder Firmenwert
     3. geleistete Anzahlungen
   - II. Sachanlagen
     1. Grundstücke, grundstücksgleiche Rechte und Bauten einschließlich der Bauten auf fremden Grundstücken
     2. technische Anlagen und Maschinen
     3. andere Anlagen, Betriebs- und Geschäftsausstattung
     4. geleistete Anzahlungen und Anlagen im Bau
   - III. Finanzanlagen
     1. Anteile an verbundenen Unternehmen
     2. Ausleihungen an verbundene Unternehmen
     3. Beteiligungen
     4. Ausleihungen an Unternehmen, mit denen ein Beteiligungsverhältnis besteht
     5. Wertpapiere des Anlagevermögens
     6. sonstige Ausleihungen

B.   Umlaufvermögen
- I.   Vorräte
  1. Roh-, Hilfs- und Betriebsstoffe
  2. unfertige Erzeugnisse, unfertige Leistungen
  3. fertige Erzeugnisse und Waren
  4. geleistete Anzahlungen
- II.   Forderungen und sonstige Vermögensgegenstände
  1. Forderungen aus Lieferungen und Leistungen
  2. Forderungen gegen verbundene Unternehmen
  3. Forderungen gegen Unternehmen, mit denen ein Beteiligungsverhältnis besteht
  4. sonstige Vermögensgegenstände
- III.   Wertpapiere
  1. Anteile an verbundenen Unternehmen
  2. eigene Anteile
  3. sonstige Wertpapiere
- IV.   Schecks, Kassenbestand, Bundesbank- und Postgiroguthaben, Guthaben bei Kreditinstituten

C.   Rechnungsabgrenzungsposten

Gliederung der Passivseite der Bilanz

Passivseite

A.   Eigenkapital
- I.   Gezeichnetes Kapital
- II.   Kapitalrücklage
- III.   Gewinnrücklagen
  1. gesetzliche Rücklage
  2. Rücklage für eigene Anteile
  3. satzungsmäßige Rücklagen
  4. andere Gewinnrücklagen
- IV.   Gewinnvortrag/Verlustvortrag
- V.   Jahresüberschuss/Jahresfehlbetrag

B.   Rückstellungen
1. Rückstellungen für Pensionen und ähnliche Verpflichtungen
2. Steuerrückstellungen
3. sonstige Rückstellungen

C.   Verbindlichkeiten
1. Anleihen, davon konvertibel
2. Verbindlichkeiten gegenüber Kreditinstituten
3. erhaltene Anzahlungen auf Bestellungen
4. Verbindlichkeiten aus Lieferungen und Leistungen
5. Verbindlichkeiten aus der Annahme gezogener Wechsel und der Ausstellung eigener Wechsel
6. Verbindlichkeiten gegenüber verbundenen Unternehmen

7. Verbindlichkeiten gegenüber Unternehmen,
   mit denen ein Beteiligungsverhältnis besteht

8. sonstige Verbindlichkeiten
   davon aus Steuern
   davon im Rahmen der sozialen Sicherheit

D. Rechnungsabgrenzungsposten

Ermittlung des Geschäftserfolges

Eigenkapital am Schluss des Geschäftsjahres
- Eigenkapital am Anfang des Geschäftsjahres
+ Privatentnahmen
- Privateinlagen
= Geschäftserfolg

Gliederung der Gewinn- und Verlustrechnung nach dem Gesamtkostenverfahren

Gewinn- und Verlustrechnung

1. Umsatzerlöse
2. Erhöhung oder Verminderung des Bestandes an fertigen und unfertigen Erzeugnissen
3. andere aktivierte Eigenleistungen
4. sonstige betriebliche Erträge
5. Materialaufwand
   a) Aufwendungen für Roh-, Hilfs- und Betriebsstoffe und für bezogene Waren
   b) Aufwendungen für bezogene Leistungen
6. Personalaufwand
   a) Löhne und Gehälter
   b) soziale Abgaben und Aufwendungen für Altersversorgung und für Unterstützung
   davon Altersversorgung
7. Abschreibungen
   a) auf immaterielle Vermögensgegenstände des Anlagevermögens und Sachanlagen sowie auf aktivierte Aufwendungen für die Ingangsetzung und Erweiterung des Geschäftsbetriebes
   b) auf Vermögensgegenstände des Umlaufvermögens, soweit diese die in der Kapitalgesellschaft üblichen Abschreibungen überschreiten
8. sonstige betriebliche Aufwendungen
9. Erträge aus Beteiligungen
   davon aus verbundenen Unternehmen
10. Erträge aus anderen Wertpapieren und Ausleihungen des Finanzanlagevermögens
    davon aus verbundenen Unternehmen
11. sonstige Zinsen und ähnliche Erträge

davon aus verbundenen Unternehmen

12. Abschreibungen auf Finanzanlagen und auf Wertpapiere des Umlauf-vermögens

13. Zinsen und ähnliche Aufwendungen

davon an verbundene Unternehmen

14. Ergebnis der gewöhnlichen Geschäftstätigkeit

15. außerordentliche Erträge

16. außerordentliche Aufwendungen

17. außerordentliches Ergebnis

18. Steuern vom Einkommen und vom Ertrag

19. sonstige Steuern

20. Jahresüberschuss/Jahresfehlbetrag

Aktivseite einer Strukturbilanz

	Berichts-jahr	Vorjahr	20..	20..
	TEUR	TEUR	TEUR	TEUR
Konzessionen, Schutzrechte, Lizenzen				
sonstige immaterielle Vermö-gensgegenstände				
immaterielles Vermögen				
Grundstücke, Bauten				
Maschinen, technische Anlagen				
Betriebs- und Geschäftsausstat-tung, Anlagen				
Sachanlagevermögen				
Beteiligungen				
sonstige Ausleihungen und Fi-nanzanlagen				
Finanzanlagen				
Summe Anlagevermögen				
Roh-, Hilfs- und Betriebsstoffe				
fertige und unfertige Erzeugnis-se und Handelswaren				
Vorräte				
Forderungen aus Lieferungen und Leistungen, RLZ bis 1 Jahr				
sonstige Forderungen und Vermögensgegenstände, RLZ bis 1 Jahr				
Wertpapiere des Umlaufver-mögens				
flüssige Mittel				

	Berichts-jahr	Vorjahr	20..	20..
	TEUR	TEUR	TEUR	TEUR
aktive Rechnungsabgrenzung (ohne Disagio)				
monetäres (kurzfristiges) Um-laufvermögen				
Summe Umlaufvermögen				
Bilanzsumme Aktiva				

Passivseite einer Strukturbilanz

	Berichts-jahr	Vorjahr	20..	20..
	TEUR	TEUR	TEUR	TEUR
Nennkapital, Kapitalkonto I				
+ Gewinnrücklage / Rücklagen bei Personengesellschaften				
- aktivierter Geschäfts- und Fir-menwert				
+ Gewinnvortr. / - Verlustvor-trag				
+ Jahresüberschuss / - Jahres-fehlbetrag				
Eigenkapital				
Pensionsrückstellungen und ähn-liche längerfr. Rückstellungen				
Verbindlichkeiten ggü. Kreditin-stituten, RLZ über 5 Jahre				
langfristiges Fremdkapital				
Steuerrückstellungen und sonsti-ge Rückstellungen				
Verbindlichk. aus Lieferungen und Leistungen, RLZ bis 1 Jahr				
sonstige Verbindlichk. inkl. Steu-erverbindlichk., RLZ bis 1 Jahr				
passive Rechnungsabgrenzung				
kurzfristiges Fremdkapital				
Summe Fremdkapital				
Bilanzsumme Passiva				

9.1.2   Kennzahlen zur Vermögens- und Kapitalstruktur

Formel zur Berechnung der Anlagenintensität

$$\text{Anlagenintensität} = \frac{\text{Anlagevermögen}}{\text{Gesamtvermögen}} \times 100$$

Formel zur Berechnung des Eigenkapitalanteils

$$\text{Eigenkapitalanteil} = \frac{\text{Eigenkapital}}{\text{Gesamtkapital}} \times 100$$

Formel zur Berechnung des Verschuldungsgrades

$$\text{Verschuldungsgrad} = \frac{\text{Fremdkapital}}{\text{Eigenkapital}} \times 100$$

Formel zur Berechnung der Vermögensstruktur

$$\text{Vermögensstruktur} = \frac{\text{Anlagevermögen}}{\text{Umlaufvermögen}} \times 100$$

Formel zur Berechnung der Vermögensentwicklung Vorräte

$$\text{Vermögensentwicklung Vorräte} = \frac{\text{Vorräte}}{\text{Gesamtleistung}} \times 100$$

Formel zur Berechnung der Vermögensentwicklung Erzeugnisse

$$\text{Vermögensentwicklung Erzeugnisse} = \frac{\text{fertige + unfertige Erzeugnisse}}{\text{Gesamtleistung}}$$

Formel zur Berechnung der Vermögensentwicklung Forderungen

$$\text{Vermögensentw. Forderungen} = \frac{\text{kurzfr. Forderungen}}{\text{Umsatzleistung}} \times 100$$

9.1.3 Kennzahlen zur Finanz- und Liquiditätsstruktur

Formel zur Berechnung der Anlagendeckung I

$$\text{Anlagendeckung I} = \frac{\text{Eigenkapital}}{\text{Anlagevermögen}} \times 100$$

Formel zur Berechnung der Anlagendeckung II

$$\text{Anlagendeckung II} = \frac{\text{Eigenkap.} + \text{langfr. Fremdkap.}}{\text{Anlagevermögen}} \times 100$$

Formel zur Berechnung der Barliquidität (DATEV)

$$\text{Barliquidität (DATEV)} = \frac{\text{flüssige Mittel}}{\text{kurzfr. Bankverbindlichk.}} \times 100$$

Formel zur Berechnung der Liquidität 1. Grades

$$\text{Liquidität 1. Grades} = \frac{\text{flüssige Mittel}}{\text{kurzfr. Verbindlichkeiten}} \times 100$$

Formel zur Berechnung der Liquidität 2. Grades

$$\text{Liquidität 2. Grades} = \frac{\text{flüssige Mittel} + \text{kurzfristige Forderungen}}{\text{kurzfristige Verbindlichkeiten}} \times 100$$

Formel zur Berechnung der Liquidität 3. Grades

$$\text{Liquidität 3. Grades} = \frac{\text{Umlaufvermögen}}{\text{kurzfristige Verbindlichkeiten}} \times 100$$

9.1.4 Kennzahlen zur Rentabilität

Formel zur Berechnung der Eigenkapitalrentabilität

$$\text{Eigenkapitalrentabilität} = \frac{\text{Gewinn}}{\text{Eigenkapital}} \times 100$$

Formel zur Berechnung der Gesamtkapitalrentabilität

$$\text{Gesamtkapitalrentabilität} = \frac{\text{Gewinn} + \text{Fremdkap.-Zinsen}}{\text{Gesamtkapital}} \times 100$$

Formel zur Berechnung der Umsatzrentabilität

$$\text{Umsatzrentabilität} = \frac{\text{Gewinn} + \text{Fremdkap.-Zinsen}}{\text{Betriebsleistung}} \times 100$$

Formel zur Berechnung des Kapitalumschlages

$$\text{Kapitalumschlag} = \frac{\text{Betriebsleistung}}{\text{Gesamtkapital}}$$

9.1.5   Kennzahlen zum Cashflow

Direkte Ermittlung des Cashflows

	Zahlungswirksame Erträge (Einnahmen)
-	Zahlungswirksame Aufwendungen (Ausgaben)
=	Cashflow

Indirekte Ermittlung des Cashflows

	Jahresüberschuss (Gewinn), Jahresfehlbetrag (Verlust)
+	nicht zahlungswirksame Aufwendungen
-	nicht zahlungswirksame Erträge
=	Cashflow

Ermittlung des Cashflows II

	Cashflow I	160,98
+	Fremdkapitalzinsen	22,90
=	Cashflow II	183,88

Formel zur Berechnung der Cashflow II-Rate

$$\text{Cashflow II-Rate} = \frac{\text{Cashflow II}}{\text{Betriebsleistung}} \times 100$$

9.1.6   Kennzahlen zur Produktivität

Ermittlung des Produktionswertes

	Umsatzerlöse
+	Bestandsveränderungen an unfertigen und fertigen Erzeugnissen
+	Aktivierte Eigenleistungen
=	Gesamtleistung
+	Sonstige Erträge
=	**Produktionswert**

Ermittlung der Vorleistungen

	Materialaufwand
+	Abschreibungen
+	Sonstige Aufwendungen ./. Zuführung zu den Rückstellungen
=	**Vorleistungen**

Ermittlung der Wertschöpfung

	Produktionswert
-	Vorleistungen
=	Wertschöpfung

Ermittlung der Verwendung der erzielten Wertschöpfung

Verwendungsrechnung		
	€	%
Personalaufwand		
Zuführung zu den Rückstellungen		
Zinsaufwendungen		
Steuern		
Gewinn		
Wertschöpfung		100

Formel zur Berechnung der Wertschöpfung je Beschäftigtem

$$\text{Wertschöpfung je Beschäftigtem} = \frac{\text{Wertschöpfung}}{\text{Beschäftigte}}$$

Formel zur Berechnung der Wertschöpfung je produktive Stunde

$$\text{Wertschöpfung je produktive Stunde} = \frac{\text{Wertschöpfung}}{\text{produktive Stunden}}$$

Formel zur Berechnung des WPK-Wertes

$$\text{WPK-Wert} = \frac{\text{Wertschöpfung}}{\text{Personaleinsatz}}$$

Formel zur Berechnung des Gewinns je Beschäftigtem

$$\text{Gewinn je Beschäftigtem} = \frac{\text{Gewinn}}{\text{Beschäftigte}}$$

Formel zur Berechnung der Betriebsleistung je Beschäftigtem

$$\text{Betriebsleistung je Beschäftigtem} = \frac{\text{Betriebsleistung}}{\text{Beschäftigte}}$$

9.1.7   Formeln zur Ermittlung von Umschlagskennzahlen

Formel zur Berechnung der Lagerumschlagshäufigkeit

$$\text{Lagerumschlagshäufigkeit} = \frac{\text{Materialverbrauch}}{\text{durchschnittlicher Materialbestand}}$$

Formel zur Berechnung der durchschnittlichen Lagerdauer

$$\text{Lagerdauer} = \frac{360 \text{ Tage}}{\text{Lagerumschlagshäufigkeit}}$$

Formel zur Berechnung der Debitorenumschlagshäufigkeit

$$\text{Debitorenumschlagshäufigkeit} = \frac{\text{Umsatz}}{\text{durchschnittl. Kundenforderungen}}$$

Formel zur Berechnung der durchschnittlichen Debitorendauer

$$\text{Debitorendauer} = \frac{360 \text{ Tage}}{\text{Debitorenumschlagshäufigkeit}}$$

Formel zur Berechnung der Kreditorenumschlagshäufigkeit

$$\text{Kreditorenumschlagshäufigkeit} = \frac{\text{Rechnungseingang Lieferanten}}{\text{durchschnittl. Liefererverbindlichk.}}$$

Formel zur Berechnung der durchschnittlichen Kreditorendauer

$$\text{Kreditorendauer} = \frac{360\ \text{Tage}}{\text{Kreditorenumschlagshäufigkeit}}$$

9.1.8   Formular zur Durchführung eines Zeitvergleiches

Jahr		1. Jahr	2. Jahr	3. Jahr	Tendenz
		TEUR	TEUR	TEUR	
Gesamtkapital	Betrieb				
	Branchen-durchschnitt				
Umsatz	Betrieb				
	Branchen-durchschnitt				
Betriebser-gebnis	Betrieb				
	Branchen-durchschnitt				
Fremdkapital-zinsen	Betrieb				
	Branchen-durchschnitt				
Umsatzrenta-bilität	Betrieb				
	Branchen-durchschnitt				
Kapitalum-schlag	Betrieb				
	Branchen-durchschnitt				
Gesamtkapi-tal-rentabilität	Betrieb				
	Branchen-durchschnitt				

9.2   Formulare zur Auswertung von betriebswirtschaftlichen Auswertungen

Formular Standard-BWA: Kurzfristige Erfolgsrechnung

Zeile	Bezeichnung	Monatswert	% Ges.-Leistung	Aufschlag	kum. Wert Jan.-Juni	% Ges-Leistg.	Aufschlag
1	Umsatzerlöse						
2	Best-Verdg. FE/UE						
3	Gesamtleistung						
4	Mat./Wareneinkauf						
5	Rohertrag						
6	So. betr. Erlöse						
7	Betriebl. Rohertrag						
8	Kostenarten						
9	Personalkosten						
10	Raumkosten						
11	Betriebl. Steuern						
12	Vers./Beiträge						
13	Besondere Kosten						
14	Kfz-Kosten (o. St.)						
15	Werbe-/Reisekosten						
16	Kosten Warenabg.						
17	Abschreibungen						
18	Reparatur/Instandh.						
19	Sonstige Kosten						
20	Gesamtkosten						
21	Betriebsergebnis						
22	Zinsaufwand						
23	Übrige Steuern						
24	Sonst. neutr. Aufw.						

Zei-le	Bezeichnung	Monatswert	% Ges.-Leistung	Auf-schlag	kum. Wert Jan.-Juni	% Ges-Leistg.	Auf-schlag
25	Neutr. Aufw. ges.						
26	Zinserträge						
27	Sonst. neutr. Ertr.						
28	Verr. kalk. Kosten						
29	Neutr. Ertrag ges.						
30	Kontenklasse 8						
31	Vorläufiges Ergebnis						

Formular Standard-BWA: Bewegungsbilanz Kapitalgesellschaft

Bewegungsbilanz Oktober 20...					
Zei-le	Bezeichnung	Mittelverwendg. Erhöhung Aktiva Mind. Passiva	Pro-zent	Mittelherkunft Erhöhung Pssiva Mind. Aktiva	Pro-zent
1	Anlagevermögen				
2	Imm. Vermögensggst.				
3	Sachanlagen				
4	Finanzanlagen				
5	Umlaufvermögen				
6	Unf./Fert. Erzeugn.				
7	RHB-Stoffe/Waren				
8	Kasse/Bank/Postbank				
9	Wechsel/Schecks/WP				
10	Forderungen L. u. L.				
11	Sonst. Vermög.Ggst.				
12	Verbindl. L. u. L.				
13	Wechselverbindl.				
14	Sonst. Verbindl.				
15	Anleihen/Kredite				

16	Vor-/Umsatzsteuer				
17	Wertb./Rückst./RAP				
18	SoPo mit RL-Anteil				
19	Kapital				
20	Privat				
21	Rücklagen				
22	Vorl. Gewinn/Verlust				
23	Summe Mittelverwendg.				
24	Summe Mittelherkunft				

Formular Standard-BWA: Bewegungsbilanz Personenunternehmen

Bewegungsbilanz Juni 20...					
Zeile	Bezeichnung	Mittelverwendg. Erhöhung Aktiva Mind. Passiva	Prozent	Mittelherkunft Erhöhung Pssiva Mind. Aktiva	Prozent
1	Anlagevermögen				
2	Imm. Vermögensggst.				
3	Sachanlagen				
4	Finanzanlagen				
5	Umlaufvermögen				
6	Unf./Fert. Erzeugn.				
7	RHB-Stoffe/Waren				
8	Kasse/Bank/Postbank				
9	Wechsel/Schecks/WP				
10	Forderungen L. u. L.				
11	Sonst. Vermög.Ggst.				
12	Verbindl. L. u. L.				
13	Wechselverbindl.				
14	Sonst. Verbindl.				
15	Anleihen/Kredite				

16	Vor-/Umsatzsteuer				
17	Wertb./Rückst./RAP				
18	Kapital				
19	Privat				
20	Rücklagen				
21	Vorl. Gewinn/Verlust				
22	Summe Mittelverwendg.				
23	Summe Mittelherkunft				

Formular Standard-BWA: Ermittlung der statischen Liquidität

Zeile		Zum aktuellen Monat				Zum Vormonat			
		Mittel	Ver-bind-lich-keiten	Über-/Unter-deckung	Deck-ungs-grad	Mittel	Ver-bind-lichkeiten	Über-/Unter-deckung	Deck-ungs-grad
1	Kasse								
2	Postbank								
3	Bank								
4	Barliquidität								
5	WP/Schecks								
6	Ford. L.u.L.								
7	So.Verm. GgSt.								
8	Vor-/USt.-Saldo								
9	Verb. L.u.L.								

Zeile		Zum aktuellen Monat				Zum Vormonat			
		Mittel	Verbindlichkeiten	Über-/ Unterdeckung	Deckungsgrad	Mittel	Ver-bind-lichkeiten	Über-/ Unterdeckung	Deckungsgrad
10	Wechselverb.								
11	So. Verbindl.								
12	Liquid. 2. Grad								

Zeile		Monatswert	% Ges.-Erlöse	% Betr.-Einnahmen	kum. Wert Jan.-Mai	% Ges.-Erlöse	% Betr.-Einnahmen
	Einnahmen-Überschuss-Rechnung	€	%	%	€	%	%
1	Betriebseinnahmen:						
	Erlöse aus						
2	betriebl. Tätigk.						
3	Sonstige Erlöse						
4	= Summe der Erlöse						
5	Umsatzsteuer						
6	USt.-Erstattung						
7	Erhaltene Anzahlg.						
8	-Zugang Forderungen						
9	Betriebseinnahmen						
10	Betriebsausgaben:						
11	Mat./Wareneinkauf						
12	Fremdleistungen						
13	Personalkosten						
14	Raumkosten						
15	St./Vers./Beitr.						
16	Fahrzeugkosten						
17	Instandh./Werkzeuge						
18	Kosten Warenabgabe						
19	Abschreibungen						
20	Verschiedene Kost.						
21	= Summe Kosten						
22	Geleistete Anzahlg.						
23	Buchw. Anlagenabg.						

Zeile		Monats-wert	% Ges.-Erlöse	% Betr.-Einnah-men	kum. Wert Jan.-Mai	% Ges.-Erlöse	% Betr.-Einnah-men
24	Sonst. Aufwendung.						
25	Vorsteuer						
26	USt.-Zahlungen						
27	- Verr. kalk. Kosten						
28	- Zugang Verbindl.						
29	Betriebsausgaben						
30	Vorl. betr.-wirt. Erg.						
31	Einn.-Ausgaben-BWA						
	Liquiditätsrechnung						
32	Vorl. Ergebnis						
33	+ Abschreibungen						
34	(Nicht kalkulat.)						
35	- Aufnahme Darlehen						
36	- Tilgung Darlehen						
37	- Anlagenzugänge						
38	+ Anlagenabgänge						
39	+/- Sonstige Posten						
40	Liquid. Beitr. Betrieb						
41	Privateinlagen						
42	+ Grundstücksertrag						
43	- Grundstücksaufwand						
44	- Privatentnahmen						
45	- Privatsteuern						
46	- Sonderausg./Spenden						
47	- Außergew. Belastung						
48	Liquid. Beitr. Privat						
49	Liquiditätsüber-/unterd.						

9.3   Formulare zur Planung der Rentabilität, Liquidität und der Budgets

Formular zur Ermittlung der Soll- und Istgrößen des Erfolgs

	Jahr	1.	2.	3.	4.	5.
		€	€	€	€	€
Erlöse	Soll					
	Ist					
Kosten	Soll					
	Ist					
Ergebnis (G)	Soll					
	Ist					
FK-Zinsen (Z)	Soll					
	Ist					
Kapital (K)	Soll					
	Ist					
Rentabilität	Soll					
(G + Z) : K x 100	Ist					

Formular zur Erstellung einer Rentabilitätsprognose für einzelne Monate

Plan-Gewinn- und Verlustrechnung				
Planperiode	**1**	**2**	**3**	**4**
Umsatzerlöse (Summe)				
Erlöse Veranstaltungsservice				
Erlöse Lagermiete				
+/- Bestandsveränderungen				
aktivierte Eigenleistungen				
Betriebsleistung				
Sonstige betriebl. Erträge				
Betriebsertrag				
-Fremdleistungen				
Fremdunternehmen				
Transportunternehmen				
Rohertrag				
- Personalaufwand (Summe)				
Gehälter/Löhne inkl. Sozialabgab.				
- Abschreibungen Sachanlagen				
- Sonst.betriebl.Aufwand (Sum.)				
Raumkosten				
Werbe-/Messeaufwendungen				
Kraftfahrzeugaufwendungen				

Plan-Gewinn- und Verlustrechnung				
Planperiode	**1**	**2**	**3**	**4**
Rechts- und Beratungskosten				
Sonstige Aufwendungen				
Betriebsaufwand				
Betriebsergebnis				
Neutrale Erträge (Summe)				
Zinserträge				
außerordentl. Erträge				
- Neutrale Aufwendungen (Sum.)				
Steuern auf Ertrag (Gewerbest.)				
langfr. u. kurzfr. Zinsaufwand				
außerordentl. Aufwendungen				
ausgewiesenes Ergebnis				
Finanzmittelüberschuß (Cash-flow)				
ausgewiesenes Ergebnis				
+ Abschreibungen				
- Privatentnahmen				
= Cashflow				

Formular zur Erstellung einer aggregierten Rentabilitätsprognose

Gewinn- und Verlustrechnung				
	01.01. bis 31.12.20..		**01.01. bis 31.12. 20..**	
	€	**%**	**€**	**%**
Umsatzerlöse				
Erlöse Veranstaltungsservice				
Erlöse Lagermiete				
+/- Bestandsveränderungen				
aktivierte Eigenleistungen				
Betriebsleistung				
Sonstige betriebl. Erträge				
Betriebsertrag	*100*		*100*	
- Fremdleistungen				
Fremdunternehmen				
Transportunternehmen				
Rohertrag				
- Personalaufwand				
Gehälter/Löhne inkl. Sozialabgab.				
- Abschreibung Sachanlagen				
- Sonst. betriebl. Aufwand				
Raumkosten				
Werbe-/Messeaufwendungen				

Gewinn- und Verlustrechnung				
	01.01. bis 31.12.20..		01.01. bis 31.12. 20..	
Kraftfahrzeugaufwendungen				
Rechts- und Beratungskosten				
Sonstige Aufwendungen				
Betriebsaufwand				
Betriebsergebnis				
Neutrale Erträge				
Zinserträge				
außerordentl. Erträge				
- Neutrale Aufwendungen				
Steuern auf Ertrag (Gewerbesteuer)				
langfr. u. kurzfr. Zinsaufwand				
außerordentl. Aufwendungen				
ausgewiesenes Ergebnis				
Finanzmittelüberschuss (Cashflow)				
ausgewiesenes Ergebnis				
+ Abschreibungen				
- Privatentnahmen				
= Cashflow				

Formular zur Festlegung von Öffnungszeiten

Öffnungszeiten					
Bereiche	Öffnungstage	Öffnungszeiten	Warme Küche	Kalte Küche	Getränke

Formular zur Ermittlung des Einnahmenbudgets aus Beherbergung in Einzelzimmern

Einnahmen Einzelzimmer						
Saison	Tage	EZ	Aus-lastg. in %	Nächte	Zimmer-preis net-to in €	Einnahmen netto in €
Hauptsaison						
Zwischensaison						
Nebensaison						
Gesamt						

Formular zur Ermittlung des Einnahmenbudgets aus Beherbergung in Doppelzimmern Einzelbelegung

Einnahmen Doppelzimmer Einzelbelegung							
Saison	Tage	DZ	Gewich-tung in %	Auslas tung in %	Nächte	Zimmer-preis netto in €	Gesamtein-nahmen net-to in €
Hauptsai-son							
Zwischen-saison							
Nebensai-son							
Gesamt							

Formular zur Ermittlung des Einnahmenbudgets Gastronomie

Einnahmen gastronomische Einrichtungen			
gastronomische Einrichtung	Sitzplätze	Sitzplatzertrag/Jahr in €	Einnahmen in €
Hauptrestaurant			
Schmankerlstube			
Gartenpavillon			
Bar			
Gesamt			

Formular zur Erstellung einer Liquiditätsplanung

Liquiditätsplanung	
Einzahlungen aus ...	
Umsatzerlösen:	
Erlöse Bereich A	
Erlöse Bereich B	
Sonstige Einzahlungen	
Auszahlungen für ...	
Fremdleistungen:	
Bereich A	
Bereich B	
Personalaufwand:	
Gehälter/Löhne inkl. Sozialabgaben	
sonst. betr. Aufwand:	
Raumkosten	
Werbe-/Messeaufwendungen	
Kraftfahrzeugaufwendungen	
Rechts- und Beratungskosten	
Sonstige Aufwendungen	
Neutrale Aufwendungen:	
Steuern auf Ertrag (Gew.st, KSt.)	
langfr. u. kurzfr. Zinsaufwand	
außerordentl. Aufwendungen	
USt.-Zahllast	
Investitionen	
Tilgungen	
Privatentnahmen	
Einzahlungen insgesamt	
Auszahlungen insgesamt	
Über-/Unterdeckung je Periode (Cashflow)	
Über-/Unterdeckung kumulativ (Cashflow)	
freie Kontokorrentlinien	

9.4 Formulare und Formeln zur Kostenrechnung

9.4.1 Formulare und Formeln zur Vollkostenrechnung

Formular zur Ermittlung des betriebsnotwendigen Kapitals

Position	€	€
betriebsnotwendiges Anlagevermögen:		
nicht abnutzbares Anlagevermögen		
abnutzbares Anlagevermögen		
+ betriebsnotwendiges Umlaufvermögen:		
Vorräte		
Forderungen		
liquide Mittel		
./. Abzugskapital		
Anzahlungen von Kunden		
Verbindlichkeiten aus Lieferungen u. Leistungen		
(soweit zinslos)		
= **betriebnotwendiges Kapital**		

Formular zur Erstellung eines Betriebsabrechnungsbogens

Kostenarten	Werte für BAB	Verteilungsschlüssel							Kostenstellen						
		Werkstatt	Montage	Kundendienst	V + V	Material	Handel	Fremdleistung	Werkstatt	Montage	Kundendienst	V + V	Material	Handel	Fremdleistung
gesamter Personalaufwand															
- Fertigungslö.															
=															
- Gehälter															
= Personalzusatzkosten															
Abschreibungen															
Hilfsstoffe															
Miete															
Gas, Strom, Wasser															
Grundstücksaufwand															
Versicherungen, Beiträge															
Instandhaltung BGA															
Fahrzeugkosten															
Werbekosten															
Kosten der Warenabgabe															
Bürokosten															
Beratung, Buchführung															
Mieten für Einrichtungen															
Werkzeuge, Kleingeräte															
sonstiger Betriebsbedarf															
Zinsen															
Gewerbesteuer															
kalkul. Wagnisse															
kalkulat. Zinsen															
kalkulat. Unternehmerlohn															
betriebswirtschaftl. Gewinn															
Zwischensumme I															
- verrechnete Azubis															
- verrechnete Kfz-Kosten															
Zwischensumme II															
Umlage Verwaltung															
= Gesamt-Gemeinkosten															
- verrechnete Gemeinkosten															

Kostenarten	Werte für BAB	Verteilungsschlüssel							Kostenstellen						
		Werkstatt	Montage	Kundendienst	V + V	Material	Handel	Fremdleistung	Werkstatt	Montage	Kundendienst	V + V	Material	Handel	Fremdleistung
= Fertigungsgemeinkosten															
Fertigungslöhne															
Fertigungsstd.															
Stundensätze €															
Zuschlagssätze in %															

Formel zur Berechnung des Ist-Materialgemeinkostenzuschlagsatzes

$$\text{Ist- Materialgemeinkostenzuschlag} = \frac{\text{Materialgemeinkosten x 100}}{\text{Fertigungsmaterial}}$$

Formel zur Berechnung des Ist-Fertigungsgemeinkostenzuschlagsatzes

$$\text{Ist- Fertigungsgemeinkostenzuschlag} = \frac{\text{Fertigungsgemeinkosten x 100}}{\text{Fertigungslöhne}}$$

Formel zur Berechnung des Ist-Verwaltungsgemeinkostenzuschlagsatzes

$$\text{Ist- Verwaltungsgemeinkostenzuschlag} = \frac{\text{Verwaltungsgemeinkosten x 100}}{\text{Herstellkosten des Umsatzes}}$$

Formel zur Berechnung des Ist-Vertriebsgemeinkostenzuschlagsatzes

$$\text{Ist- Vertriebsgemeinkostenzuschlag} = \frac{\text{Vertriebsgemeinkosten x 100}}{\text{Herstellkosten des Umsatzes}}$$

Formular zur Ermittlung der Herstellkosten des Umsatzes

	Fertigungsmaterial
+	Materialgemeinkosten
+	Fertigungslöhne
+	Fertigungsgemeinkosten
=	Herstellkosten der Erzeugung
+	Bestandsminderung
-	Bestandsmehrung
=	Herstellkosten des Umsatzes

Formular zur Ermittlung des Angebotspreises mit Hilfe der einfachen Zuschlagskalkulation

Materialeinzelkosten		
+ Materialgemeinkosten	=	Materialkosten
Fertigungseinzelkosten		
+ Fertigungsgemeinkosten		
+ Sondereinzelkosten Fertigung	=	Fertigungskosten
	=	Herstellkosten
+ Verwaltungsgemeinkosten		
+ Vertriebsgemeinkosten		
+ Sondereinzelkosten Vertrieb		
	=	Selbstkosten
+ Gewinn		
	=	Angebotspreis (ohne USt.)

Formular zur Ermittlung des Angebotspreises mit Hilfe der differenzierten Zuschlagskalkulation

Materialeinzelkosten			
+ Materialgemeinkosten	=		Materialkosten
Fertigungseinzelkosten Schlosserei			
+ Fertigungsgemeinko.	=	Fertigungskosten Schlosserei	
Fertigungseinzelkosten Dreherei			
+ Fertigungsgemeinko.	=	Fertigungskosten Dreherei	
Fertigungseinzelk. Montage			
+ Fertigungsgemeink.	=	Fertigungskosten Montage	+ Fertigungskosten
			+ Sondereinzelk. der Fert.
			= Herstellkosten
			+ Verwaltungsgemeink.
			+ Vertriebsgemeinkost.
			+ Sondereinzelkosten Vertrieb
			= Selbstkosten
+			+ Gewinn
			= Barverkaufspreis
			+ Kundenskonto
			= Angebotspreis

Formular zur Nachkalkulation eines Auftrages

erzielter Erlös (ohne USt.)			
./. Skonto in %			
./. Material (MEK inkl. Verschnitt)			
./. Materialgemeinkosten in %			
= **Lohnerlös**			
Bearbeitungszeit in Std.			
= **Lohnerlös pro Stunde**			
./. Stundenverrechnungssatz (Vollkosten)			
= **Zusatzgewinn/ -verlust pro Stunde**			
x Bearbeitungszeit in Std.			
= **Zusatzgewinn/ -verlust des Auftrages**			

Formular zur Durchführung eines Auftragsvergleiches

Kunde	Auf-trags-Nr.	Netto-erlöse	Mat.-Einzel-kosten	Mat.-Gemein-kosten-Zuschlag in €	Lohn-erlös	ver-brauchte produk-tive Stunden	Lohn-erlös je Stunde	Voll-kosten-satz je Stunde	Zusatz-Gewinn/Verlust

9.4.2 Formulare und Formeln zur Deckungsbeitragsrechnung

Formel zur Berechnung des Stückdeckungsbeitrages

Preis - variable Stückkosten = Deckungsbeitrag/Stück

Formel zur Berechnung des Betriebsergebnisses

Summe der Deckungsbeiträge der einzelnen Leistungen/Angebotsbereiche
./. unaufgeteilter Fixkostenblock
= Betriebsergebnis (Gewinn / Verlust)

Formular zur Ermittlung des Betriebsergebnisses

	Produkt A	Produkt B	Produkt C	
Stückpreis				
./. variable Stückkosten				
= Stückdeckungsbeitrag				
Absatzmenge				
Gesamt-DB je Produkt:				
./. K(fix)				
=Betriebsergebnis				

Aufbau der stufenweisen Deckungsbeitragsrechnung

	Summe der Erlöse der Leistungen
-	variable Kosten der Produkte
=	**Deckungsbeitrag I**
-	Produktfixkosten
=	**Deckungsbeitrag II**
-	Produktgruppenfixkosten
=	**Deckungsbeitrag III**
-	Unternehmensfixkosten
=	**Betriebsergebnis**

Formular zur Ermittlung der Deckungsbeiträge I, II, III und des Betriebsergebnisses

		Produktgruppe I		Produktgruppe II	
		A	B	C	D
	Erlöse				
-	variable Kosten				
=	**Deckungsbeitrag I**				
-	Produktfixkosen				
=	**Deckungsbeitrag II**				
-	Produktgruppenfixkosten				
=	**Deckungsbeitrag III**				
-	Unternehmensfixkosten				
=	**Betriebsergebnis**				

Anpassung der stufenweisen Deckungsbeitragsrechnung an die Aufbauorganisation

Summe Erlöse der Leistungen
./. direkt den Leistungen zurechenbare Einzelkosten
= DB I (Leistungsdeckungsbeitrag)
./. direkt einer Kostenstelle zurechenbare Kosten
DB II (Kostenstellendeckungsbeitrag)
./. direkt einer Abteilung zurechenbare Kosten
= DB III (Abteilungsdeckungsbeitrag)
./. direkt dem Unternehmen zurechenbare Kosten
= DB IV (Erfolgsbeitrag des Unternehmens)

Formular zur Ermittlung der Personalkapazität

alle Angaben pro Kopf im Produktivbereich					
Kalendertage			Tg./Jahr	%	%
./. Samstage/Sonntage			Tg./Jahr		
Arbeitstage			Tg./Jahr		
x Tagesarbeitszeit			Std./Tag		
= bezahlte Arbeitszeit			Std./Tag	100	

	Vollzeit- kräfte	Auszu- bildende			
Arbeitstage			Tg./Jahr		
./. gesetzliche Feiertage			Tg./Jahr		
./. tarifvertragl. Urlaub			Tg./Jahr		
./. Krankheitstage			Tg./Jahr		
./. Weiterbildung			Tg./Jahr		
./. Schultage			Tg./Jahr		
= Anwesenheitstage			Tg./Jahr		

	Vollzeit- kräfte	Auszu- bildende		Vollzeit- kräfte	Auszu- bildende
x Tagesarbeitszeit			Std./Tag		
= Anwesenheitszeit			Std./Jahr	79,7%	54,0%
x direkt verr. Zeitanteil			%		
= verr. Arbeitszeit			Std./Jahr		

	Voll- zeitkr.	Azubis	gesamt		
Personalkapazität				Mitarb.	%
Jahreskapazität				Std./Jahr	
Anwesenheitszeit				Std./Jahr	
verrechenbare Zeit				Std./Jahr	
Fertigungslohn/Std.					
Fertigungslohn-Betrieb					

Formular zur Ermittlung des Deckungsbeitrags pro Stunde

Kapazität in Stunden:		
- Verrechnungssatz Vollkräfte		
Zuschlagssätze in % auf:		
- Fertigungsmaterial		
- Handelswaren		
- Fremdleistungen		
Festgelegte Verrechnungen:		
Verrechnung Azubi		
Anzahl Azubi-Stunden		
Verrechnungspreis Azubi/Std.		
Verrechnungspreis Azubi ges.		
Verrechnung Kfz-Kosten		
Anzahl km		
Verrechnungspreis €/km		
Verrechnungspreis Kfz-Kosten gesamt		
Fertigungslohn (Mittellohn)		
+ übrige variable Kosten		
= Grenzkosten = äußerster Kampfpreis		
+ ausgabenwirksame Fixkosten*		
= Deckungskosten 1		
+ nicht ausgabenwirksame Fixkosten**		
= Deckungskosten 2		
+ betriebswirtschaftlicher Gewinn		
= Vollkosten/Std.		
- variable Kosten/Std.		
= Deckungsbeitrag/Std.		
* ohne Zuschläge, Verrechnungen, Abschreibungen und kalk. Zinsen		
** Abschreibungen und kalk. Zinsen		

Formular zur Ermittlung des Maschinen-Stundensatzes

Bezeichnung der Maschine:					
lfd. Nr. Kostenarten	Gesamtk.	fixe Kosten in %	in €	variable Kosten in %	in €
1 Anschaffungswert					
2 Preisindex in %					
3 Wiederbeschaffungswert					
4 Restwert					
5 betriebl. Nutzungsd. in J.					
6 kalk. Abschreibungen					
7 kalkulatorische Zinsen:					
8 Zinssatz in %					
9 kalkul. Zinsen in €					
10 Energiekosten in €					
11 Instandh. u. Werkzeugk.					
12 Raumkosten					
13 sonstige Kosten					
14 Gesamt					
15 Maschinenstunden/Jahr					
16 Maschinenstundensatz					

9.4.3   Formeln zur Break-Even-Berechnung

Formel zur Berechnung der Break-Even-Menge

$$\text{Break-Even-Menge} = \frac{\text{gesamte Fixkosten}}{\text{Stückdeckungsbeitrag}}$$

Formel zur Berechnung des Break-Even-Umsatzes

$$\text{Break-Even-Umsatz} = \frac{\text{gesamte Fixkosten x 100}}{\text{DB in \% des Umsatzes}}$$

Formel zur Berechnung des Break-Even-Point

$$\text{Break-Even-Point} = \frac{\text{gesamte Fixkosten x 100}}{\text{DB in €}}$$

9.4.4   Formulare zur Zielkostenrechnung

Formular zur Ermittlung der Zielkosten nach der Hauptkomponenten-Methode

Produktkomponenten	Gewich-tungsfaktor	Zielkosten für einzelne Produkt-komponenten

Formular zur Erstellung einer Zielkosten-Kontrollmatrix

Komponente	Kostenanteil % von 100	Kundennutzen % von 100	Zielkostenindex
Alle			--

Formular zur Ermittlung der erlaubten Kosten und des Einsparvolumens

	wartungsfrei	wartungsarm	normale Wartung
Wettbewerbsfähiger Preis			
./. Umsatzsteueranteil			
vermuteter Nettolistenpr.			
./. vermuteter Bonus			
Nettoliste ohne Bonus			
./. vermuteter Skonto			
Nettoliste ohne Skonto			
vermuteter Nettolisten-preis ohne Bonus u. Skon.			
target profit/geplanter Gewinn			
allowable costs/erlaubte Ko.			
drifting costs			
Einsparvolumen je Pro-dukt			
target costs/Zielkosten je Produkt			

Formular zur Ermittlung des minimalen und maximalen Einsparvolumens

	wartungsfrei	wartungsarm	normale Wartung
Wettbewerbsfähiger Preis			
./. Umsatzsteueranteil			
vermuteter Nettolistenpreis			
./. vermuteter Bonus			
Nettoliste ohne Bonus			
./. vermuteter Skonto			
Nettoliste ohne Skonto			
vermuteter Nettolistenpreis ohne Bonus u. Skonto			
target profit/geplanter Gewinn			
allowable costs/erlaubte Kosten			
drifting costs			
Einsparvolumen je Produkt			
target costs/Zielkosten je Produkt			
minimales Einsparvolumen je Produkt			
maximales Einsparvolumen je Produkt			

Formular zur Durchführung einer Zielkostenspaltung

Produktkomponente		€	%	€	%	€	%
	K1						
	K2						
	K3						
	K4						
	K5						
	K6						
Selbstkosten/drifting costs							

Formular zur Bildung von Teilgewichten

Produkt-komponente		€	%	Teil-gew.	€	%	Teil-gew.	€	%	Teilge wichte
Primär-halterung am Rah-men	K 1									
Klemm-schrauben	K 2									
Sekundär-halterung am Rah-men	K 3									
Polyäthy-len-flasche	K 4									
Verschluss der Fla-sche	K 5									
Verkaufs-provision Vertrieb	K 6									
Selbstkos-ten/ drifting costs										

9.5 Formulare zur Kostenrechnung als Controllinginstrument

9.5.1 Formulare zur Vollkostenrechnung als Controllinginstrument

Formular zur Ermittlung der fakturierfähigen Stundenkapazität

Kalendertage pro Jahr		
./.Samstage und Sonntage		
=Zahltage pro Jahr		
./.gesetzliche Feiertage		
./.Urlaubstage		
./.Krankheitstage		
./.sonstige tarifliche und andere Ausfalltage		
=Anwesenheitstage		
x tägliche Arbeitszeit		
=Anwesenheitsstunden		
./.nicht direkt verrechenbare Arbeitszeit in %		
(Reparaturen, Garantiearbeiten usw.)		
=produktive Arbeitszeit		
Zahl der produktiv Beschäftigten		
-Betriebsinhaber		
-Gesellen		
-Aushilfen (umgerechnet)/Leiharbeiter		
=fakturierfähige Stundenkapazität/Jahr		

Formular zur Planung der zu verrechnenden Kosten

geplanter Umsatz			
./. Materialeinsatz			
+ Materialgemeinkostenzuschlagssatz			
./. Handelswareneinsatz			
+ Handelswarenaufschlagssatz			
./. Fremdleistungseinsatz			
+ Fremdleistungszuschlagssatz			
Zwischensumme			
verrechenbare Azubi-Std.	Std.		
	€/Std.		
verrechenbare Kfz-Kosten	km		
	€/km		
= über die produktiven Stunden zu verrechnenden Kosten:			
fakturierfähige Stundenkapazität			
zu verrechnende Kosten pro Stunde			

9.5.2 Formulare zur Deckungsbeitragsrechnung als Controllinginstrument

Formular zur Planung des Deckungsbeitrages pro Stunde

Annahmen zur vorausschauenden Planung		
Personalaufwand	„+" / „-"	%
zusätzliche Auszubildende		€/Monat
Veränderung der sonstigen Aufwendungen um	„+" / „-"	€/Jahr
Veränderung der direkt verrechenbaren Std. um	„+" / „-"	Std./Jahr
Vorgesehene Gewinnsteigerung		€/Jahr
		€/Jahr
Gewinnziel		
Fixe Kosten:		
Gehalt*		
Sonstige Fixkosten		
= Plan-Deckungsbeitrag		€/Jahr
: direkt verrechenbare Stunden/Jahr		Std./Jahr
= erforderlicher Deckungsbeitrag/Stunde		€/Std.
Gesamtpersonalkosten		
./. variable Personalkosten		
Fertigungslohn Vollzeit + Erhöhung in %		
Fertigungslohn Azubis + Erhöhung in %		
zusätzliche Stunden x €/Std.	12,00	
*Fixe Personalkosten		

Formular zur Durchführung einer Kostenkontrolle mit der Deckungsbeitragsrechnung

Monat	DB-Soll	DB-Soll	DB-Soll kumuliert	DB-Ist	DB-Ist kumuliert	Abweichung Ist/Soll
	%	€	€	€	€	%
Januar						
Februar						
März						
April						
Mai						
Juni						
Juli						

August							
September							
Oktober							
November							
Dezember							
Summe	100,00						

Formular zur Berechnung des erzielten Deckungsbeitrages pro direkt verrechenbare Stunde

	€/Jahr		
Umsatz (Betriebsleistung)			
./. variable Kosten			
Materialeinsatz, Fremdleistungen			
Fertigungslohn			K var.
= Deckungsbeitrag			
./. fixe Kosten			
Gehalt*			
Sonstige Fixkosten			K fix
= Gewinn			
./. Kalkulatorische Kosten			
= Betriebswirtschaftlicher Gewinn			
Deckungsbeitrag		€/Jahr	
: direkt verrechenbare Stunden/Jahr		Std./Jahr	
= erzielter Deckungsbeitrag/Stunde		€/Std.	
*			
Personalkosten gesamt			
./. variable Personalkosten			
fixe Personalkosten			

Formular zur Prüfung der Wirtschaftlichkeit von Aufträgen mit der Kennzahl Deckungsbeitrag pro Stunde

Auftrag	Umsatz	Material Fremdleistung	DB	Ferti-gungs-stunden	Fertigungs-lohn*	DB/St d.	Rang
Gesamt							
durchschnittl. Fertigungslohn			€/Std.				

9.6 Formulare und Formeln zu controllingorientierten Analysen und Planungen

9.6.1 Formulare und Formeln zu controllingorientierten Analysen

Formular zur Analyse der Sortiments- und Leistungsbereiche

		Sortiments-/Leistungsbereiche		
	Gesamtbetrieb	Türen	Treppen	Fenster
Umsatz				
Löhne/ Material/Fremdleistungen				
Sondereinzelkosten				
Gemeinkosten (fix)				
Selbstkosten				
Ergebnis				
Stunden				
Deckungsbeitrag				
DB/Stunde				

Formular zur Durchführung eines Kostenvergleiches zwischen Eigen- und Fremdleistung

Eigenleistung		Fremdleistung	
Ums./Leistungseinh. (St., Std.)		Ums./Leistungseinh. (St., Std.)	
variable Kosten/ Leistungseinheit		Beschaffungspreis/ Leistungseinheit	
Anteil. Gemeink./Leistungseinh.			
Vollkosten/Leistungseinheit		Vollkosten/Leistungseinheit	
Vollkosten-Ergebnis		Vollkosten-Ergebnis	
Deckungsb./Leistungseinheit		Deckungsb./Leistungseinheit	

Formular zur Durchführung einer Unternehmens-Nutzwertanalyse

Kriterien	Gewichtungs-faktor von 1–10	Eigener Betrieb		Mitbewerberbetriebe					
				1		2		3	
		Rangzahl[1]	Wert	Rang-zahl	Wert	Rang-zahl	Wert	Rang-zahl	Wert
Wie wird der Organisationsstand eingestuft?									
Welche Arbeitsqualität bietet der Betrieb?									
Wie liegen die Preise?									
Werden die Termine eingehalten?									
Wie ist die Ausrüstung?									
Bietet der Betr. bes. Leistungen/ Spezialitäten?									
Hat der Betrieb besondere Stärken?									
Wird d. Betr. oft ohne ersichtl. Grund beauftragt?									
Wie ist die Werbung?									
Wie stufen Sie die Entwicklungschancen ein?									
Wie ist der Standort aus Kundensicht?									
Summe									

[1] Die Rangzahl gibt die Einschätzung in der Rangskala von 1 bis 6 in Umkehrung von Schulnoten an.

6 = sehr gut; 5 = gut; 4 = befriedigend; 3 = ausreichend; 2 = mangelhaft; 1 = ungenügend

Formular zur Ermittlung der Wettbewerbsposition von Geschäftsfeldern

Gewichtung (G) von 1-3; Bewertung (Bw) von 1-5

Wettbewerbsposition

Geschäftsfeld	A			B			C			D		
Auswahlkriterien	G	Bw	G x Bw	G	Bw	G x Bw	G	Bw	G x Bw	G	Bw	G x Bw
	min.	1,0		max.	5,0		min.	1,0		max.	5,0	
Produkt / Programmbreite/-tiefe												
Preise/Rabatte												
Serviceorganisation												
Image												
Werbung												
Entwicklung der Marktanteile												
Finanzierungspotenzial												
Qualifikation der Mitarbeiter												
Betriebsklima												
Erfahrung am Markt												
technische Infrastruktur												
technologisches Know-how												
Entwicklungspotenzial												
Übereinstimmung GF/U-Ziele												
minimal erreichbare Punktzahl												
maximal erreichbare Punktzahl												
erreichte Punktzahl												
Wettbewerbsposition												

Formular zur Ermittlung der Marktattraktivität von Geschäftsfeldern

Marktattraktivität												
Geschäftsfeld	A			B			C			D		
Auswahlkrite-rien	G	Bw	G x Bw	G	Bw	G x Bw	G	Bw	G x Bw	G	Bw	G x Bw
Marktgröße/ volumen												
Marktwachs-tum												
Ertragskraft												
Mitbewerber-stärke												
Preisspielraum												
Differnzie-rungsmöglichk.												
wirtsch. Situa. d. Abn.												
Kaufverhalten												
Wettbewerbs-verhalten												
Eintrittsbarrie-ren												
Substitutions-gefahr												
Material-/ Wa-renversorg.												
Umwelteinflüs-se												
minim. er-reichb. Punkte												
maximal erreichbare Punkte												
erreichte Punktzahl												
Marktattraktivität												

Formular zur Bewertung von Lieferanten

Gewichtg.
der Kriterien   10 = sehr wichtig

            5 = Durchschnitt

            1 = weniger wichtig

Beurtlg. der
Lieferanten   10 = überdurchschnittlich

            5 = durchschnittlich

            0 = Kriterium nicht erfüllt

Beurteilung der Lieferanten

Kriterien	Gewich-tung	A	B	C	D	E	F
Produktqua-lität							
Preis							
Zahlungsbe-dingungen							
Lieferzeit							
Termintreue							
technische Beratung							
zusätzlicher Service							
technische Vorteile							
Kulanz							
Summe							
Entschei-dung							

Formel zur Berechnung der optimalen Bestellmenge

$$X_{opt} \text{ (optimale Bestellmenge)} = \sqrt{\frac{200An}{pS}}$$

Formular zur Ermittlung der optimalen Bestellmenge

X opt =Wurzel aus (200 x A x n / p x S)
X opt =optimale Bestellmenge
A   =   fixe Bestellkosten
n =Jahresbedarf (Einheiten/Jahr)
p =Lagerkostensatz in %
S =Stückpreis pro Einheit in €

Wa-re/Material		A		B		C		D	
A	€	/Bestellg.		/Bestellg.		/Bestellg.		/Bestellg.	
n	Stück								
p	%	p.a.		p.a.		p.a.		p.a.	
S	€	/Stück		/Stück		/Stück		/Stück	
X opt	=								

Formular zur Bewertung von Mitarbeitern nach einem Kriterium

Bewertungsschlüssel für die Kriterien			Beispiel										
sehr gut (Idealvorstellung)	=	5 Punkte	Alter										
gut	=	4 Punkte	Bewertung										Punktzahl gesamt
Durchschnitt	=	3 Punkte	Mitarbeiter										
unter Durchschnitt	=	2 Punkte	A										
erfüllt Vorstellung nicht	=	1 Punkte	B										
			C										
			D										
			E										
			F										
			G										

Formular zur Bewertung von Mitarbeitern nach mehreren Kriterien

lfd. Nr.	Name, Vorname	Wohnort	Alter	fachliche Eignung	Zeugnisse (Prüfungen)	Erscheinung	Kommunikation	Sozialverhalten	persönliche Verhältnisse	besondere Kenntnisse			Gesamtpunktzahl
1													
2													
3													
4													
5													
6													
7													
8													
9													
10													
11													

Formular zur Ermittlung der Leistungszulage pro Leistungspunkt

Anzahl der Mitarbeiter
durchschnittlicher Tariflohn/Std.
tarifl. Stundenlohn der gesam. Mitarbeiter/Std.
Anteil des Leistungslohns in %
Anteil des Leistungslohns absolut in €/Std.

$$\text{Leistungszulage / Punkt} = \frac{\text{Leistungszulage/€/Std.}}{\text{Gesamtpunktzahl}} = \qquad =$$

Formular zur Ermittlung der Leistungszulagen von Mitarbeitern

Mitarbeiter	Tariflohn/Std.	Beurteilung		
		erreichter Punktwert	L-Zulage/Pkt.	L-Zulage/Std.
Gesamtpunktzahl lt. Beurteilung				

Formular zur Ermittlung des Prämienzeitlohns

Prämie in %						
			Januar			
		Leistung		Abweichung		Prämie
Mitarbeiter	Soll		Ist	%	€	€
Gesamtprämie						

9.6.2   Formulare zu controllingorientierten Planungen

Formular zur Planung der zu verrechnenden Kosten pro Stunde

geplanter Umsatz		
./. Materialeinsatz		
+ Materialgemeinkostenzuschlagssatz		
./. Handelswareneinsatz		
+ Handelswarenaufschlagssatz		
./. Fremdleistungseinsatz		
+ Fremdleistungszuschlagssatz		
= Zwischensumme		
./. verrechenbare Azubi-Stunden	Std.	
	€/Std.	
./. verrechenbare Kfz-Kosten	km	
	€/km	
= über die produktiven Stunden zu verrechnenden Kosten:		
fakturierfähige Stundenkapazität		
zu verrechnende Kosten pro Stunde		

Formular zur Planung und Ermittlung der Auftragsdurchlaufzeit

1	Umsatz		
2	Kosten		
	Betriebsleistung		
	– Gewinn		
	= Kosten		
3	Tage/Jahr		360
4	Kosten pro Tag		
5	Materialbestand	Durchschnitt	
6	unfertige Leistungen	Durchschnitt	
7	Kundenforderungen	Durchschnitt	
8	Lagerdauer = durchschn. Mat.best. x 360 Materialeinsatz	in Tagen	
9	Fertigungsdurchlaufzeit = unfertige Leistungen Kosten pro Tag	in Tagen	
10	Kundenzahlungsziel = durchschn. Kundenforderungen x 360 Umsatz	in Tagen	
11	**betriebswirtschaftliche Auftragsdurchlaufzeit in Tagen**		

Formular zur Planung und Ermittlung der Kapitaldienstgrenze

1	Planungszeitraum (12 Monate)		
2	geschätzter Umsatz aus der Planrechnung geschätzter durchschnittlicher Monatsumsatz (ohne USt) x 12		
3	CF (Betriebserg. + AfA + Zinsen) in % des Nettoumsatzes geschätzter erweiterter Cash-Flow in €		
4	Privatentnahmen ESt-Vorauszahlungen ESt-Nachzahlungen Sonderausgaben sonstige Privatentnahmen Ausschüttungen		
5	betrieblicher Liquiditätszufluss		
6	Einsatz von Eigenmitteln für Investitionen im Planungszeitraum		
7	Leistungsgrenze (Kapitaldienstgrenze)		
8	Kapitaldienst I (Zins und Tilgung im Planungszeitraum)		
9	Liquiditätszufluss		

Formular zur Planung und Ermittlung des Kapitalbedarfs für das Umlaufvermögen

ausgabewirksame Kosten			€/Jahr
Zahl der Arbeitstage			Tage
Kosten (Ausgabe)/Tag			€
Produktionsdauer		Tage	
Fakturadauer		Tage	
Kundenzahlungsziel		Tage	
Gesamttage x		Tage	
Kosten (Ausgabe)/Tag		€	€
durchschnittlicher Lagerbestand			€
Kapitalbedarf Umlaufvermögen			€

Formular zur Planung des quantitativen Personalbedarfs

Unternehmens-daten	Gesamt € (Ist) Vorjahr	Gesamt € (Soll) Plan-jahr	Verteilung auf Kostenstellen					
			€	€	€	€	€	€
Umsatz								
- Material/ Fremdleistungen								
= Wertschöpfung								
Wertschöpfung pro Mitarbeiter								
Anzahl der Mitarbeiter								

Literaturverzeichnis

Burg, M.: Der Einfluss des Dezentralisationsgrades auf die Ausgestaltung des Controlling: Dargestellt am Beispiel des filialisierten Bekleidungseinzelhandels unter besonderer Berücksichtigung der Sortimentssteuerung, in: Ahlert, D. (Hrsg.): Schriften zu Distribution und Handel, Band 17, Frankfurt am Main 1995.

Busse von Kolbe, W.: Lexikon des Rechnungswesens, Handbuch der Bilanzierung und Prüfung der Erlös-, Finanz-, Investitions- und Kostenrechnung, München: 1994.

Chmielewicz, K./Schweitzer, M. (Hrsg.): Handwörterbuch des Rechnungswesen, 3. Auflage, Stuttgart: 1993.

Cooper, R. (1990): Activity-Based-Costing, in: Kostenrechnungspraxis, Nr. 6, 1990, S. 345-351.

Cooper, R.: The Rise of Activity-Based Costing – Part Three: How many cost drivers do you need, and how do you select them?, in: Journal of Cost Management, Vol. 3, 1989, S. 34-46.

Dettmer/Hausmann (Hrsg.), Dettmer, H., Hausmann, Th., Posluschny, P. et al.: Organisations-/Personalmanagement und Arbeitsrecht im Gastgewerbe, Hamburg, Verlag Handwerk und Technik, 2., überarbeitete und erweiterte Auflage, 2008.

Götzinger, M./Michael, H.: Kosten- und Leistungsrechnung – Eine Einführung, Heidelberg 1993.

Haunerdinger, Monika ; Probst, Hans-Jürgen: Kosten senken: Checklisten, Rechner, Methoden, München: Haufe, 2005.

Hausmann, Th. (Hrsg.), Dettmer, S, Hausmann, Th., Posluschny, P. et. al.: Betriebswirtschaftslehre für das Gastgewerbe, Hamburg, Verlag Handwerk und Technik, 5. Auflage, 2008.

Horváth, Peter: Controlling, 6. vollständig überarbeitete Auflage, München 1996.

Horváth, Peter ; Gaiser, Bernd : Implementierungserfahrungen mit der Balanced Scorecard im deutschen Sprachraum: Anstöße zur konzeptionellen Weiterentwicklung, in: BfuP, Heft1, 2000, S. 17-35.

Horváth, Peter ; Kaufmann, Lutz: Balanced Scorecard – ein Werkzeug zur Umsetzung von Strategien, in: Harvard Businessmanager, Heft 5, 1998, S. 39-48.

Kaplan, Robert S., Norton, David P: The Balanced Scorecard – Measures that drive Performance, in: Harvard Business Review, Vol. 70, Nr. 1, 1992, S. 71-79.

Kremin-Buch, Beate: Strategisches Kostenmanagement – Grundlagen und moderne Instrumente, Wiesbaden: Gabler Verlag, 1998.

Kück, Ursula: Schnelleinstieg Controlling, München: 2003.

Kumpf, Aandreas: Balanced Scorecard in der Praxis – In 80 Tagen zur erfolgreichen Umsetzung, Landsberg/Lech: Moderne Industrie, 2001.

Männel, W. (Hrsg.): Handbuch Kostenrechnung, Wiesbaden: Gabler Verlag, 1992.

Nagl, Anna ; Rath, Verena: Dienstleistungscontrolling, München: Haufe, 2004.

Posluschny, Peter: Kostenrechnung für die Gastronomie, München/Wien: Oldenbourg Verlag, 3. Auflage, 2009.

Posluschny, P./Posluschny, M.: Das Controlling-1 x 1, Heidelberg: Redline Wirtschaft, 2006.

Posluschny, P./Posluschny, M.: Trainingsbuch Controlling, Freiburg, München, Berlin, Würzburg: Haufe Verlag, 2006.

Posluschny, Peter: Prozessorientiertes Kostenmanagement in Krankenhausbetrieben: Mannheim: Medizificon Verlag, 2007.

Posluschny, Peter: Die wichtigsten Kennzahlen: Heidelberg,: Redline Wirtschaft, 2007.

Posluschny, Peter: Kostenrechnen leicht gemacht: Eine praktische Anleitung – von der Deckungsbeitrags- bis zur Prozesskostenrechnung: München: Redline Wirtschaft, 2008.

Posluschny, P., Treuner, F.: Prozesskostenmanagement. Instrumente und Anwendungen. Mit Fallbeispielen und Übungen: München: Oldenbourg Verlag, 2009.

Riebel, Peter.: Einzelerlös-, Einzelkosten- und Deckungsbeitragsrechnung als Kern einer ganzheitlichen Führungsrechnung, in: krp, Nr. 1, 1994, S. 9-31.

Schorlemer, Georg, Posluschny, Peter: Operatives Controlling. Mit Fallstudien und Lösungen aus der Unternehmensberatung, Hamburg: Libri-bod, 2000.

Schorlemer, Georg, Posluschny, Peter, Prange, Christine: Kostenmanagement in der Praxis, Wiesbaden: Gabler Verlag, 1998.

Abbildungsverzeichnis

Tabellenverzeichnis

Stichwortverzeichnis

Menschen und Manager:
Ein Balanceakt?

Eugen Buß
**Die deutschen Spitzenmanager -
Wie sie wurden, was sie sind**
Herkunft, Wertvorstellungen, Erfolgsregeln
2007. XI, 256 S., gb.
€ 26,80
ISBN 978-3-486-58256-7

Was ist eigentlich los im deutschen Management?
Kaum ein Tag vergeht, ohne dass die Medien kritisch
über die Zunft der Führungskräfte berichten. Sind die
deutschen Manager denn seit dem Beginn der Bun-
desrepublik immer schlechter geworden? War früher
etwa alles besser, als es noch »richtige« Unternehmer-
persönlichkeiten gab?
Antworten auf diese Fragen finden Sie in diesem Buch.

Es gibt kein vergleichbares Buch, das die Zusammenhänge des Werdegangs und der Einstellungen von
Spitzenmanagern darstellt. Die Studie zeigt, dass es in
der Praxis unterschiedliche Managertypen gibt. Diejenigen, die ihre Persönlichkeit allzu gerne der Manage-
mentrolle unterordnen und jene, die eine Balance
zwischen Mensch und Position finden.

**Das Buch richtet sich an all jene, die sich für die
deutsche Wirtschaft interessieren.**

Prof. Dr. Eugen Buß lehrt an der
Universität Hohenheim am Insti-
tut für Sozialwissenschaft.

Oldenbourg

Die eigenen Möglichkeiten jetzt erkennen

Gerald Pilz

Vergütung von Führungskräften und Vermögensaufbau

2008 | 186 S. | gebunden | € 29,80
ISBN 978-3-486-58488-2

Führungs- oder Nachwuchskräfte sollten mit den Möglichkeiten der Vermögensplanung und -bildung besonders gut vertraut sein. Der finanzielle Erfolg hängt entscheidend davon ab, wie erfolgreich man sein Kapital anlegt und wie geschickt die Altersvorsorge geplant ist. Gerade Führungskräfte, die über ein überdurchschnittliches Einkommen verfügen, sollten selbst sachkundige Entscheidungen treffen können.

In diesem Sinne wird das vorliegende Werk einen umfassenden Einblick in die Komplexität moderner Entgeltsysteme vermitteln und zeigen, wie man die Vergütung optimieren und langfristig das Vermögen besser verwalten kann.

Dieses Buch richtet sich sowohl an Personalexperten, die ihre leistungsorientierten Entgeltmanagementsysteme weiterentwickeln möchten und sich mit der betrieblichen Altersversorgung befassen, als auch an Führungs- und Fachkräfte.

Dr. Dr. Gerald Pilz lehrt an der Berufsakademie Stuttgart und ist Autor zahlreicher Wirtschaftsfachbücher sowie Unternehmensberater.

Oldenbourg

150 Jahre
Wissen für die Zukunft
Oldenbourg Verlag

Bestellen Sie in Ihrer Fachbuchhandlung oder direkt bei uns: Tel: 089/45051-248, Fax: 089/45051-333
verkauf@oldenbourg.de